KB162509

대화의 목적은 일시적 문제 해결이 아닙니다.

마음이 연결된
상호적 관계를 맺는 것입니다.

나는 왜 네 말이 힘들까

일러두기

"이 책에 소개된 내용 중 일부는 《말이 통해야 일이 통한다》(비전과리더십)에서 발췌 혹은 재인용된 것입니다. 보다 풍성한 연결의 대화를 위해 꼭 필요한 부분이었기에 비전과리더십 출판사의 허락을 받아 재구성했음을 말씀드립니다."

나는 왜 네 말이 힘들까

: 상대의 말이 듣기 힘들 때 후회되는 말을 했을 때, 꼬인 관계를 풀어주는 연결의 대화 수업

초판 발행 2020년 7월 1일
25쇄 발행 2025년 1월 20일

지은이 박재연 / **펴낸이** 김태헌
총괄 임규근 / **책임편집** 권형숙 / **교정교열** 노진영 / **디자인** 어나더페이퍼
영업 문윤식, 신희용, 조유미 / **마케팅** 신우섭, 손희정, 박수미, 송수현 / **제작** 박성우, 김정우

펴낸곳 한빛라이프 / **주소** 서울시 서대문구 연희로 2길 62
전화 02-336-7129 / **팩스** 02-325-6300
등록 2013년 11월 14일 제25100-2017-000059호 / **ISBN** 979-11-90846-01-1 03180

한빛라이프는 한빛미디어(주)의 실용 브랜드로 우리의 일상을 환히 비추는 책을 펴냅니다.

이 책에 대한 의견이나 오탈자 및 잘못된 내용은 출판사 홈페이지나 아래 이메일로 알려주십시오.
파본은 구매처에서 교환하실 수 있습니다. 책값은 뒤표지에 표시되어 있습니다.
한빛미디어 홈페이지 www.hanbit.co.kr / 이메일 ask_life@hanbit.co.kr
한빛라이프 페이스북 facebook.com/goodtipstoknow / 포스트 post.naver.com/hanbitstory

Published by HANBIT Media, Inc. Printed in Korea
Copyright © 2020 박재연 & HANBIT Media, Inc.
이 책의 저작권은 박재연과 한빛미디어(주)에 있습니다.
저작권법에 의해 보호를 받는 저작물이므로 무단 복제 및 무단 전재를 금합니다.

지금 하지 않으면 할 수 없는 일이 있습니다.
책으로 펴내고 싶은 아이디어나 원고를 메일(writer@hanbit.co.kr)로 보내 주세요.
한빛라이프는 여러분의 소중한 경험과 지식을 기다리고 있습니다.

나는 왜 네 말이 힘들까

상대의 말이 듣기 힘들 때 후회되는 말을 했을 때,
꼬인 관계를 풀어주는 연결의 대화 수업

박재연 지음

HB 한빛라이프

다시 배우는 대화

초등학교 저학년 무렵 아버지는 제 몸을 심하게 때리고는 밤이면 당신이 사랑하는 딸을 그렇게 만들었다는 사실에 괴로워했습니다. 하지만 "미안해"라는 사과의 말 대신 "괜찮냐?"라고만 물어보셨죠. 저는 아버지와 시선을 마주치지 않은 채 "괜찮아"라고 대답했습니다. 속으로는 안 괜찮다고, 너무 아프다고 소리치고 있었지만 제 마음을 솔직히 표현하는 것이 두려워 괜찮다고 거.짓.말.을 했습니다.

강연이나 책에서 여러 번 고백한 것처럼 저는 어릴 때의 경험으로 '인간의 관계에 내재하는 폭력성'에 대해 깊은 관심이 생겼고, 관계에 결정적 역할을 하는 '대화'가 궁금해졌습니다.

말한다는 것은 뭘까?

듣는다는 것은 뭘까?

대화를 그토록 잘하고 싶으면서도 어떻게 말을 해야 하는지, 어떻게 들어야 하는지 몰랐고, 겨우 머리로 알게 된 후에도 아는 대로 잘 되지 않아서 상처를 주고 소중한 사람들을 삶에서 놓친 적도 많습니다.

대화는 곧 나를 드러내는 일

사람의 인품은 결국 타인과 주고받는 대화를 통해 드러납니다. 우리는 어떠한 경우에도 자신의 대화 태도를 선택할 수 있습니다. 스스로 내적인 품위를 만들 수 있지만 동시에 스스로 품위를 훼손할 수도 있습니다.

대화를 배운다고 어느 날 갑자기 인품이 변하지 않습니다. 상대가 갑자기 내 말을 잘 듣는 것도 아니며 나를 싫어했던 사람이 갑자기 나를 좋아하게 되는 일도 없습니다.

그러나 상대를 보는 나의 시선이 변하고
그들을 이해하는 나의 역량이 커질 수 있습니다.
불편한 상황을 개선하기 위한 용기를 낼 수 있고,
대화를 이어가는 기술과 방법 또한 완전히 달라질 수 있습니다.

대화를 '잘'하기 위한 두 가지 전제 조건

마음과는 다르게, 대화만 시작하면 매번 꼬여버리고, 그래서 돌아서서 후회하는 일이 많다면 우선 두 가지를 기억합시다.

하나. 우리는 언젠가 이 세상을 떠나는 유한한 존재입니다

현대인은 마치 죽지 않을 것처럼 살아갑니다. 미래에는 지금보다 성공한 삶, 안전한 삶을 살기 위해 준비해야 할 것이 많다고 여기는 것 같습니다. 그래서 사랑하는 가족, 친구와의 시간도 보류하고, 자녀와 마주 앉아 일상을 이야기하는 시간도 급하지 않다고 여기지요. 죽지 않을 것처럼 살아가는 모습은 싸움에서도 드러납니다. 아무리 사랑하는 가족이고 친구라도 화가 날 때는 있는 힘을 다해 서로를 공격하고, 자기가 옳다고 주장하고, 주먹질이 오가고, 상대의 마음을 가장 아프게 할 말을 찾아 면전에서 뱉어냅니다. 화해하고 용서하고 미안하다고 고백할 시간은 언제든 있을 거라고 생각하는 것 같습니다.

그러나 우리는 언젠가 죽습니다. 그리고 그 시기는 아무도 알 수 없습니다. 그래서 살아간다는 것living은 곧 죽어간다는 것dying과 동일한 의미입니다. 우리는 오늘을 살아가지만 하루를 더 죽어가고 있습니다.

오늘 아침 모질게 내뱉은 말 한마디가 사랑하는 부모님이 들은 인생의 마지막 말이 될 수 있습니다. 다시는 부모님께 용서를 구하지 못할 수도 있습니다. 아이와 같이 노는 작은 행복을 미루며 살았는데 오늘이 아이와 놀 수 있는 마지막 날일 수도 있는 겁니다. 눈을 감는 그 순간 아이에게 작은 추억 하나 남겨주지 못할 수도 있습니다.

언젠가 죽는다는 것을 우리가 늘 기억한다면
그 기억은 삶에서 중요한 것이 무엇인지 알게 해주고
어떻게 말하고 들어야 할지에 대한 지혜를 줍니다.

둘. 말과 행동을 내가 선택할 수 있음을 믿습니다

아침에 눈을 뜨면 '오늘 내가 원하는 것이 무엇일까?'라는 생각보다는 '오늘 해야 하는 일이 뭐지?'라는 생각을 습관적으로 했습니다. '해야 하는 일'이라는 행위에만 집중하면 그 일을 해내긴 하겠지만 그 일이 자기에게 어떤 의미가 있는지를 발견하기란 쉽지 않습니다. 즉, 해야 하는 일이 무엇인지는 알아도, 그 일을 통해 자신이 원하는 '무엇'이 충족되는지는 대답하기 어려워집니다. 이런 의무적인 삶의 태도는 우리가 살아가면서 많은 것을 스스로 선택할 힘이 있다는 사실을 자꾸 잊어버리게 만듭니다.

대화도 같습니다. 미안하다는 말을 의무적으로 하고, 고맙다는 말도 형식적으로 하고, 심지어 사랑한다는 말도 습관적으로 하지요.

예를 들어, 상대가 "나 오늘 힘들어"라고 말할 때, 그 말을 이미 여러 번 들었다면 그 말은 듣기 싫은 말이 되어버립니다. 그러면 "또 그 소리냐?", "너만 힘드냐?"라고 자신도 모르게 한마디 던지고 말지요.

깊이 생각해서가 아니라 나도 모르게 나오는 말이 지금 우리가 나누는 대화가 되고 관계가 되어버립니다. 이런 대화는 상대가 준 자극과 내가 상대에게 보여주는 반응 사이에 어떤 공간도 없이 습관적으로 받아치는 무의식적인 대화의 구조를 그대로 보여줍니다.

그러나 그림처럼 만약 우리가 상대방으로부터 어떤 말을 들었을 때(자극)

잠시 멈추어

호흡을 고르고

곰곰이 호기심을 가지고 생각해볼 수 있다면

지금까지와는 다른 대화(반응)를 나누고 다른 관계를 맺을 수 있겠지요.

심리학자인 빅터 프랭클Viktor E. Frankl은 "인간의 마지막 자유의지는 주어진 환경 속에서 자신의 삶을 선택하는 것이다. 자극과 반응 사이에는 빈 공간이 있으며, 그곳에서의 선택이 우리 삶의 질을 결정짓는다"라고 말했습니다. 예를 들어, "나 오늘 힘들어"라는 상대의 말(자극)에 '오늘, 이 사람이 힘들었구나. 나도 오늘 힘들었는데, 우리 둘다 오늘 노곤한 하루를 보냈네'라는 생각을 할 수 있겠죠. 이처럼 잠시만 차분하게 시간을 가지면 다른 반응을 선택할 수 있습니다. 핀잔이 아니라 "당신도 힘들었구나. 나도 오늘은 참 힘들었는데. 오늘은 우리 둘 다 쉬는 시간이 필요하겠네"라고 말(반응)할 수 있게 됩니다.

이 간단한 대화만으로도 관계에서 큰 차이를 만들어내는데, 이렇게 대화하지 못하는 이유는 결코 우리에게 그러한 능력이 없기 때문이 아닙니다. 그 이유는 상대의 말을 듣는 순간 나도 모르게 습관적으로, 형식적으로, 의무적으로 떠오르는 말을 던지기 때문입니다. 대화에 대해 평소에는 깊이 고민하면서도 막상 대화하는 결정적인 순간에는 아무 생각 없이 나오는 대로 반응하기 때문이지요.

그렇기 때문에 이 책에서 우리는 내 마음속 심리적 공간에 멈춤, 호흡, 호기심을 두어 잠시 시간을 갖고 나의 말과 행동을 선택하는 연습을 해보겠습니다. 나의 반응이 곧 내가 맺는 모든 관계의 질을 결정 짓는다고 가정한다면 우리가 대화를 다시 연습할 이유와 가치는 충분할 것입니다.

그러니,

숨을 한번 크게 쉬고,

우리가 그간 잘못 배워온 대화를

함께 배워볼까요.

대화 훈련, 갈등 중재, 외상 상담
이 일들을 할 수 있어 감사한,

박재연

[차례]

이 책의 구성

이 책은 정직한 의도를 담아서 <u>말하고</u>
바르게 해석하며 <u>듣는 연습</u>을 할 수 있도록 구성되었습니다.

이 책은 듣고 말하는 연습을 통해 말로 상처받았거나 관계가 틀어진 경험이 있는 사람들이 자기 내면을 돌보고 소중한 사람과의 관계를 회복할 수 있도록 돕는 대화 안내서입니다.

먼저 사람과 사람 사이의 관계를 단절시키는 대화의 요소(Chapter 1), 관계를 행복하게 만드는 대화의 요소(Chapter 2)를 살펴본 다음,

제대로 듣고(Chapter 3), 바르게 말하는(Chapter 4) 연습을 합니다.

그다음 타인과 건강한 관계를 맺으며 살아가기 위해 필요한 거절하기, 감사한 마음 나누기, 갈등 중재하기 연습까지 한다면 어떠한 갈등도 피하거나 숨지 않고 잘 해결할 수 있을 것입니다.

부탁드립니다

이 책은 많은 나눔 과정 – 대화 연습을 포함하고 있습니다.
만약 누군가와 함께 대화를 연습하고 싶다면,

1. 상대가 말을 할 때는
   - 하던 행동은 멈추고,
   - 입은 다물고,
   - 눈은 상대를 봐주세요.
2. 대화 연습을 하면서 나눈 이야기는 다른 사람에게 말하지 말고 마음에만 담아
   '침묵으로 보호'해주세요.
3. 조언을 하고 싶을 땐 상대가 나의 조언을 '듣기 원하는지 묻고' 확인한 후에 해
   주세요.

대화 연습을 가르치거나 안내하는 분께

1. 먼저 가까운 가족, 친구, 사람들과 최소한 1년 정도는 연습 훈련을 해주세요.
2. 가급적 책의 순서대로 진행해주세요.
3. 다른 생각이나 의견을 들을 때, 틀렸다는 개인적 판단 대신 "의견을 표현해주셔
   서 고맙습니다"라고 해주세요.
4. 대화에는 정답이 없으므로 상대의 생각에 동의하지 않을 땐, "제 생각은…"이라
   고 말해주세요.
5. 구성원들의 의견과 경험을 판단하지 않도록 "모든 의견을 환영합니다"라는 에
   너지를 가슴에 담아주세요.

나의 결심 남기기

대화 연습의 목표

"나는 이 책에 담긴 대화 연습을 통해서

_____와

_____ 관계가 되고 싶습니다.

이것은 내 삶에

_____ 의미가 있습니다."

Chapter 1

관계를 고통스럽게 만드는
단절의 대화 요소

자동적 생각

인지오류

핵심 신념

자동적 생각

: 대화를 하면 할수록 싸우게 만드는 늪

"다시는 너랑 대화를 하나 보자."

"관두자, 너랑 말한 내가 잘못이지."

"너나 잘해. 너는 꼭 너만 잘한 줄 알더라."

대화를 하던 중 서로가 이런 식의 말을 주고받았다면 그 대화는 실패했다고 볼 수 있습니다.

그렇다면 성공적인 대화는 무엇일까요?

"너랑 대화하기를 정말 잘한 것 같아."

"고마워, 내 이야기를 들어줘서."

"네 덕분에 마음이 한결 편안하고 이제 뭘 해야 할지 알겠어."

이런 말을 서로가 나누었다면 그 대화는 성공입니다.

둘의 차이는 어디에서 올까요?

그것은 우리가 하는 '순간적인 생각'에서 나오게 됩니다.

대화 중에 뜻대로 이야기가 흘러가지 않으면 상당수가 상대의 인격을 비난하거나 자기 자신을 미워하면서 그 대화를 실패한 것으로 여깁니다. 그래서 다시는 상대와 관계를 회복할 여지를 두지 않거나 관계를 끊어버려야 한다고 생각하지요. 혹은 자기 자신을 비난하고 탓하며 우울해합니다.

하지만 돌아보면 그동안 이런 생각에 빠져서 오랫동안 누군가를 미워하고, 아예 관계를 끊어버린 후에 후회하거나 깊은 우울감으로 힘들어한 적이 얼마나 많았습니까?

이 책에서는 대화에 실패하는 이유를 나 자신의 인격에 두지 않겠습니다. 오로지 우리의 '순간적인 생각'에 두겠습니다. 그것도 오랫동안 해온 생각이 아니라, 자동적으로 나도 모르게 툭 떠오르는 생각, 즉 자동적 생각이 대화를 실패로 이끈다는 점을 분명히 하겠습니다.

툭 떠오르는 자동적 생각이 말로 튀어나오면 대화에 많은 어려움을 겪게 되고 그것이 반복되면 갈등은 더 깊어지게 된답니다.

대화를 망치는
자동적 생각의 패턴

대화를 망치는 자동적 생각은 어떤 것이 있을까요?

'단절의 대화 패턴'은 ① 판단 / ② 비난 / ③ 강요, 협박 / ④ 비교 / ⑤ 당연시, 의무화 / ⑥ 합리화라는 여섯 가지 자동적 생각<u>Automatic Thought</u>에서 기인합니다.

지난 주말, 3년 정도 사귄 남친과 싸웠어요.

그날 저희는 2시에 만나기로 약속을 했어요. 제가 항상 먼저 가는 편이고요. 기다리는 동안 옆 테이블을 보았는데, 남자가 먼저 와서 기다리고 곧 여자가 왔어요. 그런 걸 기대하지는 않았는데, 그날 제 남친은 15분 정도 늦게 왔어요. 실실 웃으면서 들어와서 미안하다는 말도 안 하고 첫 마디가 "왜 이렇게 일찍 왔어?"인 거예요. 참았던 화가 터지면서 말이 막 나왔어요.

"야! 내가 일찍 온 거냐? 네가 늦게 온 거지?"- 1. 판단

"말은 바로 해라. 도대체 너는 시간 개념이 있긴 하냐? 회사에서도 이래?" - 2. 비난

"시간 똑바로 지키라고 여러 번 얘기했지!"- 3. 강요

"옆 테이블 남자는 먼저 와서 기다리더라. 느끼는 것도 없냐?"- 4. 비교

"시간 지키는 건 기본 아니야? 당연한 거 아니냐고?"- 5. 당연시

"네가 미안하다는 말만 했어도 내가 이렇게 화는 안 나."- 6. 합리화

기다린 여자친구 입장에서는 무척 서운하고 짜증이 났을 것입니다. 남자친구가 진심으로 사과를 하거나 기다려주어서 고맙다고 했다면 좋았을 텐데, 장난으로 넘어가려 하니 자신도 모르게 말이 막 쏟아져 나왔을 겁니다.

그러나 이렇게 말을 하면 대부분은 상대로부터 진심에서 우러나오는 사과를 받을 수 없습니다. 아마 상대방은 이런 경우 습관적으로 "미안해, 미안하다고"라는 말을 반복하거나 그렇지 않으면 같이 화를 내면서 이렇게 말을 하겠지요.

"내가 맨날 늦었냐?" - 합리화

"너는 늦을 때 없었어?" - 비교

"넌 꼭 사람 단점만 보더라?" - 판단

"네가 좋게 말했으면 나도 사과하려고 했어." - 합리화

"그딴 식으로 말하지마." - 강요, 협박

남자친구도 여자친구의 말에 불쾌해지고, 습관적으로 반응하다 보니 대화를 단절시키는 자동적 생각의 패턴으로 말하게 되는 겁니다. 그래서 자동적인 생각은, 특히 불만족스러운 상황일 때(소위 기분이 나쁠 때) 반복적으로 말하면 말할수록 대화를 어렵게 만드는 원인이 됩니다.

대화를 하면 할수록 좌절하는 이유는?
'자동적 생각' 때문입니다.

자동적 생각

1. 판단하기
2. 비난하기
3. 강요하기
4. 비교하기
5. 당연시하기
6. 합리화하기

툭 떠오르는 자동적 생각의 여섯 가지 패턴을
진실이라고 믿으며 서로 주장하기 시작하면
그 대화는 서로에게 상처를 남기게 됩니다.

[1] 먼저 위의 표를 사진으로 찍어 핸드폰 바탕 화면에 저장하세요.
[2] 한 주간 내가 '하는 말과 듣는 말'이 어느 패턴에 들어가는지 수시로 확인해보세요.

방법 : 내가 하는 말과 듣는 말이 자동적 생각의 어떤 패턴인지 확인하기

예)
- 오늘 김 차장에게 말했다. "차장이나 돼서 아직도 보고의 기본을 모르는 거야?"
  - 나는 오늘, 자동적 생각의 판단(너는 모른다)과 당연시(차장이면 당연히 알아야 한다)를 했구나.
- 오늘 아침 나는 아내가 아들에게 하는 말을 들었다. "너 정말 이렇게 아침마다 게으르게 행동할 거야?"
  - 아내는 오늘 아들에게, 자동적 생각의 판단(게으르게 행동한다)을 했구나.

 ＊ 자동적 생각을 하지 않겠다는 지키지 못할 결심보다는, 내가 하는 말이 자동적 생각임을 아는 것이 훨씬 더 효과적입니다. 왜냐하면 자동적 생각은 우리가 죽을 때까지 늘 할 수밖에 없기 때문입니다. 자동적 생각을 하고 있다는 것을 인정하고 인식하는 것만으로도 대화에 큰 도움이 된다는 것을 앞으로 같이 더 연습해보며 알아보겠습니다.

- **1대1 연습**
  다음 질문을 보면서 각자 개인적 사례를 떠올려보고, 자동적 생각과 여섯 가지 패턴에 관해 설명해보세요. 서로 질문을 통해 이 개념을 명확히 알고 설명할 수 있는지 확인해봅시다.

  : 질문 :
  [1] 나는 그동안 이 자동적 생각을 누구에게 가장 많이 말로 뱉어왔습니까?
  [2] 그때 했던 말 중 생각나는 말은 무엇인지 적고, 파트너와 나누어보세요.

자동적 생각 패턴
알아차리기

자동적 생각을 알아차리지 못하면 늘 습관적인 대화를 주고받으며 살아가게 됩니다. 이때 입 밖으로 나오는 무의식적인 언행은 상대방과의 관계를 부드럽게 연결하기보다는 아예 관계를 끊어버리는 역할을 합니다. 이런 패턴의 대화가 '좋다, 나쁘다'라는 평가를 하려는 것은 아닙니다. 그보다는 이런 식의 대화를 나누다 보면 상대와 잘 지내기 어렵고, 자신도 행복하지 않다는 점에 주목해야 합니다.

대화를 단절시키는 자동적 생각의 여섯 가지 패턴을 좀 더 자세히 살펴보겠습니다.

1. 판단을 한다는 것

"저 사람은 나를 싫어해."
"우리 아버지는 자상한 분이었어."

판단이란 상대나 외부를 바라보면서 해석을 하는 '자기만의 틀frame과 생각'을 의미해요. 대화를 하며 판단을 한다는 것은 상대가 한 말과 행동을 자신의 기준으로 '옳다, 그르다, 좋다, 나쁘다'라고 해석하는 것입니다. 우리는 모두 자신만의 옳고 그른 기준을 갖고 살아갑니다. 이런 기준은 저마다 살아온 환경이나 경험하고 학습한 것이 다르기 때문에 당연히 사람마다 다르겠지요. 이 판단은 긍정적으로도 부정적으로도 나타나며 부정적 판단은 상대에 대한 비난으로 이어지기도 합니다.

2. 비난을 한다는 것

"그나마 나니까 저렇게 무능한 인간을 상사로 인정해주는 거지."
"기본적인 인간다움도 없고 고마움도 모르는 뻔뻔한 인간 같으니라고…"

비난은 판단의 한 형태이지만 부정적인 해석을 곁들여 '상대에게 잘못이 있으며, 상대가 문제라는 생각'을 포함하는 표현입니다. 누군가를 비난할 때 나는 잘못이 없고 상대는 잘못했다는 전제를 하다 보니 이 잘못을 해결하기 위해 상대는 공격을 받아 마땅하고 부정적인 낙인이 찍혀도 괜찮다는 생각을 은연중에 하게 됩니다. 이렇게 갈등의 원인이 상대에게 있다고 믿을 때, 또 상대가 잘못했으니 공격을 당해도 괜찮다고 믿을 때 우리는 상대를 비난하는 데 거리낄 것이 없어집니다. 심한 말도 계속 쏟아내게 되지요.

3. 비교를 한다는 것

"지난번 선생님은 정말 좋았는데, 이번엔 어쩌다 저런 사람이 왔지?"
"나는 왜 저 과장만큼 인간관계를 부드럽게 못 맺지?"

비교는 내가 원하는 대로 상대가 해주지 않을 때 상대에게 수치심을 주어서라도 상대를 고치겠다는 방식의 표현이기도 합니다. "저 사람은 안 그러는데 너는 왜 그래?"라고 표현함으로써 수치심을 느끼게 하고, 무언가 잘못했다고 생각하고 행동하게 만드는 힘이죠. 이런 비교를 들은 사람은 자연히 수치스러움을 느끼게 되는데요, 더 큰 문제는 어릴 때 이런 비교를 통한 가르침을 보호자로부터 자주 접한 사람은 자신에 대해 긍정적인 자아상을 갖기 어려워진다는 점입니다.

4. 강요를 한다는 것

"좋은 말로 할 때 내 말대로 해라."

"억울해도 내가 참고 비위를 맞춰야만 살아남을 수 있어."

강요는 실질적 폭력, 무력이나 두려움을 활용해서라도 상대를 움직이게끔 하기 위해 자주 쓰는 방법입니다. 무언가 잃을 것 같은 두려움, 피해를 볼 것 같은 공포를 상대에게 주어서라도 움직이게 하는 것이 옳다고 믿을 때 강요와 협박도 거리낌없이 사용합니다. 많은 경우, 힘이 있는 사람들이 힘이 없는 사람을 움직이게 할 때 습관적으로 사용하는 대화 방법이죠. 그것이 얼마나 폭력적인 방식인지는 깨닫지 못하고, 자신이 원하는 결과(상대의 행동)를 얻기 위해 무자비하게 휘두르고 맙니다.

5. 당연시한다는 것

"대리 3년 차인데 당연히 이 정도는 해야 하는 거 아냐?"

"내가 바보 같으니 이런 취급 받는 건 당연하지."

당연시는 '인간이라면 마땅히 해야 할 일'이라고 주장하면서 상대에게 어떤 행위를 암묵적으로 강요하는 대화 방식입니다. 그런데 마땅히 해야 할 일이라는 기준은 지극히 주관적입니다. 때로는 특별한 이유도 없이, 철저하게 말하는 사람의 틀과 기준에서, 인간이라면 당연히 해야 한다는 말로 상대에게 죄책감을 심어주고 무력화시킬 때 자주 쓰는 말이니까요. "무슨 이유가 있어. 당연한 거지"라는 말에는 역으로 '나는 이걸 왜 해야 하는지 설명할 수 없어. 나도 모르니까 묻지 마'라는 생각이 담겨 있기 마련입니다.

6. 합리화한다는 것

"내가 저 사람을 비난하는 건, 저 사람에게 문제가 있기 때문이야."
"네가 제대로 하면 내가 화낼 일이 없지."

합리화는 화자가 종종 자신의 행위에 대해 반성이나 성찰보다는 남 탓을 하며 이유를 찾을 때 드러나는 표현으로, 후회하고 문제를 해결하고자 할 때도 이루어지는 대화 패턴이기도 합니다. 자신의 죄책감을 건강하게 표현하지 못하고 그것에 대해 설명하고자 하면서 상대에게는 더 아픔을 남기곤 하지요. "나는 어쩔 수 없었어. 나를 이렇게 폭력적으로 만들지 마"라는 식으로 결국, 자신의 언행이 단지 상황이나 상대 때문이라고 생각하면서 자신은 그 불편함에서 벗어나기 위해 쓰는 패턴입니다. 이런 식의 합리화는 종종 자신은 편안해질지 모르지만 듣는 이에게는 매우 깊은 불편함을 남기게 됩니다.

[1] 이번 한 주간 '내가 한 말을 적고 자동적 생각의 어느 패턴'에 해당
하는지 적어보세요.

예) **"왜 너는 누나처럼 스스로 잘 준비를 못하니?"**

    - 내 아이에게 자동적 생각의 비교를 했구나.

[2] 이번 한 주간 '내가 들은 사람들의 말을 적고 자동적 생각의 어느
패턴'인지 적어보세요.

예) **지하철에서 들은 말 : "아줌마! 공중도덕도 몰라요? 무식하긴…."**

    - 저 사람은 자동적 생각의 비난을 하는구나.

자동적 생각이
감정·행동에 미치는 영향

자동적인 생각을 대화로 풀어간다고 해서 항상 상대와 다투거나 불편해지는 것은 결코 아니에요. 다만 자동적 생각을 '진실'이라고 믿으면서 대화를 하면 우리는 원하는 것을 인식하고 표현하면서 살아가기보다, 익숙한 습관대로 살아갈 가능성이 높습니다. 진실처럼 굳어져버린 자동적 생각은 여과 없이 대화로 이어지고, 그 과정에서 갈등이 일어나더라도 문제의 본질을 잘 알지 못하는 상황이 벌어지기도 하지요.

생각은 대화로 드러나기 마련입니다. 생각이 감정과 행동에 큰 영향을 주기 때문이지요. 생각을 어떻게 하는지에 따라 감정이나 행동이 바뀌기 때문에 우리의 대화도 달라집니다. 어른들이 늘 긍정적으로 생각하라고 당부하는 것도 좋은 행동, 좋은 말을 하길 바라기 때문이겠지요. 그러나 건강한 대화를 연습하기 위해선, 부정적인 생각을 멈추고 긍정적인 생각을 하려고 노력하는 것이 아니라 긍정적인 생각이든 부정적인 생각이든 그 '생각을 알아차리는 훈련'이 중요합니다. 자동적 생각을 의심하지 않고 그대로 믿고 살아가면 우리의 감정과 행동은 우리의 통제에서 벗어나 무의식적이고 습관적으로 튀어나오고 말겠지요.

자동적 생각과 감정, 행동의 관계를 조금 더 살펴볼까요?

1. 자동적 생각에 따라 감정은 다양하게 변한다

만약 우리가 독사를 본다면 매우 겁을 먹겠지만 잘 훈련된 뱀 조련사에게 '코브라'는 두려운 자극이 아닙니다. 그 이유는 코브라를 다룬 경험이 있어 코브라를 보았을 때 떠올리는 생각이 일반인과 다르기 때문입니다.

조련사 : 코브라 → '오! 멋진 비늘을 지녔군!' → 흥분되고 호기심이 느껴진다.

일반인 : 코브라 → '이빨로 나를 물면 어쩌지!' → 놀라고 두려움이 느껴진다.

이처럼 경험은 자동적 생각을 만들어내고, 생각은 감정에 영향을 줍니다. 이러한 생각은 내가 해석한 것의 결과이며, 나의 감정에 영향을 미치는 것이지요. 자신이 초라하게 생각되면 위축되고 우울한 감정을 느끼는 식입니다.

'나는 좋은 부모가 아니다.' → 죄책감이 느껴지고 불안해진다.

'나는 쓸모없는 인간이다.' → 무기력해지고 우울한 마음이 든다.

2. 자동적 생각에 따라 행동이 달라질 수 있다

우리는 자신의 생각을 사실이라고 믿고 이에 따라 행동합니다. 어떤 생각을 하느냐에 따라 싸우는 방식으로 행동하거나, 자극으로부터 도망치는 방식으로 행동하기도 합니다. 혹은 자극에 압도되어 아무것도 할 수 없기도 합니다. 이런 행동들은 대표적으로 분노, 불안, 우울이라는 감정을 기저에 깔고 있지만 그 감정들을 인식할 틈도 없이 행동으로 튀어나오게 됩니다.

• 힘을 가지고 싸우는 방식

상사가 잘못을 지적할 때 : '나를 무시하는군!'이라는 생각 → 상대에게 비난의 말이나 냉소적 태도를 취하고 폭력을 행사할 수 있다.

상대의 언행이 나를 무시하는 것이라고 판단하면 이 과정을 해결하기 위해 상대에게 달려가 바로 공격적으로 말을 하고 행동하게 됩니다. 예를 들어, 운전하다 사고가 날 뻔한 순간, 차에서 내려 고함부터 지르고 싸우는 경우는 바로 이런 방식에 해당될 수 있겠지요. '저인간 때문에 내가 죽을 뻔했어'라는 생각과 동시에 차 안에서 혼잣말로 "미친 인간 같으니라고"라고 중얼거릴 수도 있겠고요.

• 자극으로부터 도망치는 방식

발표를 해야 하는 날 : '나는 또 실패하고 말 거야'라는 생각 → 실패할 가능성이 있는 모임에 핑계를 대고 안 나간다.

만일 무언가를 여러 번 해보고 원하는 대로 되지 않았다면 우리는 그 반복적 경험을 통해 다음번 일을 상상하거나 그것을 피하려는 모습을 관찰할 수 있답니다. 불편한 모임에 가면 불편한 상황이 예상되니까, 다른 일거리를 만들어 피해버리는 것이 이런 사례에 해당되겠지요.

- **자극에 압도되어 아무것도 할 수 없는 방식**

  상사가 보고서가 잘못됐다는 지적을 했을 때 : '나는 쓸모없는 인간이야'라는 생각 → 어떤 것도 하지 않는다.

예를 들어 직장인이라면, 나보다 힘이 있는 상사 앞에서 추궁을 당하거나 재촉을 당하게 되면 어떻게 반응할 수 있을까요? 많은 사람의 경우, 그 순간 머릿속이 하얘지고 몸이 얼어붙은 것처럼 아무런 행동도 못할 것입니다. 이처럼 생각은 감정만 지배하는 게 아닙니다. 생각에 사로잡히면 우리가 편안할 때와 달리 몸이 경직되고 얼어붙어서 도망가지도 공격하지도 못한 채 압도된 상태로 행동하게 됩니다.

연결의 대화 연습

[1] 최근 있었던 불편했던 사건을 나누고, 자신의 감정과 행동에 대해 말해보세요.

예) 골목길에서 시속 20km 미만으로 운전하고 있었는데 갑자기 왼쪽에서 차가 나타나
내 쪽을 향해 매우 빠르게 달려왔다. 도저히 피할 길이 없어서 속도를 줄였는데 그
쪽은 속도를 줄이는 것 같지 않았다. 거의 바로 내 앞까지 와서야, 그 차가 속도를 확
줄이며 멈추었다.

감정의 강도 : 분노(40%) 불안(90%) 우울(0%)

· 사건:

감정의 강도 : 분노(%) 불안(%) 우울(%)

[2] 그때 떠올랐던 자동적 생각을 모두 적고 옆 사람과 나눠보세요.

예) '뭐 저런 인간이 다 있어? 저 인간 때문에 내가 죽을 뻔했잖아. <u>저런 인간은 똑같이</u>
<u>당해봐야 해.</u> 몰상식한 인간 같으니라고. 오늘이 내 인생 마지막 날인 줄 알았네.'

[3] 전체 질문 : 그 외에도 떠올릴 수 있는 다양한 자동적 생각을 적고
감정이 어떻게 변화되는지 확인해봅니다.

예) · '그래도 오늘 이만하기를 다행이야. 사고는 안 났고 나도 안 다쳤잖아?'라고 생
각했다면? - 안심된다.
· 혹은 그 운전자가 갑자기 심장통증이라도 와서 운전할 수 없는 상태였다면? -
걱정된다.
→ 그래도 내가 '저런 인간은 똑같이 당해봐야 해'라고 생각했을까?
내 감정이 여전히 분노가 90%일까?

인지오류

: 같은 상황에서도 다른 생각을 하게 만드는 사람들의 판단 구조

자동적 생각이 무엇인지 이제 잘 이해하셨나요? 이런 자동적 생각을 '사실, 진실'이라고 확고히 믿고 대화를 하다 보면 그 대화가 얼마나 비참하게 흘러가는지 알 수 있었을 겁니다. 그러면 왜 서로가 같은 상황에서 대화를 하는데도 자동적 생각이 다른지 궁금해질지도 모릅니다.

좋은 마음으로 아이스크림을 사주었는데, 상대가 '착한 척하고 있네'라고 생각한다면….

이처럼 대화를 하다 보면 속이 답답해 미칠 것 같은 때가 있습니다. 내 뜻은 전혀 그런 의도가 아닌데 상대는 나의 말을 자기 식대로 해석해서 판단해버리거나, 전혀 다른 의미로 듣고 공격해올 때도 있습니다. 때로 나로서는 결코 이해할 수 없는 생각을 하지요.

그럴 때면 대화에 있어서 '말하는 기술'이 더 중요한지, '듣는 기술'이 더 중요한지 모를 만큼 혼란스러워집니다.

듣는 사람은 듣는 사람대로 불쾌하고 말하는 사람은 말하는 사람대로 답답합니다. 대화 수업을 하다 보면 이런 경우에 무척 안타깝습니다. 서로를 소중하게 생각하면서도 말 한마디로 몇 날 며칠을 대화하지 않은 채 귀한 삶의 시간을 낭비하고 있기 때문입니다. 저 역시도 좋은 의도로 말을 했는데 상대가 그 말을 오해하고 전혀 다른 식으로 해석하여 당황했던 경험이 있습니다.

우리가 자동적 생각에 사로잡히듯이, 우리와 대화를 하는 상대도 자신만의 자동적 생각을 하게 됩니다. 그 자동적 생각은 개개인의 경험과 그 경험을 통해 학습한 정도에 따라 달라집니다.

한겨울 아이스스케이트장을 보면 어떤 자동적 생각이 떠오르나요?

한 사람은 '저기서 넘어지면 손가락 베일지도 모르는데'라는 생각이 먼저 떠올랐다고 합니다. 다른 사람은 '저렇게 부드럽게 슥~ 나가니 얼마나 재미있을까? 저기서 먹는 핫도그도 맛있겠지?'라는 생각이 떠올랐고요.

두 사람은 모두 한겨울 스케이트장을 보았는데, - 자극

같은 자극에 대해 그 순간 떠오른 자동적 생각은 왜 이토록 달랐을까요?

그것은 그저 각자의 경험이 다르고, 그 경험을 통해 떠오르는 생

각이 달랐기 때문입니다.

　결국 무엇이 옳거나 잘못되었다는 것이 아닙니다. 누가 맞고 누가 틀렸다는 것도 아니고요. 그저 사람마다 생각이 다를 수 있는데 이런 생각들은 대화를 할 때 왜곡되게 표현될 수 있다는 것이지요. 이것을 심리학에서는 인지오류라고 합니다. 상황을 왜곡되게 보게 만드는 인지오류는 우리가 관계를 맺어가고 대화를 나누는 방식의 재료이기 때문에 대화를 공부하기 위해서는 꼭 알고 가야 하는 개념입니다. 인지오류는 자동적 생각의 개념을 다루는 인지행동치료에서 중요한 키워드로, 아론 벡Aron T. Beck이라는 정신의학자는 사람들이 흔히 빠지게 되는 인지오류를 10가지 이상으로 정의해놓았습니다.

　다음 사례를 같이 살펴볼까요?

　저는 중학교 2학년 담임입니다. 우리 반 아이와 상담을 하면서 피드백을 준 적이 있어요. 그때 저는 "지성아, 친구들도 잘 도와주고 선생님한테도 먼저 와서 도와줄 거 없는지 물어봐줘서 참 고마웠어. 친구들을 배려하는 건 정말 멋진 행동이거든. 선생님은 네가 자신도 잘 챙기면 더 좋겠어. 자신도 챙기면서 친구들을 배려하는 건 더 멋진 행동이야"라고 했습니다. 그런데 제 말을 들은 지성이가 "제가 자신감이 없지요"라고 하는 거예요. 그런 뜻이 전혀 아니었는데 지성이는 제 말 중 나쁘고 부정적인 의미만 기억하는 것 같아요. - 선택적 추상화, 정신적 여과 팀장님이 저희가 오랫동안 준비한 프로젝트에 대해 상무님께 보고를 마치고 들어오셨는데, 여섯 명의 팀원이 모두 있는 앞에서 "여러분 정말 수고 많았어요. 상무님도 우리 팀이 이번에 수고 많았다고, 감사하다고 전해달라셨어요. 그리고 김 과장이 보고 마무리할 때 추가한 두 장의 보고자료가 전체 맥락을 이해하는 데 도움이 되었어요. 그게 있어서 내가 보고드릴 때 무척 편했어요. 고마워요"라고 하셨습니다. 그런데 김 과장에 대한 말을 듣는 동안 저도 모르게 '그럼 나는 못 했다는 뜻인가?'라는 생각이 강하게 들었어요. 생각해보면 제가 못했다는 말은 전혀 없었고 그런 뉘앙스도 아니었던 것 같은데, 김 과장에 대한 칭찬을 듣는 동시에 저는 무능력하다는 말로 들려서 굉장히 기분이 별로였거든요.

- 개인화, 이분법적 사고

이 외에도 인지치료에서 사용하는 인지오류의 개념들을 보면 우리가 왜곡된 판단을 얼마나 많이 하는지를 쉽게 알 수 있습니다. 이런 인지오류들은 우리 삶의 곳곳에 스며들어서 대화를 통해 표현되고 관계를 결정짓게 됩니다. 그래서 인지오류들을 꼼꼼하게 살펴보고 개념을 정확히 알고 넘어가면 많은 경우 나를 이해하고 상대를 이해하는 데 크게 도움이 됩니다.

11가지 인지오류가
대화에 미치는 영향

우리의 생각을 왜곡된 방향으로 끌어가는 여러 가지 인지오류 중 대표적인 11가지를 소개하고, 각각의 방식이 어떤 것을 의미하는지도 살펴보겠습니다.

1. 이분법적 사고 All-or-Nothing thinking

상황을 양극단적인 측면에서 판단하고 중간을 인정하지 않는 흑백 논리 위주의 사고를 뜻합니다. 이분법적 사고는 우리 사회에 만연한 대화 패턴이지요.

조직에서 한 사람이 다른 사람의 의견에 대해 "글쎄요. 방금 제안하신 방식에 대해 저는 확신이 아직 없습니다"라고 말하면 우리는 금세 '좋은지 싫은지만 말하란 말이야!'라고 생각하는 오류를 범하게 됩니다. 그 사람이 다른 사람의 의견이 정말 싫은 건지, 아니면 좀 더 고민해보고 싶은 건지, 일부 동의하지만 일부 반대하는 것인지, 더 좋은 의견이 있는데 아직 말하지 않는 것인지 등 다른 가능성에 대해선 생각하지 못하게 됩니다. 이런 이분법적 사고는 양극단을 달리기 때문에 유연성이 떨어지므로 대화에서는 도움이 되지 않는답니다.

'100점이 아니면 의미없어.'

'좋아하는 게 아니면 싫다는 거지.'

→ 이분법적 사고의 개인적 경험을 적고 나눠보세요.

2. 과일반화 Overgeneralization

과일반화, 과잉일반화는 한두 번의 경험을 바탕으로 일반적인 결론을 내리고 무관한 상황에도 그 결론을 적용하는 인지오류 방식입니다.

사람들은 살기 편안하고 안전한 방식이 무엇인지 알고 싶어 하지요. 오래 고민하지도 않고 빨리 판단해서 결과를 알고 싶어 합니다. 그래야 자신이 안전한지 위험한지를 알 수 있기 때문일까요? 한두 번의 경험을 가지고 모두를 판단해버리는 오류는 한 인간을 바라볼 때 예상치 못한 결과를 가져오기도 합니다. 어떤 사람이 한 번의 실수(거짓말)로 아예 그런 사람(절대 믿어선 안 되는 속물)으로 낙인찍히는 것 또한 과일반화의 결과입니다.

"여행을 갔는데 중국 사람이 택시 대기 줄에서 새치기했어. 그 나라 사람들은 다 에티켓이 없어."

→ 과일반화의 개인적 경험을 적고 나눠보세요.

3. 정신적 여과 Mental filter

선택적 추상화 Selective abstraction 라고도 하는데, 여러 정보 중에서 전체가 아닌 일부를 뽑아내어 선택적으로 주목하고 전체를 판단하는 오류로, 인지오류들 대부분은 정신적 여과를 포함합니다. 우리는 사실 긍정적인 정보보다 부정적인 정보에 더 민감합니다. 그래서 전체적으로 고맙고 긍정적인 피드백을 주어도 그중 일부로 표현되었던 부정적 정보, 단점, 약점 등에 더 민감하게 반응하지요. 문제는 그 일부를 마치 전체 평가로 받아들이고 왜곡하여 판단하게 되는 것입니다. 100가지를 칭찬해도 1가지 부족한 점 지적이 더 뼈아프게 다가옵니다. 이런 인지오류는 피드백을 주고받는 대화를 할 때 화자의 의도를 오해하기 때문에 화자는 억울해하고 청자는 불쾌해지는 결과로 이어지기가 쉽습니다.

"김 과장의 보고서는 아주 체계적이고 문제점 또한 잘 파악했어. 방향성만 보완하면 더 좋을 것 같아."

→ '결국 내 보고서가 별로라는 거지.'

→ 정신적 여과의 개인적 경험을 적고 나눠보세요.

4. 비약적 결론 Jumping to conclusion

확인하지 않고 성급한 결론을 내리는 방식입니다. 우리는 '빨리빨리'에 길들여져 있습니다. 예를 들어 카톡을 보낸 후, 상대가 읽었다는 것을 아는데도 바로 답이 없으면 '내 말을 무시하겠다는 거지'라고 결론지어버리곤 합니다. 이렇듯 직접 묻거나 듣고 확인하지도 않은 채 성급하게 스스로 결론을 내버리는 것이 바로 비약적 결론의 인지오류입니다.

비약적 결론을 대화에 적용하면 가장 큰 문제는 상대에게 묻지 않는다는 것에 있습니다. 이미 자기 스스로 결론을 짐작해서 내어버렸기 때문에 상대에게 물을 필요를 못 느끼는 거지요. 그러나 나의 짐작은 대부분 사실과 다를 수 있는데, 나의 오해(비약적 결론)로 인해 상대와 나 사이의 갈등은 깊어질 수 있습니다.

'다툰 뒤로 남편은 이번 주 내내 9시가 넘어서야 집에 들어온다. 나에 대한 마음이 완전히 떠난 게 분명하다.'
→ 비약적 결론의 개인적 경험을 적고 나눠보세요.

5. 과대평가 / 과소평가 Magnification / Minimization

사건의 의미나 중요성을 실제보다 과도하게 확대, 혹은 지나치게 축소하는 것을 의미합니다. 어쩌면 우리는 마음 깊은 곳에 불안을 간직하고 사는 것 같습니다. 그래서 그 불안을 억압하기 위해 사건이나 상대의 말과 행동을 볼 때 그 의미를 별것 아닌 것처럼 축소해버림으로써 안심하고 싶거나, 혹은 그것을 필요 이상으로 확대해석하며 그 불안을 통제하려 하지요.

예를 들어, 어느 날 학교 선생님이 걱정되는 학생을 불러 상담을 했다고 생각해봅시다. 어떤 학생은 그 의미를 축소하여 별일 아니라고 생각하고 반응하지 않고 모른 척해버리는데, 어떤 학생은 그 의미를 확대하여 자신이 많이 부족한 사람이라고 생각하지요. 어떤 이는 자신의 약점을 과대평가하고 강점을 과소평가하며 또 어떤 이는 반대로 자기 강점을 더욱 과장하고 약점을 축소하기도 합니다. 이 두 가지 모두 화자의 의도와 상관없이 자기 안에서 자신의 불안을 다루고 자 하는 방식입니다. 특히 대화에 있어서 과대·과소평가를 다룰 때는 서로가 질문을 통해 정확한 의미를 확인해가야 하는 중요한 작업입니다.

'학교에서 선생님은 아이가 리더십이 좋다고 이야기했어. 우리 애는 반드시 크게 성공할 거야.' - **과대평가**

'상사가 내 보고서를 보고 잘 썼다고 했지만 운이 좋았을 뿐이야.' - **과소평가**

→ 의미를 확대하거나 축소했던 개인적 경험을 적고 나눠보세요.

6. 감정적 추론 Emotional reasoning

어떤 상황 중에 현실적 근거 없이 막연한 감정을 느낄 때 그 막연한 감정에 따라 결론을 내리는 방식입니다.

대부분의 경우, 사람들은 자신의 감정을 인식하며 살아가기보다는 즉흥적으로 느껴지는 대로 살아갑니다. 정확한 이해보다는 감정에 기반하여 행동하고 말하고 관계를 맺지요. 왠지 나에 대해 뿌듯하면 자신이 훌륭한 사람이라고 생각해버리거나 왠지 저 사람이 거북스러우면 좋은 사람이 아니라고 결론 내버리죠. 어떤 근거로 그렇게 생각했냐고 물으면 "몰라요, 왠지 그래요", "그냥 느낌이에요"라고 말하는 경우가 많지요? 그런 경우가 바로 이런 왜곡에 빠진 것이랍니다. 이렇게 느낌, 감정에 근거해 결론을 내리고 대화를 하면 모호한 기분을 느끼게 됩니다.

'아이들에 대한 죄책감이 든다. 나는 좋은 엄마가 아니다.'

→ 감정적 추론의 개인적 경험을 적고 나눠보세요.

7. 당위적 진술 'Should' and 'Must' Statements

'당연히 해야 한다'와 '반드시 해야 한다'는 유연성, 개방성이 없는 생각입니다. 당위적 진술은 '꼭 해야 한다'는 억압이 지배하는 생각입니다. 이 의무가 다른 사람 모두가 공감하는 것이 아닌, 개인이 만들어놓은 것이기 때문에 타인과의 관계가 틀어지는 결과를 낳지요. 이런 의무와 행위에 근거한 경직된 인지오류는 다양하고 개방적인 생각을 할 수 없게 만듭니다. '왜'라는 질문은 창의성과 연결되고 합리적인 결론을 끌어내는 좋은 단어입니다. 그런데도 '이유 없어', '당연히 하는 거야'라는 식의 생각에 갇혀버리면 호기심을 상실하고, 기계처럼 움직이고 생각하지 못하고 행동하는 삶을 살아가게 되지요. 이런 생각을 가지고 있으면 대화 역시 매우 건조하고 즐겁지 못한 방식으로 흘러갑니다.

'아빠는 절대로 눈물을 보이거나, 약한 모습을 보여서는 안 된다.'
'친구라면 당연히 내 편을 들어줘야지.'
'부모는 강해야만 한다!'

→ 당위적 진술의 개인적 경험을 적고 나눠보세요.

8. 명명하기 Labeling and Mislabeling

극단적이고 정당하지 않은 이름을 자기 자신에게 붙이는 것입니다. 우리는 자신에게도, 또 타인에게도 무언가 이름 붙이기를 좋아합니다. 천재, 바보, 이기주의자, 천사, 쓰레기, 성인 등. 이러한 이름을 붙이는 과정은, 인간을 다양한 능력을 지닌 '온전한 존재'로 바라보지 못하게 만들고 특정 부분 혹은 일부분으로 전체를 평가하는 과일반화에 빠지게 합니다. 이기적인 사람이라고 판단되는 누군가도 그의 가족이나 사랑하는 이에게는 천사 같은 사람일 수 있겠지요. 우리는 빨리 사람을 상징하는 이름을 붙여서 그를 예측하고 싶어 하지만 대화에서는 이러한 관점이 오히려 서로를 이해하는 데 커다란 벽이 된다는 사실을 알 필요가 있습니다.

'나는 바보같은 사람이야.'

'나는 실패자고 인생 낙오자야.'

→ 명명하였던 개인적 경험을 적고 나눠보세요.

9. 개인화 Personalization

자신과 무관한 사건인데도 불구하고 자신과 관련된 것으로 잘못 해석하는 것을 뜻합니다. 누군가가 자신을 늘 주목하고 있고 타인에게 평가받고 있다고 믿을수록 이런 개인화는 우리 삶에 딱 달라붙어 다니게 됩니다. 슬프게도 개인화에 빠질수록, 주체적으로 살아가기 어려워집니다. 우리 삶의 방향은 늘 타인에게 맞춰지고, 그에 맞춰 행동하게 되며, 대화 역시 그러한 방향으로 흘러가게 됩니다. 대화에서 가장 중요한 것은 타인을 위한 행동을 하는 것이 아니라, 자기 자신의 필요와 감정을 인식하는 능력입니다. 개인화는 그것으로부터 멀어지게 하므로 잘 인식해야 하는 인지오류의 하나입니다.

'내 아이가 사람들에게 손가락질을 당할 행동을 하는 것은 내 탓이다.'
'회의에서 김 과장이 웃은 건 나를 무시하기 때문이다.'
→ 개인화의 개인적 경험을 적고 나눠보세요.

10. 재앙화 Catastrophizing

대안적인 가능성에 대한 고려 없이 최악의 부정적인 결과를 예상하는 것으로, 예언자 오류 Fortune telling 라고도 합니다.

한 아이는 자기가 시험을 치르면 반드시 망할 것이라고 말했습니다. 그 이유는, 긴장하면 늘 배가 아픈 데 가장 중요한 수능일에는 분명히 긴장할 테니 배가 아플 것이고, 그러면 자신은 아는 문제도 제대로 풀 수 없을 거니까 수능을 분명 망치고 대학도 떨어질 거라는 얘기지요. 배가 아플 거라면 미리 약을 먹을 수도 있고 내복을 입어 배를 따뜻하게 보호할 수도 있을 것이며, 긴장 완화에 도움이 되는 안정제를 먹을 수도 있습니다. 이런 여러 가지 가능성을 생각하지 않고 바로 파국적 해석을 하고 대안을 찾지 못하는 것이 바로 재앙화의 오류입니다. 이혼하면 비참하게 살 것이고, 실직하면 내 인생은 끝장이고. 이렇듯 대안과 다른 가능성을 상실하게 만들기 때문에 대화를 하게 될 때도 서로 간의 맥이 빠지고 무기력해지는 힘을 갖고 있지요.

'지금 이대로 성장하면 내 자식은 평생 가난을 못 벗어나고 인생도 꼬일 것
이다.'

'내가 탄 비행기가 추락하면 내 시체조차 발견하지 못하겠지.'

→ 재앙화의 개인적 경험을 적고 나눠보세요.

11. 독심술 Mind Reading

타인이 어떤 생각을 하는지에 관해서 물어보지 않은 채 다른 사람
의 마음을 마음대로 추측하고 단정하는 방식입니다. 이 독심술은 상
대를 분노하게 만들기도 합니다. 아무리 아니라고 해도 옳다고 우기
기 때문인데요. 대화는 서로 자기 생각이 '맞다'는 마음을 내려놓은
상태에서 잘 이루어지는 상호적 과정이지요. 그런데 자신이 추측하
는 것이 '맞다'는 마음으로 상대를 만나면 그 대화는 무척 제한적이고
독선적으로 흘러갑니다. "너 나 싫지?" "너 지금 마음은 안 그런데 억
지로 나한테 잘해주는 거지?" 이런 말로 끊임없이 괴롭히는 상대를
누가 계속 받아줄 수 있을까요? 이런 독심술은, 서로서로 오래 알고
잘 안다고 생각할수록 더 쉽게 빠질 수 있는 오류입니다. 그렇기 때문
에 가족, 친구, 오래된 동료들 사이에서 그 빈도가 높습니다.

'나는 아이 표정만 봐도 걔가 무슨 생각을 하는지 다 알아.'

'내 친구는 지금 슬픔에 빠진 게 분명해. 나는 안 들어봐도 딱 느낌으로 알아.'

→ 독심술의 개인적 경험을 적고 나눠보세요.

[1] 이번 한 주, 내가 떠올렸던 자동적 생각과 사건을 생각나는 대로 적어봅시다.

[2] 그 '생각'은 어떤 인지오류에서 기인하였는지 생각해보고 적어봅시다.

[3] 그 생각이 진실이라는 증거를 적고 나눠보세요.

[4] 그 생각이 진실이 아니라는 증거를 다 적고 나눠보세요.

핵심 신념

: 성격을 만들어내는 굳어버린 생각들

이번에 다루는 내용은 중요한 이야기가 될 것 같습니다. 또한 몇몇 분들에게는 거북스럽고 불편한 글이 될 수도 있습니다. 글을 쓰는 저에게도 용기가 필요한 순간이기도 합니다. 어찌 보면 중요한 진실이나 사건들은 우리를 무척 불편하게 만드는 것 같아요. 그것을 직면한다는 것 자체가 그 불편함을 넘어서야 한다는 뜻이기도 하고요. 하나씩 함께 살펴볼까요.

자동적 생각(툭 떠오르는 생각들)과 인지오류에 대한 개념을 머리로 이해하는 것과 그것을 인식하면서 살아가는 것은 전혀 다른 이야기입니다. 즉, 어떤 이들은 자동적 생각과 인지오류의 개념은 분명히 이해하면서도 여전히 자신들의 삶과 관계에서 떠오르는 생각과 판단을 '진실' 혹은 '사실'이라고 믿으면서 대화하고 살아갑니다. 타인이 아무리 설명해도 제대로 듣지 않은 채 판단하지요. 상대가 증거를 보여주어도 '아니야. 분명히 뭔가 있을 거야'라고 의심하며 자기 생각을 포기하거나 바꾸지 못합니다. 이는 우리 안에 어떤 신념이 이미 자리 잡았고, 그것을 진실이라고 믿어버렸기 때문입니다. 즉, 자동적 생각이 의식적 수준이라면 신념은 무의식적 수준에 있는 것이지요.

사람은 누구나 저마다 다른 핵심적인 신념들을 갖고 살아갑니다. 이것이 정말 비극입니다. 왜냐하면 어떤 신념은 우리의 관계를 경직되게 만들기 때문입니다. 이런 신념으로 인해 생각이 유연하지 못하기 때문에 타인의 생각과 마음을 받아들일 마음의 여유 공간도 없어집니다. 그러다 보면 작은 사건임에도 불구하고 자기도 모르게 위축되거나 발끈하고, 좋은 의도였는데도 오해해서 다투고 때로 자신도 이해할 수 없는 행동으로 주위 사람을 힘들게 만들기도 합니다. 특히 어린 시절에 상처가 반복적으로 오랫동안 이루어졌고 아픔이 많을수록, 부모로부터 받은 정서적인 필요가 과잉되었거나 결핍되었을수록 기질에 따라 이 핵심적인 신념은 우리의 마음과 영혼을 지배하려고 합니다. 감정, 대화와 행동을 조종하는 이런 핵심 신념Core-Belief을 스키마Schema라고도 합니다.

고립된 마음의 순환 구조,
관계를 단절시키는 이유

개인이 가진 핵심 신념은, 대화와 관계에 거대한 영향을 주게 됩니다. 제가 십수 년간 대화 훈련, 갈등 중재, 그리고 외상 상담을 하며 겪었던 어려움은 거의 모든 경우, 이 핵심 신념이 건드려지는 경우였답니다. 저 역시도 대화를 하고 관계를 맺는 큰 고비마다 저의 핵심 신념과 직면해야 했습니다.

저의 몇 가지 핵심 신념 중 하나는 버림받음에 관한 신념 '혼자 남겨지게 될 거야'에 있었습니다. 그래서 과도하게 웃고 잘 보이려 애쓰고, 나를 떠날 것 같으면 더 잘해주려 하거나, 아니면 버려지기 전에 냉정하게 그 관계를 먼저 끊음으로써 버려지는 기분을 느끼지 않으려 애를 썼습니다. 얼마나 많은 날을 그 핵심 신념에 얽매여 건강하지 못한 대화를 해왔는지 모르겠습니다.

이런 저에게 새로운 세상을 열어준 사람은 제프리 영Jeffrey E. Young이라는 심리학자였습니다. 제프리 영은 개인의 삶에 도움이 되지 않는 소위 부정적인 핵심 신념이 어린 시절의 채워지지 못한 정서적인 핵심 욕구들로 인해 생긴다고 보았습니다. 저 역시 어린 시절에 이런 정서적인 핵심 욕구들이 충족되지 못했습니다. 예를 들면, 중요한 사람들과의 애착 욕구(사랑, 돌봄, 보살핌, 수용 등), 무엇을 원하는지 표현하고 감정을 드러내는 자기 표현의 욕구, 재미의 욕구, 선택하고 참여하는 자발성과 정체성의 욕구, 자신을 절제하고 스스로 통제하는 욕구 등이 대부분 좌절되었지요.

만약 여러분이 어린 시절에 신체, 성, 정서, 언어적인 학대의 경험이 있었다면 그리고 그 학대의 정도가 심했다면 여러분의 마음에도 저와 마찬가지로 이런 핵심 신념이 자리했을지 모르겠습니다.

정도의 차이는 있겠지만 사람들은 저마다의 핵심 신념을 갖고 살아갑니다. 불편하고 거북스러운 이 사실이, 아이러니하게도 우리의 대화가 변화할 수 있는 시작이 됩니다. '내게도 어떤 핵심 신념이 있구나. 그 신념이 사람들과의 관계를 단절시킬 수 있고 나의 삶을 고립시킬 수 있었겠구나'라는 생각이 바로 변화의 출발이 됩니다. 우리가 그런 신념의 색안경을 끼고 세상을 보고, 나 자신을 보고, 상대를 보고, 나의 미래를 바라보고 있었다는 것을 알게 될 때 비로소 우리는 색안경을 벗고 자연스러운 눈으로 있는 그대로의 모습을 관찰할 수 있게 되겠지요. 즉, 우리가 지니고 살았던 핵심 신념의 거대한 얼음덩어리는 그 신념을 알아차리면 천천히 녹여낼 수 있답니다. 제프리 영은 우리에게는 핵심 신념도 있지만, 그것을 건강하게 다룰 수 있는 내면의 '건강한 어른'이 있다고 했습니다.

또한 모든 핵심 신념이 항상 대화를 가로막고 관계를 단절시키는 것은 아닙니다. 세상을 긍정적으로 바라보는 핵심 신념(세상은 아름다운 곳이다)이나 사람들에 대한 긍정적인 핵심 신념(사람들의 본성은 선하다) 같은 것들은 보편적 관계의 질서 내에서는 매우 도움이 될 테니까요. 다만 이 책에서는 그것과는 대조되는 개념으로 건강한 관계에 도움이 되지 못하고 무엇보다 스스로 세상을 살면서 행복하지 못하게 만드는 부정적이고 역기능적인 신념 체계를 다루고 있습니다.

부정적인 핵심 신념을 다루는 이유는, 서로를 판단하기 위해서가 아니라 서로의 다름을 이해하기 위해서입니다. 모두가 다른 삶을 살아왔고 다른 경험과 배움을 지녔으며 그를 통해 다른 신념들을 형성했으니까요. 즉, 옳고 그른 도덕적 판단으로 상대를 대하는 것이 아니라, 삶의 스토리를 통해 그를 이해하기 위해서 배우는 것입니다. 그리고 나 자신을 이해하지 못할 때 몰려오는 답답함을 해소하기 위해서입니다. 나를 아는 것, 그리고 상대를 이해하는 것이 핵심 신념을 다루는 목적입니다.

여러분이 이 핵심 신념의 장을 가볍게 넘길 수 있는 건강한 삶을 살아왔다면 축하드립니다. 만약 여러분이 감사한 삶을 살아왔더라도 세상에는 저와 같은 부정적인 핵심 신념에 휘둘리며 살아온 사람들이 더 많을 것입니다. 회사의 리더로서, 학생을 돌보는 교사로서, 아이를 양육하는 보호자로서 상대를 이해하려는 마음의 능력을 키우고자 한다면 핵심 신념의 장을 꼼꼼히 살펴보세요. 대화를 나눌 때 큰 도움이 될 것입니다.

여러 가지 핵심 신념,
건강하게 다시보기

여기서는 제프리 영이 18가지로 분류해놓은 스키마 중 14가지를 간단한 사례를 통해 소개합니다(핵심 신념에 관해 좀 더 자세히 공부하고 싶은 분은 제프리 영의 책을 함께 보는 것을 추천합니다. 《심리도식치료》, 제프리 영 외 공저, 권석만 외 공역, 학지사, 2005).

대화를 연습하는 분들과 함께 읽어봐도 좋고, 자신이나 주변인의 사례를 통한 경험을 나누는 것도 좋습니다.

1. 버림받음의 신념 : 결국 혼자 남겨질 거야

참 가슴 아픈 핵심 신념이지요. 사랑하는 사람이 결국 자신의 곁을 떠나고 고립될 것 같은 믿음을 갖게 되는 것이랍니다. 버려질 것이라는 생각이 신념으로 자리 잡으며 결국 혼자될 것이라는 커다란 불안감을 만들기에, 이 핵심 신념이 강할수록 우리의 대화는 이분법적으로 이어질 가능성이 있습니다. 예를 들어, 누군가로부터 작은 거절을 경험해도 "그럼 관둬!"라는 말이 나올 수 있겠지요. 깊고 친밀한 관계를 원하면서도, 어차피 혼자가 될 거라는 신념이 있어 차라리 혼자를 선택하기도 하고, 지나치게 집착하기도 하고, 관계가 깊어지기 전에 냉정하게 먼저 끊어버리기도 하지요. 이 신념이 강하면 우리의 내면은 쉽게 상처받고 평정심을 유지하기 어렵습니다.

나는 왠지 소중한 사람들과 이별하거나 버려질 것만 같아요. 그래서 새로운 관계를 맺어도 왠지 불안하고 헤어지는 순간 걱정이 많이 됩니다. 그래서 작은 거절에도 민감하게 대화를 하게 됩니다. 어렸을 때 부모님이 헤어지셨는데 그때 내가 울고불고 매달렸지만 엄마는 집을 나가셨어요. 지금 생각해보면 부모님이 싸우고 나갔을 뿐인데 나는 그때 엄마가 나를 버렸다고 생각했습니다. 그리고 나는 버려질 만한 인간이라고 생각했던 것 같아요. 내가 더 잘했더라면 버려지지 않았을 거라 생각하면서.

→ 내 상황에 해당하면 경험을 적고 나눠보세요.

→ 내 주변인의 상황에 해당하면 경험을 적고 나눠보세요.

건강한 어른의 눈으로 다시 바라보기

우리 주변에는 평정의 마음을 대체로 잘 유지하는 사람들이 많습니다. 버려질 것 같은 신념을, 진실이 아닌 강한 생각일 뿐이라는 것을 받아들이면 조금씩 그 신념을 이해하고 알아차리면서 사람들과 진실한 대화를 연습할 수 있게 됩니다. "당장 관둬"라고 말하는 대신, "내가 좀 불안해서 그래. 우리가 잘 해결할 방법을 나눠볼 수 있을까?"라고 말할 수 있겠지요.

누구든 아무리 잘하려 노력해도 상대로부터 이별을 통보받을 수 있고, 조직에서 나의 제안이 거절당할 수 있습니다. 그 거절이 우리가 거부되는 것은 아니랍니다. 누구라도 겪을 수 있는 자연스러운 경험이지요. 우리가 수용받았던 날들, 그리고 우리에게 자신을 온전히 수용해줄 수 있는 능력이 있음도 기억해보세요. 우리는 우리 자신을 지켜주고 함께 있어줄 힘도 있습니다.

상대로부터 거절당하는 것은 불편한 일이 분명하지만, 혼자서도 잘 견디는 연습을 할 수 있습니다. 혼자의 외로움도 불안도 스스로 인식하고 바라보는 연습을 통해 궁극적으로는 온전한 자신, 건강한 관계를 연습해야지요. 어린 시절의 버림받았던 기억은 그때의 기억일 뿐임을 알아가면서 말입니다. 우리 안에는 여린 아이도 있지만 우리 자신을 지켜줄 건강한 어른도 있답니다.

2. 불신의 신념 : 나는 아무도 믿을 수 없어

불신은 말 그대로 믿을 수 없는 것입니다. 세상을 믿을 수 없고, 타인을 믿을 수 없지요. 믿을 만한 곳은 없으니 나 자신을 지켜내야 합니다. 주변은 적 천지이므로 항상 긴장하고 있어야 합니다. 자신을 보호하기 위해서는 의심의 눈을 갖고 타인을 봐야 합니다. 그 의도가 무엇인지 간파해야겠지요. 왜냐하면 다른 사람들은 나를 이용할 수 있기 때문입니다. 이것이 바로 불신의 핵심 신념이 가진 특징입니다.

어려서부터 부모에게 학대를 받았다면 불안하고 두렵고 부모를 믿을 수 없었을 겁니다. 자신을 낳거나 키워준 부모를 믿을 수 없는데, 어떻게 세상과 타인을 믿을 수 있을까요? 저는 이 핵심 신념이 강했습니다. 그래서 이 핵심 신념을 가장 슬픈 신념으로 봅니다. 이 신념을 갖게 되면 감정이 늘 혼란스럽습니다. 진실인지 거짓인지 판단해야 하는데 그것을 매 순간 알 수 없으니 혼란스러울 수밖에요. 누군가를 믿지 못하니 관계는 피상적으로 될 수밖에 없습니다. 또한 당하면 안 된다고 생각하고 사니 의심이 커지게 됩니다. 이럴 때 나누는 대화는 "나는 누구도 믿지 않아. 나는 나 자신만 믿어"라고 할 수 있겠네요.

나는 세상을 믿을 수 없습니다. 사람도 믿어선 안 된다고 생각해요. 왜냐하면 직장 생활을 할 때 정말 내 인생을 걸고 열심히 했는데 돌아온 건 배신이었습니다. 어려서부터 할아버지께선 누구도 믿지 말라고 하셨습니다. 세상에서 믿을 사람은 유일하게 자신뿐이라고 늘 말씀하셨고 그 말씀이 진리라고 믿어요. 아무리 나에게 잘해주어도 그건 다 그 사람이 다른 목적이 있기 때문이라 생각합니다.

→ 내 상황에 해당하면 경험을 적고 나눠보세요.

→ 내 주변인의 상황에 해당하면 경험을 적고 나눠보세요.

건강한 어른의 눈으로 다시 바라보기

저는 이 신념이 너무 강해서 상담을 받았습니다. (저처럼) 이 신념이 강한 사람들은 한 번 피해를 경험하면 그 피해의식에서 회복하기가 너무 어렵거든요. 어려서부터 학대의 경험이 있다면 더욱 그렇습니다. 저는 이 신념을 생각하면 무기력해지곤 했습니다. 그리고 제 내면의 대화는 주로 '저 사람의 의도가 뭘까? 내가 속는 건 아닐까? 또 당하면 안 되는데'라는 말로 채워졌지요.

핵심 신념은 곧 대화로 나타납니다. 그리고 대화는 결국 관계의 질을 결정합니다. 내가 겪은 학대, 불신의 경험은 '당시 그 사람'과의 관계였을 뿐임을 우리는 인지해야 합니다. 과거의 학대와 불신에 대한 경험을 현재의 상황으로 끌고 와서는 안 됩니다. 누군가에게 당할까 봐 불안해하고 공격적인 자신의 모습을 보게 된다면, 부드럽게 다시 배울 필요가 있습니다. 세상에는 어둠이 있듯 빛도 있고, 불신이 있다면 신뢰가 존재한다고 말입니다. 작은 선의도 믿어보세요. 작은 미소도 감사로 받아보세요. 소중한 사람들에게 "믿는다"고 말해주세요. 또한 그들에게 "믿어주어서 고맙다"고 말해보세요. 삶에서 작은 신용을 하나하나 쌓고 신뢰 관계를 만들어가 보는 겁니다. 불신과 신뢰를 구별하며 분별력 있게 살아가는 연습을 통해서 말이죠.

3. 정서적 박탈감의 신념 : 내 욕구는 충족되지 못할 거야

정서적 박탈감의 신념은 '내가 만족할 일은 절대 없을 거다'입니다. 이 신념이 강하면 어느 누구도 자신의 욕구를 충족시켜줄 수 없다고 생각하지요. 그래서 정확한 말로 대화하지 않습니다. '알아서 나를 만족시켜줘 봐'라고 생각하면서 돌려 말하고, 떠보고, 간을 보면서 구체적으로 대화하는 방법을 연습하지 못합니다. 사랑받고 이해받고 싶으면서도 말이나 행동으로 표현하지 못하여 결국 사랑받고 이해받고 싶은 욕구는 좌절되고 맙니다. 그렇게 이 신념은 더 강하게 굳어지기도 합니다.

신념이란 것이 참 아이러니하지요. 이렇게 사랑받고 싶으면서도 자신을 사랑하지 않을 냉정한 사람에게 끌리기도 하니 말입니다. 또 상처받지 않기 위해 더 냉정하게 타인을 대함으로써 자기 곁에 누구도 오지 못하게 하기도 합니다. "나는 너랑 대화하고 싶어"라고 말하는 대신, "난 괜찮아! 신경 쓰지 마"라고 하지요. 이처럼 대화를 잘 관찰하기만 해도 자신이나 상대방의 신념을 추측해볼 수 있지요.

어차피 내가 원하는 건 이루어지지 않아요. 인생이라는 게 자기가 원한다고 이루어지는 게 아니니까요. 자기 욕구를 드러내고 충족하려는 사람을 보면 정말 싫습니다. 이기적으로 보이기도 하고 현실적이라고 생각되지도 않아요. 인생은 그저 그렇게 살아가는 거지, 원하는 것을 다 이루며 살 수 없습니다. 사랑하는 사람이 나에게 원하는 것을 해주겠다고 했을 때 나는 그 사람이 정말 그렇게 할 수 있는지 가혹하게 테스트했었습니다. 정말 최선을 다해주었던 것 같은데 나는 매번 더 강한 것을 요구했고, 결국 그 사람은 나를 떠났어요. 내가 그때 깨달은 건, 결국 내가 원하는 건 이루어지지 않는다는 사실이었습니다.

→ 내 상황에 해당하면 경험을 적고 나눠보세요.

→ 내 주변인의 상황에 해당하면 경험을 적고 나눠보세요.

건강한 어른의 눈으로 다시 바라보기

정서적 박탈감은 우리에게 친밀감을 경험하지 못하게 한답니다. 아주 짧고 피상적으로 만나면서 인간관계에 대한 반복적인 회의감에 빠지게 만들죠. 어차피 사람들은 우리가 원하는 것을 채워주지 못할 거라는 이 신념은 한편으로 우리로 하여금 늘 불만을 경험하게 만듭니다. 상대의 노력에 고맙다는 말 대신, "이 정도가 다야?"라고 말하게 만들지요. 더욱더 요구하며 끝없이 자신이 원하는 것이 채워지지 않는다는 생각에 빠져 살게 하는 이 신념은 참 지독합니다. 그래서 우리는 작은 일에도 "고맙습니다"라고 표현하는 방법을 배워야 합니다. 더불어 "괜찮다"고 말하며 속으로는 타인이 내 욕구를 충족시켜주기만을 기다리지 말고 스스로 자신의 욕구를 충족시키려는 노력이 필요합니다. 우리가 누리고 있는 일상의 작은 것들을 떠올려 보면서, 그것만으로도 얼마나 감사한 일인지 자꾸 생각해보고 인식하려는 노력도 도움이 됩니다. 모든 욕구를 충족하며 살아가는 사람은 없습니다. 욕구란 충족되기도 하고 때론 충족되지 않은 채 살아가기도 하는 것이지요. 무엇보다 우리에게는 자신의 욕구를 스스로 충족시킬 힘이 있다는 것을 기억합시다.

4. 결함의 신념 : 내 진짜 모습을 알면 사람들은 실망할 거야

여러분이 만일 마음 내면의 어딘가에서 자신에 대해 '별볼 일 없는 것 같다'라거나 '가치가 없다'고 생각한다면 이 신념이 마음에 자리 잡았을 것입니다.

이런 신념이 강했던 한 교육생은 듣기 불편한 말이 "너는 참 괜찮은 사람이야"라는 말이라고 했습니다. 왜 그랬을까요? 내면에서 자기 자신에 대한 믿음과 상대의 피드백이 너무 상반되어 혼란스럽기 때문이지요. 이런 결함의 신념이 강하면 오히려 겉으로 드러나는 성공과 권력에 집착하면서 더 강한 사람으로 보이고자 노력할 수도 있습니다. 또한 결함의 신념이 강하면 강할수록 수치심이 크고 비교의식

이 커진답니다. 이런 경우 대화에서는 종종 "누구보다~"라는 말을 자주 사용하게 되지요. 자신에 대한 평가는 늘 타인과 견주고, 대개 자신보다 좋아 보이는 사람을 찾아 자신의 무능력함을 확인하게 됩니다. 안타까운 신념이자 자신을 있는 그대로 수용할 수 없게 만드는 무서운 신념입니다.

스스로가 부족하고 열등하다는 생각을 늘 합니다. 누가 나를 칭찬이라도 하면 정말 불편해서 견딜 수가 없어요. 언제나 내 모습이 드러날까 봐 걱정되고, 내 본 모습을 보이면 사람들이 나를 사랑하지 않을 것만 같아서 늘 불안합니다. 그러다 보니 수치스러운 것을 참을 수가 없고 늘 타인의 장점과 나의 단점을 비교하면서 스스로 열등한 증거를 찾는 것 같아요. 이런 내 모습을 바꾸고 싶은데 열등감에서 벗어나질 못하겠습니다.

→ 내 상황에 해당하면 경험을 적고 나눠보세요.

→ 내 주변인의 상황에 해당하면 경험을 적고 나눠보세요.

건강한 어른의 눈으로 다시 바라보기
··

매일 매일 작은 일이라도, 자신을 칭찬하세요. 이럴 때 속으로 '이 정도가 뭐라고 칭찬을 하나. 누구나 할 수 있는 걸 가지고'라고 평가 절하하는 말이 들려올 겁니다. 그렇더라도 '아니야! 작은 일도 인정받을 가치가 있어'라고 강하게 자신에게 말해줘야 합니다!

신념은, 타인과 하는 대화가 아니라 자기 자신과의 대화를 통해 변화한답니다. 또한 모든 일에 대해 스스로 부끄러운 점들을 과도하게 비난하지 않도록 용서하고 수용하는 연습도 중요합니다. '잘못했구나. 다음에 다르게 해야겠구나'라고 생각할 수 있어야 하지요. '나 같은 게 그럼 그렇지'처럼 자신이 부족한 존재라는 생각에 빠지지 않도록 노력할 필요가 있답니다. 완벽한 사람이 되기 위한 노력보다 어떤 모습이든 충분히 사랑받을 만하다고 말해주는 것이 중요하니까요.

5. 사회적 고립의 신념 : 나는 여기 어울리지 않아

사회적으로 느끼는 고립감은 어색함과는 다른 개념입니다. 누구나 공동체에 처음 들어갈 때는 어색함과 불편함이 있지요. 여기서 말하는 사회적 고립의 신념은, 공동체나 그룹에 속해 있으면서도 '난 이 모임에 적합한 것 같지 않아'라고 생각하게 만듭니다. 맞지 않는 신발을 신고 걸어 다니는 기분이랄까요? 자신과 자신을 둘러싼 공동체와의 관계에 대한 기분이지요. 격려된 기분과 외딴 섬에 있는 것 같은 기분을 포함해서, 사회적 고립은 공동체 안에서 자신의 행동을 위축시키고 회피하는 힘으로 작동합니다. 물론 이 신념이 있어도 겉으로 볼 때 관계를 건강하게 맺는 것처럼 보일 수 있지만, 집단이나 공동체, 조직 및 단체 활동에서 문득 고립감을 느끼고, 어딘가에 소속되고 싶은 마음에 정처 없이 돌아다니게 되지요.

나는 사람들과 같이 있어도 그 공동체에 소속된 기분을 느끼지 못합니다. 작은 소외감도 크게 느껴서 고립되는 기분 때문에 일이 잘 안 됩니다. 왠지 나는 그들과 다른 기분이 들고 혼자 겉도는 기분이 든다고 할까요. 일대일로 관계를 맺는 것은 별로 어렵지 않은데 단체나 무리에 있을 땐 불편하고 겉도는 느낌을 벗어나지 못합니다. 특히 시스템이나 조직의 일원이라는 생각이 전혀 들지 않고, 그런 생각이 들 때면 한없이 소외감이 느껴지고 우울해집니다.

→ 내 상황에 해당하면 경험을 적고 나눠보세요.

→ 내 주변인의 상황에 해당하면 경험을 적고 나눠보세요.

건강한 어른의 눈으로 다시 바라보기

이 고립감을 크게 느꼈던 사람이 있습니다. 우리가 했던 행동 연습은, 사교 모임에서 작은 역할을 기꺼이 맡아보는 것이었지요. 8명밖에 되지 않는 사교 모임에서 그는 총무를 맡아서 80만 원의 자금을 관리하고 단체 문자를 통해서 모임을 주관하는 역할을 했습니다. 그이유는, 늘 주변 사람과 어울리지 않는다고 느끼고 자신이 매력적이지 않다고 생각하면서 적극적으로 자신을 드러내기보다는 회피하고 침묵하며, 있는 듯 마는 듯한 관계를 맺어왔기 때문이지요.

자신의 신념을 반드시 바꾸려고 하기보다 스스로 무엇을 원하는가를 깊이 인식하고 그런 삶을 위해 작은 노력이라도 할 필요가 있습니다. 사회적으로 늘 단절된 기분을 느끼고 있다면 아주 작은 일이라도 맡아 그 속으로 부드럽게 들어가 보는 노력과 연습이 필요할 수 있지요.

6. 의존의 신념 : 혼자서는 할 수 없어

"도와주세요. 저는 혼자서 못 해요"라는 말이나 그런 생각을 많이 하는 경우가 있습니다. 새로운 업무 지시를 받았을 때나 도전을 할 때마다 왠지 혼자서는 못할 것 같고 누군가가 판단을 내려주지 않으면 어떤 결정도 못할 것 같은 기분이 듭니다. 아무런 무기도 가지지 못한 채 험난한 전쟁터에 혼자 던져진 기분이지요. 그래서 혼자 무언가를 해야 하는 상황이 몹시 부담되고 불안합니다. 만일 지나친 과보호를 경험해서 스스로 아무것도 해보지 않았거나 반대로 완전한 방임 상태에서 자라 모든 것을 혼자 해야만 했던 사람이라면 이런 신념이 자리했을 수도 있습니다. 모험이나 도전은 삶에 장애가 되었을 테지요. 우리를 더 넓은 세상으로 나아가지 못하게 만드는, 답답한 신념이랍니다.

나는 누군가의 도움이 없이는 아무것도 못 할 것 같은 기분이 듭니다. 상사가 무슨 일을 시키면, 누구랑 같이해야 하는지가 제일 중요하고, 혹여 혼자 하라고 하면 땅바닥으로 쓰러질 것 같이 두려워지고 옴짝달싹할 수 없을 때가 많습니다. 심지어 부모님 때문에 억지로 유럽 배낭여행을 떠나던 날은 공항에 갈 때까지 울었어요. 혼자 가는 것도 아닌 단체여행이었는데 말이죠. 생각해보면 혼자 무언가를 해왔던 기억 자체가 거의 없어요. 이런 나를 친구들은 겁쟁이라고 종종 놀리기는 했지만 늘 잘 챙겨주었고 나는 그런 친구들만 사귀었던 것 같기도 합니다.

→ 내 상황에 해당하면 경험을 적고 나눠보세요.

→ 내 주변인의 상황에 해당하면 경험을 적고 나눠보세요.

건강한 어른의 눈으로 다시 바라보기

혼자서 밥도 먹어보고, 혼자 영화도 보고, 혼자 산책도 하고, 혼자 작은 물건을 살지 말지 결정하는 연습을 통해 이 신념을 녹여볼 필요가 있습니다.

지구본을 놓고 돌려보세요. 그리고 한국을 찾아보세요. 나머지 땅과 바다를 보면서 우리나라의 면적을 볼까요. 지구상의 이 많은 장소들을 경험하지 못하게 하는 많은 요소 중 하나가 '나는 혼자 못해요'라는 두려움 때문이라면 얼마나 안타까운지 생각해봅시다. 가장 일상적이고 가장 쉬운 것부터 혼자 해보는 겁니다. 그리고 해볼 때마다 큰 소리로 말해봅니다. "재연아, 참 잘했어. 수고했어. 멋져"라고 말입니다. 대화의 힘은, 눈을 바라보며 소리 내어 할 때 더욱 커집니다. 거울을 보고 스스로 하나씩 할 때마다 잘했다고 수고했다고 말해보세요. 자존감은 일상에서 성취하는 작은 것들의 누적을 통해 이루어짐을 꼭 기억하세요. 응원합니다.

7. 취약성의 신념 : 왠지 안 좋은 일이 생길 것만 같아

우리를 멈추게 만들고 얼어붙게 만드는 신념이지요. 일상의 모든 일들이 안전하지 않고 "언제 위험이 닥칠지 몰라. 항상 준비해야 해"라고 말하는 모습에서 발견할 수 있습니다.

이 신념이 강한 부모는 자녀에게 어떤 말을 자주 하게 될까요?

"안 돼. 하지 마. 가만있어. 위험해. 조심해"라는 말이겠지요. 사실 이 말은 꼭 필요한 말입니다. 위험에 대한 불안이 없다면 건강하게 살아 있지 못했을 테니까요. 그러나 이런 신념이 과도한 부모 밑에서 자랐다면, 일상을 살아갈 힘을 키우기보다는 자신의 안전을 지키는 데에만 온 에너지를 사용하게 된답니다. 뭔가 나쁜 일이 일어날 것만 같고 언제라도 다칠 수 있고 위험에 처할 수 있다는 생각이 가득하다면 일상이 어떨까요?

나는 어떤 일을 하더라도 안 좋은 일이 생길 것 같아요. 비행기를 타면 추락할 것 같고, 심장이 벌렁거리면 심장마비가 올 것 같고, 불안하면 미쳐버릴 것 같습니다. 심지어 어제는 엘리베이터를 탔는데 추락할까 봐 옆의 손잡이를 붙잡고 매달린 상상을 하기도 했습니다. 모두 아무렇지 않은 상황 속에서 나는 늘 재앙을 상상하고 최악의 상황을 떠올리다 보니 너무 피로합니다. 그런데 어쩔 수 없어요. 나는 그런 사람이니까요.

→ 내 상황에 해당하면 경험을 적고 나눠보세요.

→ 내 주변인의 상황에 해당하면 경험을 적고 나눠보세요.

건강한 어른의 눈으로 다시 바라보기

취약성이 모두 공황 증상으로 나타나는 것은 아니지만 공황 증상은 주로 이런 취약성에서 비롯되는 몸의 감각 현상이지요. 미칠 것만 같고, 이러다 죽을 것 같고. 그래서 공황을 경험하는 사람들과 대화를 해보면 많은 경우 이런 취약성을 지니고 있음을 알게 됩니다. 이런 경험을 하면 관계 자체가 매우 제한적으로 되지요. 주변인들도 안전해야 하니까 그들에게 제약을 가하게 되고, 자신도 모르게 "안 돼. 조심해"라는 말을 많이 하게 됩니다. 만약 이런 신념을 지녔다면 '지금 이 순간 내가 안전하게 있음을 인식하고, 일상에서 명상하는 연습'을 꾸준히 할 필요가 있습니다. 지금 그 자리에서 조용히 눈을 감고 천천히 심호흡을 6번 정도 해보는 훈련도 유용합니다. 또한 주변에 이런 신념을 지닌 사람이 있다면 이 신념을 이해하고 도와줄 필요가 있습니다. 일상의 작은 일들이 그들에게는 얼마나 큰 위험 요소로 인식되는지 알고 손을 잡아주고 미소를 지어주고 오늘 하루 잘 지낸 그들에게 내일도 괜찮을 거라는 말 한마디를 건네줄 수 있다면 좋겠습니다.

8. 실패의 신념 : 결국 실패할 거야

'결국 안 될 건데'라는 신념은 우리에게 작은 실수도 커다란 실패로 인식하게 만들고 아예 도전하지 않으며 때로는 무의식적으로 최선을 다하지 않음으로써 실패를 부르는 행동을 일부러 하게 만듭니다. 어려서부터 "네가 하는 게 늘 그렇지", "네가 할 줄 아는 게 도대체 뭐냐?"라는 말을 자주 들었다면 자신의 실수에 대한 행동 평가는 자신의 존재(바보 같은 존재)로 이어지게 되지요. 이런 신념을 지니게 되면 부족한 자신의 부분을 다른 행위를 통해 보상받고자 합니다. 혹은 자신의 능력이 충분히 외부에서 인정을 받고 있음에도 불구하고 더 낮은 수준의 일을 하거나 전혀 다른 일을 합니다. 예를 들면, 공부를 잘하고 싶은데 결국 실패할 거라 믿으며 게임에 더 집중한다든지,

임용고시를 충분히 볼 만큼 학업 성적이 좋음에도 불구하고 초등학교 저학년 수학 과외만 한다든지 말이지요. 게임을 하고 수학 과외를 하는 것이 나쁘다는 것이 결코 아닙니다. 다만, 그 행위를 선택하는 마음의 기저에 깔린 실패를 예측하는 생각이 문제지요.

나는 늘 실패할 것만 같습니다. 그래서 시작을 못 합니다. 완벽하게 하지 않으면 반드시 실패할 테니까 계속 준비만 하고, 시작해도 남들에게 비밀로 하곤 합니다. 실패해서 놀림을 받는 것보다 혼자 조용히 하는 게 나으니까요. 운동도 취미활동도 남들이 모르게 배우곤 했습니다. 그런데 조직에서 일하다 보니 정말 힘들어요. 얼마 전에는 팀 발표를 앞두고 20분짜리 발표를 석 달간 준비한 적도 있습니다. 아무리 열심히 준비해도 왠지 실패할 것 같은 생각과 초조함에서 벗어나고 싶은데 도리가 없어요.

→ 내 상황에 해당하면 경험을 적고 나눠보세요.

→ 내 주변인의 상황에 해당하면 경험을 적고 나눠보세요.

건강한 어른의 눈으로 다시 바라보기

성공의 반대는 실패가 아니라 도전하지 않는 것이라는 말이 있습니다. 실패할 것 같은 신념은, 이 신념이 사실이 아니라는 것을 명확히 하는 것에서 그 회복이 시작됩니다. 아주 작은 일이라도 성공했거나 잘 마친 것들을 모두 써보는 것입니다.

유명한 대학을 가는 것만이 인생의 성공이 아닙니다. 열심히 공부해서 대학입시 시험을 별 탈 없이 잘 치르고 나온 것도 성공이지요.

운전해야만 성공이 아닙니다. 걷거나 지하철을 타고, 가고자 하는 곳에 가는 것도 성공입니다. 1등만이 성공이 아닙니다. 30등이었다가 25등 하는 것도 성공입니다. 우리가 성공과 실패라는 기준에서 왜곡되게 판단하는 것들이 얼마나 많은지, 그것만 적어보아도 실패할 것 같은 신념이 얼마나 어리석은 것인지 알 수 있답니다. 대화를 나누며 "나는 못해, 어차피 실패할걸? 안 하는 게 차라리 나아"라는 말을 했다면 정말 그랬는지, 그것이 사실인지 적어보세요. 확신하건대 그것은 진실이 아닐 겁니다.

도전 앞에서 도망치려는 행동이 있었을 뿐, 그리고 과거의 그런 경험에서 학습한 수치심이 있었을 뿐입니다. 타인의 평가에 그동안 우리가 놓친 존엄한 자신의 권리를 다시 찾는 것이 바로 이런 노력의 시작이 됩니다.

9. 부정성의 신념: 세상은 문제가 많아, 삶은 문제의 연속이야

"죽지 못해 사는 거지.", "인생은 문제투성이야."

이 신념은 걱정이 많습니다. 무언가 잘 되어도 잘못되는 결과가 따라올 거로 믿고, 잘 되는 것은 우연이며 잘못되는 것을 필연인 것으로 비관적인 해석을 하지요. 인생의 모습을, 긍정적인 것보다는 비관적이고 부정적인 것으로 보고 어떤 일을 시작하기도 전에 최악의 경우를 생각해놓아야 마음이 조금 편하다고 할까요. 남들이 보면 늘 불평불만과 걱정이 많은 사람으로 보입니다. 어려서부터 부모님이 부정성이 강한 사람이었다면 이런 영향을 받았을 수 있겠지요. 문제해결력은 좋을 수 있지만, 마음속 깊숙한 곳에 결정에 대한 두려움이 있으며 비관적인 경향이 강하게 자리하고 있습니다.

삶은 문제의 연속입니다. 잘해봐야 본전이라 생각합니다. 열심히 일해봐야 안 잘리면 다행이고, 열심히 저축해봐야 집 하나 살 수 있을까 말까입니다. 헌신해도 배신당하기 일쑤고, 남을 속이고 기만해도 잘 되는 인간이 더 많은 게 이 세상입니다. 긍정적으로 생각하고 바라볼 일들이 별로 없어요. 처음에는 다 잘 될 것 같았지만 조직생활도 하다 보면 결국 부속품이 되는 것 아닌가 하는 생각을 멈출 수 없습니다. 사람들은 내게 비관적이라고 하지만 인생이 그런 것을 어쩌겠어요.
→ 내 상황에 해당하면 경험을 적고 나눠보세요.
→ 내 주변인의 상황에 해당하면 경험을 적고 나눠보세요.

건강한 어른의 눈으로 다시 바라보기

작은 성공이나, 작은 즐거움, 감사를 꼭 기억하며 인식하는 훈련은 중요합니다. 인생은 의미만으로 살지 못하고 재미도 있어야겠지요. 잘된 것은 무시하고 잘못된 것에만 집중하고 살아간다면 그 인생이 과연 재미있을까요? 우리는 인생에 있어서 즐거운 부분을 찾고, 관계에서 감사한 것을 찾아서 사람들과 나눌 필요가 있습니다. 무언가 잘못되어도 언제든 바로잡을 수 있음을 스스로 상기하면서 선택해볼 필요가 있습니다. 함께 하는 사람들이 우리의 부정성으로 인해 지치지 않고, 우리 자신도 행복해질 수 있도록 작은 것의 성공을 축하하고 그것은 우연이 아니라 노력의 결과임을 받아들이는 연습이 필요하겠습니다. 자주자주 의식하면서 작은 일에도 "기쁘다", "잘 되었다", "잘 될 거야"라고 말해보세요. 또한 문제가 보일 때 잘 되고 있는 것도 꼭 균형 있게 찾아보세요.

10. 특권의식의 신념 : 나는 남들과 달라. 특별해.

특권의식의 신념은, "나는 남과 달라"라는 신념입니다. 이런 신념이 있으면, "네가 감히?"라는 생각과 그에 걸맞은 행동을 하게 되지요. 흔히 사회의 갑질을 말하는 것도 포함합니다. 남들의 감정과 입장을 전혀 고려하지 않고, 자신의 그런 이기적 언행 때문에 영향을 받는 사람들의 아픔이나 고통을 인지하지 못하기도 합니다. 어릴 때 마냥 어리광을 받아주는 부모님이 계셨다면, 자신이 해야 했던 모든 일을 누군가 해주고 그것이 당연했다면 이런 신념이 생길 가능성이 있습니다. 역으로 전혀 누군가로부터 보호받거나 대접받지 못했다 해도 이런 반대심리의 결과가 생길 수 있습니다. 이런 신념이 있으면, 말 자체가 권위적으로 나오기 때문에 사람들이 좋아하질 않습니다. 멀리하고 싶어 하고 대화하고 싶어 하지 않습니다. 어떤 노력이나 정당한 과정 없이 수단과 방법을 고려하지 않고 특권을 누리고자 하고 남들을 무시하고 자신의 우월함을 드러내고자 하는 신념은 삶을 고립시키고 외롭게 만들지요.

내가 중요하게 생각하는 것은 '특별함'입니다. 그것들은 나를 지켜주는 것이기 때문입니다. 남들이 나를 어떻게 생각하든 그건 나에게 별로 중요하지 않아요. 그보다는 내가 남들보다 유능해지고 그만큼의 대우를 받는 것이 중요하다고 생각합니다. 어차피 사람들은 힘이 있는 사람에게 굽히기 마련이고 나는 이왕이면 굽히는 사람보다는 굽히게 만드는 사람이 되고 싶을 뿐입니다.

→ 내 상황에 해당하면 경험을 적고 나눠보세요.

→ 내 주변인의 상황에 해당하면 경험을 적고 나눠보세요.

건강한 어른의 눈으로 다시 바라보기

한 교육생은 자기 팀원에게 "싫다"라는 표현의 말을 가장 듣기 싫다고 했습니다. 그 말을 들을 때 드는 자동적 생각은 '저게 감히 내 앞에서 안 된다고 해?'라는 것이었지요. 왜 그 사람이 안 된다고 했는지 이해하고자 하는 마음이 없었습니다. 대개 팀원이 상사 앞에서 안 된다는 표현을 할 때는 정말 못하는 이유가 있기 마련인데도 들으려 하지 않고 오히려 그를 비난했지요. 그럴 수밖에 없는 이유는 그의 신념에 있었습니다. 자신이 이런 신념이 있음을 인정하지 않는 한 그의 삶은 고립되기 마련입니다. 특히 퇴직하고, 이혼을 하고, 나이가 들고, 사별을 하고, 자식들이 독립하고, 친구와 멀어지는 등 그를 둘러싼 많은 조건이 변화할 때, 더 이상 타인을 비난할 수 없게 되어서야 자신의 신념을 보게 되기도 합니다.

이런 경우는 자신의 행동으로 인해 겪게 되는 최악의 결과들을 적어볼 필요가 있습니다. 그리고 그 원치않는 결과가 현실화된다고 하더라도 신념대로 행동할 가치가 있는지 꼼꼼히 따져볼 필요가 있습니다. 또한 인간은 모두가 똑같이 귀하며 존중받을 권리가 있음을, 모두가 특별하고 세상에 하나뿐인 존재임을 알아야 합니다.

11. 굴복의 신념 : 당신 마음대로 하세요

"너 좋을 대로 해. 나는 다 괜찮아"라는 말을 달고 살았다면, 자신이 원하는 것을 말하는 것 자체가 너무 불편하다면, 차라리 손해를 보고 끝내는 게 마음이 편했다면 이 신념을 지닌 사람입니다. 만일, 특권의식의 신념이 강한 직장 상사와 굴복의 신념이 강한 팀원이 함께 일한다면 이 팀원은 어떤 삶을 살까요? 착한 사람들이 이용되는 세상, 폭력적인 사람들이 이기는 세상을 보는 것은 분노할 일입니다. 자신의 욕구를 먼저 인식한다는 것이 미안하거나, 자신이 원하는 것을 말했을 때 용인되지 않고 처벌을 받을까 봐 두렵다면 아마도 어린 시절 부모나 양육자에 의해 힘으로 굴복당한 경험이 있을 겁니다. 아니면 양보할 때마다, "잘했다", "착하다"라는 말로 조종당해왔을지 모릅니다.

착합니까? 그렇게 살며 행복하지 않았던 순간이 있었다면 더 이상 착하게만 살기 위해 굴복하지 마십시오. 그 착함의 결과가 나를 불행하게 만들 뿐만 아니라 타인을 폭력적으로 만들기 때문입니다.

나는 타인이 고통스러운 것이 싫어요. 그럴 때면 죄책감이 너무 크게 느껴지기 때문입니다. 회사에서도 내 욕구보다는 상사나 동료의 욕구를 보살피는 편이며 가족들에게도 친구들에게도 다르지 않습니다. 착하다는 말을 어려서부터 듣고 살았는데 차라리 그게 편합니다. 물론 내 욕구도 중요하지만, 타인이 고통스러운 것을 피하는 게 더 중요합니다. 죄책감을 느끼며 사는 것보다는 말이죠. 내가 잘하면 상대도 잘 알아준다고 믿긴 하는데 가끔 그렇지 못할 때, 특히 회사에서 그런 상황에 처해지면 원망이나 좌절을 느끼긴 합니다.

→ 내 상황에 해당하면 경험을 적고 나눠보세요.

→ 내 주변인의 상황에 해당하면 경험을 적고 나눠보세요.

건강한 어른의 눈으로 다시 바라보기

남들에게 "싫습니다"라는 의견을 전하는 연습은 정말 중요합니다. 물론 "싫어"라고 말하기보다 부드럽게 자신의 욕구를 표현하는 연습(Chapter 5. 거절 다루기 참고)을 해야겠지요. 남들이 더 이상 우리 자신을 마음대로 조종하도록 두지 않아야 합니다. 우리의 욕구와 감정을 상대에게 표현하는 것을 두려워하지 않아야 하는데, 이 연습은 자신의 감정과 욕구를 인식하는 것을 연습하는 것에서 시작합니다. '아, 내가 지금 슬프구나. 내가 인정받고 싶었구나'라고 인식하는 훈련에서 시작하지요. 먼저 원하는 것을 말하지 않으면서 알아주기를 바라는 그 마음부터 내려놓아야 합니다. 함께 하나씩 해볼게요. 이미 충분히 착했을 여러분, 이제 조금 용기를 내어봅시다. 그럴 자격과 권리가 여러분에게는 충분하답니다.

12. 감정억제의 신념 : 감정을 드러내는 건 옳지 않아

"감정을 드러내면 위험해", "내가 느끼는 건 말할 필요가 없어", "감정적인 건 나쁜 거야"라는 말로 표현되는 이 신념은 자신의 행동을 잘 조절할 수 없을까 봐 불안합니다. 감정을 인식하고 표현한다고 해서 나아지는 것도 없는데, 왜 그래야 하는지 거북스럽다고 여기지요. 또한 나쁜 일이 생기지 않으려면, 자신의 감정을 억압하고 표현하지 말아야 한다고 믿습니다. 어려서부터 표현의 자유가 허락되지 않는 가정에서 자라왔다면, 무언가 말했을 때 격려받고 지지받기보다는 꾸지람을 듣고 비난을 받았다면 내면에는 표현하지 못한 감정의 덩어리가 커다랗게 자리했을 가능성이 높습니다. 이 신념이 강하면 자신의 감정을 표현하기 어려울 뿐만 아니라, 상대의 감정을 인식하며 듣는 것도 어렵고 어색해집니다. 냉정하고 이성적으로 보일 수 있겠지만 늘 경직되어 있고 건조해보일 수 있지요.

나는 이성적인 삶이 옳다고 믿습니다. 자기 감정을 표현하고 남들 앞에서 울거나 마음을 나누는 것을 못 합니다. 그 생각만 해도 소름이 돋고 어색해서 견딜 수가 없어요. 그뿐만 아니라 화가 나도 억제하고 누르는 편입니다. 결국 자기 감정은 자기가 처리해야 하는 것이고 남에게 표현한다고 한들 좋을 것이 없다고 믿습니다. 감정적이라는 것은 충동적이라는 것 아닐까요? 인간에게 이성이 있는데 왜 굳이 감정적인 표현을 해야 하는 걸까요? 나는 감정적인 사람이기보다 이성적인 인간이기를 원합니다.

→ 내 상황에 해당하면 경험을 적고 나눠보세요.

→ 내 주변인의 상황에 해당하면 경험을 적고 나눠보세요.

건강한 어른의 눈으로 다시 바라보기

이 신념을 녹여내는 가장 좋은 방법은, 매일 매일 자신의 감정을 하나씩 찾아보고 느껴보고 말해보는 것입니다. 지금 느끼는 감정이 어떤 것인지 여러 감정의 단어들을 보면서 인지적으로 찾아보고 말해보는 것만으로도 우리가 살아있는 동안 감정을 느끼는 인간임을 알아갈 수 있습니다. 드라마, 영화, 음악 등을 통해서 그때그때 느껴지는 감정을 찾아보는 연습도 유용합니다. 문제를 해결하고 이성적으로 생각하는 것 이상으로 자신의 감정을 느끼고 타인의 감정을 이해하는 노력이 중요함을 기억하는 과정입니다. 인간의 행동을 결정짓는 요소 가운데에는 생각만이 아니라 감정도 있기 때문입니다. 우리가 인식하지 못할 뿐, 감정은 수도 없이 우리 마음 안에 오고 갑니다. 그것들의 소중함을 모른 척하지 말고 하나씩 잡아서 가만히 느껴보고 놓아주는 연습을 앞으로 같이 해보겠습니다.

13. 가혹한 기준의 신념 : 아직 충분하지 않아

"완벽해야 돼!"라는 말을 들어왔나요? "아직도 멀었어", "더 해야 해"라는 말로 자신을 다그치나요? 남들이 아무리 인정해도 스스로 부족하다고 여기며 살아간다면 이 신념이 우리에게 있음을 고려해볼 필요가 있습니다.

실제로 어떤 분은 여러 학위가 있음에도 불구하고 자신이 학문적으로 여전히 부족하다고 생각하면서 다양한 분야의 박사에 도전합니다. 공부 자체의 즐거움, 배움의 호기심이 아니라 자신이 학업적으로 아직도 부족하고 최고가 되기 위해선 더 노력해야 한다고 믿는 것이지요. 또한 일 중독의 경우도 이 신념이 있을 가능성이 있답니다. 어려서 부모로부터 조건적 사랑을 받으며 자랐거나 혹은 실패의 경험이 충격적으로 자리 잡았을 때도 가능합니다. 이 신념은 결함이라는 단어와도 깊이 연결되어 있어 자신에 대한 자아상을 건강하게 만들지 못하게 합니다. 모든 것이 완벽해야 하고, 경쟁해서 잘 해내야 하고, 돈이나 사회적 지위가 최상의 모습을 보여야 한다고 믿고 살아왔다면 이 신념에 갇혀 있다고 볼 수 있겠지요. 이 신념이 강한 부모나 팀장 밑에 있는 자녀와 팀원들은 어지간해선 결코 인정을 받을 수 없답니다. 이런 경우 대화는 매몰차고 관계는 단절되겠지요.

"실망이야"라는 말을 들었던 날, 무너졌어요. 그 말을 절대 듣고 싶지 않았거든요. 저는 스스로 끊임없이 노력해야 한다고 믿어왔습니다. 나는 타인에게 부탁하지 않습니다. 어떤 일이든 최고로 해내야 하고 노력해야 한다고 생각합니다. 공부 또한 끝이 없다고 믿어서 지속해서 단련하고 이루어 가는 것이 인생이라고 생각합니다. 특히 신앙인들이 대강대강 종교생활을 하는 것에 대해 분노하는데, 신앙인이라면 예배 시간과 말씀 묵상을 규칙적으로 빠짐없이 해야 합니다. 그렇다고 내가 잘한다는 의미는 아닙니다. 나는 나 자신이 여러 가지 면에서 아직도 멀었다고 믿습니다. 그래서 지속해서 나를 단련하고 채찍질해서 더 나은 사람이 되기 위해 노력합니다.

→ 내 상황에 해당하면 경험을 적고 나눠보세요.

→ 내 주변인의 상황에 해당하면 경험을 적고 나눠보세요.

건강한 어른의 눈으로 다시 바라보기

이 신념이 슬픈 이유는 뭘까요? 이 신념에 갇히면 즐거움이 없답니다. 행복을 계속 미뤄두기 때문이지요. 성공을 위해 살지만, 결코 성공하지 못하는 삶을 만들어냅니다. 더 빨리 승진하고 더 배우고 더 잘 생기고 더 날씬하고 더 부유한 사람이 보이기 마련이죠. 가혹하게 높은 기준을 정해놓고, 그것을 이룬다 해도 그 기준은 다시 더 높아지기 때문에 만족이 없지요. 대부분 어린 시절의 열등감을 이런 것들로 보상받고자 하는 심리적 결과가 바로 이런 신념 체계라고 할 수 있습니다. 인생은 성공과 실패로만 나뉘는 것이 아니라 그 과정에 즐거움이 있다는 것을 알아야 합니다. 대화할 때 문제 해결이 목적이 아니라 대화 과정 자체의 이해가 목적임을 알아야 합니다.

먼저 과도한 기준을 낮추는 연습을 해야 합니다. 밥을 먹고 설거지를 두 끼 정도 미루어보세요. 청소를 이틀 정도는 걸러보세요. 일주일에 하루 정도는 공부하지 말고 놀아보세요. 조용히 혼자 산책을 해보세요. 그리고 사랑하는 사람들에게, "노력해줘서 고마워"라고 말해보세요. 자신에게는 "완벽하지 않아도 괜찮아"라고 말해보세요.

14. 처벌의 신념 : 잘못했다면 반드시 벌을 받아야 돼

"잘못했으면 똑같이 갚아줘야 돼.", "나쁜 놈은 벌 받아야 해."

처벌의 신념을 가진 사람에게 용서는 없습니다. 그 가혹함은 자신 뿐 아니라 상대에게도 똑같이 적용되며 사회의 현상을 바라볼 때도 적용됩니다. 이해하고자 하는 다른 가능성은 존재하지 않습니다.

너무나 가혹한 부모 밑에서 자라왔다면 이런 신념은 강해질 수 있습니다. 용서와 이해, 그리고 화해의 경험이 없을수록, 피해의 경험과 더불어 보상받지 못했던 경험이 깊을수록 이 신념은 우리 안에 강하게 자리 잡을 수 있습니다. 그래서 심하게 자책하기도 하고 벌을 마땅하다고 여기며 살아가게 됩니다. 이 신념은 인간다움의 너그러움이 부족합니다.

누구든지 잘못했다면 처벌을 받는 것이 마땅합니다. 잘못 앞에서 너그러워선 안 된다고 믿습니다. 나는 내 자녀가 시험을 제대로 치르지 못했을 때 체벌을 했고, 동시에 잘못 가르친 아빠인 나도 맞아야 한다고 믿어서 아이에게 나를 때리라고 했습니다. 물론 심한 것임을 인정하지만 서로의 잘못에 대해 처벌을 받는 건 당연한 거라 믿었습니다. 잘못한 것에 대해 용서를 하기 시작하면 사회의 질서가 무너지고 말 것입니다. 다 자신이 뿌린 대로 거두는 것이니까요.

→ 내 상황에 해당하면 경험을 적고 나눠보세요.

→ 내 주변인의 상황에 해당하면 경험을 적고 나눠보세요.

누구나 실수를 합니다. 그리고 실수를 통해 배우고 성장할 수 있습니다. 그러나 왜 실수했는지에 대한 이해가 전혀 없이, 그 결과로만 처벌받고 비난을 받는 것이 당연해진다면 용서와 화해는 어디에서 경험할 수 있을까요? 아이들은 어떤 도전을 할 수 있을까요? 맥락에 대한 이해가 없이 결과로만 평가받는다면 누가 먼저 나서서 행동하려 할까요?

이유에 대한 설명을 변명이라고 생각하지 않으면서 들어보려는 노력이 중요합니다. 자신의 행동에 대한 책임을 지면서도 스스로 용서해주는 너그러움이 필요합니다. 사랑하는 가족과 친구를 먼저 용서하는 마음으로 대해보세요. 책임을 지는 것과 처벌을 받는 것은 조금 다릅니다. 처벌보다 행동에 대한 건강한 책임을 지도록 방법을 함께 논의해보고 용서와 화해를 배워가 보세요. 이 부분은 앞으로 우리가 연습을 하도록 하겠습니다. 처벌의 신념은 너무 딱딱하고 메말라서 외롭습니다.

갈등이 해결되지
못하는 이유

조금 정리해보겠습니다. 앞서, 불편한 상황이 생기면 이처럼 자동으로 '툭' 떠오르는 생각에 사로잡혀 습관적이고 주관적인 방식대로 해석하고 행동하며 대화한다는 것을 다루었습니다.

"엄마인 내가 말하는데 토를 달다니, 이제 나를 무시하는구나!"

"내 인사에 무표정으로 인사하는 걸 보니, 나를 싫어하나 보다."

"내가 보낸 메시지에 바로 대답한 적이 없어, 예의가 없어!"

"사랑 표현을 안 해. 내 남편은 감정이라곤 없는 인간이야."

"또 돈 이야기구나. 아내는 나를 돈 버는 기계로 취급하지."

이런 말들은 상황을 표현할 때 주관적 해석이 들어간 말입니다.

자동적 생각은 과거에 어떤 경험을 했는지, 그 경험을 통해 무엇을 배우고 학습했는지, 또 어떤 기질을 가졌는지에 따라 달라질 수 있고 그 과정에서 인지오류들이 자동적 생각을 대화로 만들어내는 에너지가 됩니다. 각자의 자동적 생각은 '틀frame'에 갇히게 되어 충동적인 생각대로 바로 말하고 행동하게 만듭니다. 갈등이 해결되지 못하고 깊어지게 되지요. 자동적 생각이 틀 안에서 강화되는 순환의 과정은 다음과 같습니다.

1. 신체적 감각, 감정

어떤 상황이 발생하면 자신이 생각하는 틀로 상황을 해석하고, 그에 따라 신체적 반응(안면홍조, 땀, 목소리·다리 떨림 등)과 함께 불안, 분노, 우울한 감정이 생길 수 있습니다.

2. 안전 행동

신체적인 감각, 감정이 나타나면 자동적인 반응, 즉 자신을 돌보기 위한 '안전 행동(공격, 회피, 얼어붙기)'이 습관처럼 나타납니다.

○ 말이 빨라지거나 (회피)

○ 머릿속이 백지가 되거나 (얼어붙기)

○ 상대에게 큰소리로 호통치기 (공격)

3. 심리적 현실화

안전 행동의 결과로, 두려워했던 것이 현실이 되었다고 믿게 됩니다. 그 결과 사회적 자아가 취약해지고, 사회적 관계는 위축됩니다. 예를 들어, '나를 싫어하는 것 같아'라는 생각이 들면 정말 그런 것 같은 모습만 눈에 들어오고, 그러다 보면 자신감이 떨어지고 관계도 불편해질 수 있습니다. 이렇게 자신의 신념과 일치하는 정보(나를 싫어하는 것 같아)는 받아들이고, 신념과 일치하지 않는 정보는 무시하는 경향인 '확증편향Confirmation Bias'에 의해 강화되고, 자신이 했던 생각의 일관성을 유지하려는 인지오류에 빠지게 된다는 것입니다. 이로 인해 상대나 상황에 대한 객관적인 관점을 상실할 가능성이 있습니다. 이런 과정은 대화를 할 때 치명적인 결과를 가져오곤 하지요.

○ 대화할 때 핸드폰을 보는 사람을 보고 '거봐, 날 싫어하는 게 분명해'라고 생각한다.

◦ 회사에서 내가 제출한 보고서를 보고 아무 말이 없으면 '또 망한 거야. 이제 난 끝났어'라고 생각한다.

4. 왜곡된 핵심 신념

결국 자신만의 왜곡된 핵심 신념이 활성화되는 '고립의 악순환'이 인간관계에서 작동하게 됩니다. 자신의 감정의 책임을 상대에게 돌리며 비난하거나, 모든 잘못이 자신에게 있다고 여기게 되지요. 결국 자신의 내면과 연결이 끊어지고 상대와의 관계도 어려워집니다. 이것이 계속 반복되며 우리의 관계를 불편하게 만들어가는 것이지요.

자동적 생각 : '초라하고 인정받지 못하는 것 같아.' - 불안

→ 신체적인 감각 : 진땀이 나고 손이 차갑고 심장이 두근거린다.

→ 안전 행동 : 부장님을 슬금슬금 피하게 된다.

→ 현실화 : (부장님은 그런 나를 보며 말함) "그렇게 소극적이면 조직에 어울리기 힘들어."

→ 왜곡된 핵심 신념 : '역시 나처럼 소극적인 사람은 성공할 수 없어.', '이제 뭘 해도 잘 안 될 것 같아.'

대화를 결정짓는
핵심 신념

심리적 현실화는 왜곡된 핵심 신념을 만들고, 왜곡된 핵심 신념은 말과 행동으로 드러나기 마련입니다. 그것은 우리의 삶을 결정짓고, 타인과의 관계에도 커다란 영향을 주게 되지요. 이것을 깨달으면서 삶을 조금은 이해하게 되었습니다. 대화를 도왔던 많은 교육생의 삶도 이해하게 되었지요. 함께 대화 연습을 한 많은 사람들은, 도저히 이해할 수 없었던 '그 한 사람'이 왜 그렇게 생각했는지 이해할 수 있는 계기가 되었다고 말했습니다.

그래서 핵심 신념을 생각하면 가끔 눈물이 납니다. 핵심 신념을 형성하게 되는 경험도 가슴이 아프고, 이 신념을 진짜라고 믿으면서 상대를 미워했던 많은 시간도 가슴 아프고요. 다음 예를 보겠습니다.

"나는 그렇게 괜찮은 사람이 아니야."
"나는 어느 곳에도 낄 수 없어. 인생은 결국 혼자야."
"사람들은 나를 이용할 거야."
"어차피 안 될 거야."
"세상은 강한 자가 살아남는 거야. 내 마음을 드러내선 안 돼."
"언제 내게 나쁜 일이 닥칠지 몰라."

이러한 핵심 신념들은 결국 관계와 대화를 사로잡는 덫이 되어 삶의 수많은 자극 속에서 충동적인 말과 행동으로 튀어나옵니다. 왜곡된 핵심 신념들은 상황을 있는 그대로 보지 못 하게 하고, 상대의 말과 행동을 관찰하는 것을 가로막습니다. 결국, 자동적 생각을 더욱 강화해 다른 사람과의 관계에서 더 깊은 고립감을 느끼게 만듭니다. 무엇보다 자신이 스스로 건강하고 행복감을 느끼는 데 커다란 걸림돌이 됩니다. 우리가 흔히 하는 말 중, "죄는 미워하되 사람은 미워하지 말라"는 말이 있지요. 저는 이 말을 이렇게 바꾸어보고 싶습니다. "신념을 이해하면 사람을 너그럽게 볼 수 있다"고요. 신념과, 그 신념을 가지고 세상을 살아가며 대처하는 방식들이 결국 우리의 성격이랍니다. 사람은 바뀌지 않는다는 말을 많이 들어보셨을 겁니다. 그 말은 '신념은 잘 바뀌지 않는다'라고 바꾸어도 좋을 것입니다. 그러나 저는 많은 사람들이 변화되는 것을 봐왔습니다. 자신의 신념을 정확히 알고, 행복해지기 위해 잘 어루만지며 관계에 도움이 되는 방식으로 노력해갈 때 경직된 신념이 허물어지며 유연하고 건강한 사람이 되어가지요.

연결의 대화 연습

"우리는 자신이 만든 내적인 틀 안에서 세상을 바라봅니다.
하지만 우리는 내적인 구속으로부터 자유로워질 필요가 있습니다.
그 틀을 깨고 나오십시오."

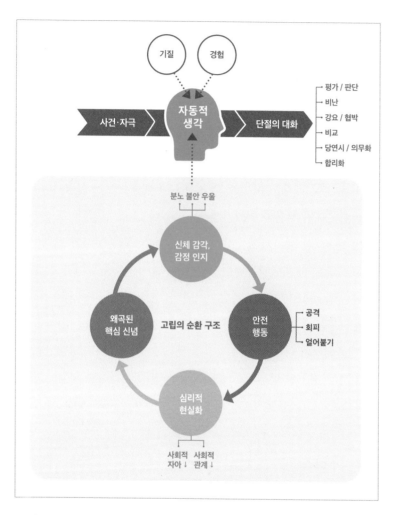

도식을 찍어 핸드폰 바탕화면에 깔아두고 틈틈이 보며 다음 대화 연습
을 해보세요.

자신에게 반복되는 어려움이 있다면 고립의 사이클에서 회전하고 있을 수 있습니다. 그
런 사건이 있다면 도식을 보면서 파트너와 경험을 나누어보기 바랍니다.

[1] 내가 주로 겪게 되는, 반복적인 불편한 상황 및 생각 적어보기

예) 음식점에서 불친절한 종업원을 볼 때

[2] 나의 자동적 생각 나누기

예) 나는 무시당했다는 생각이 들고,
저런 종업원은 벌을 받아야 한다는 생각이 든다.

[3] 나의 신체 감각, 감정 나누기

예) 심장이 벌렁거리고 열이 확 오른다(분노).

[4] 나의 안전 행동 나누기

예) 가서 따지거나 큰소리로 비난한다(공격).

[5] 나의 심리적 현실화 나누기

예) 그때 잠시 후련하지만 사람들이 날 좋아하지 않는다는 생각이 들어서 후회하고
이런 모습을 보여주기 싫다. 그렇지만 '참다가 터지고'의 반복이다.

[6] 나의 핵심 신념 다루기

예) 나는 무시당하고 이용당하고 싶지 않다. 만만하게 보이면 사람들은 나를 무시할
것 같다(불신감의 핵심 신념).
월급 받고 일을 똑바로 안 하면 처벌받아야 한다. 손님한테 친절해야 하는 거니까
(처벌의 핵심 신념).

[1] 나만의 고유한 핵심 신념 나누기 : 긍정적, 부정적 신념을 다 적어보면 좋습니다.

1) 나는, _____이다.

2) 세상은, _____이다.

3) 사람들은, _____이다.

4) 내 가족은, _____이다.

5) 나의 인생은, _____이다.

6) 어머니는, _____이다.

7) 아버지는, _____이다.

[2] 왜 이렇게 생각하게 되었는지를 떠오르는 대로 적고 1대1 혹은 4명씩 그룹을 지어 자세히 나누어보세요.

[3] 듣는 사람은 오로지 침묵하면서 이해하는 마음으로 들어보세요.

"신념은 사람마다 고유하게 지닌 삶의 흔적입니다.
지금 우리에게 필요한 건
신념에 대한 명료한 이해와
그 신념을 지닌 자신과 상대에 대한
깊은 이해와 수용의 마음입니다."

Chapter 2

관계를 행복하게 만드는
연결의 대화 요소

알아차림 1. **관찰**

: 보이는 대로 들리는 대로 묘사하는 능력

관찰과 자동적 생각
구별하기

만약 있는 그대로 보고 들을 수 있다면 즉각적으로 떠오르는 자기 생각보다 더 많은 것들을 발견할 수 있겠지요. 현대에 들어 주목받고 있는 마음챙김Mindfulness은 우리의 생각, 감각과 감정을 있는 그대로 받아들이는, 즉 관찰에 기반한 수용을 강조하고 있습니다.

건강하게 대화를 하기 위해 중요한 것은 이러한 마음챙김의 자세입니다. 마음챙김을 한다는 것은 판단하지 않는 마음으로, 대상의 모습, 생각, 현상, 말 등 모든 것을 있는 그대로 관찰하는 것을 말합니다. 관찰이야말로 마음챙김에 있어서 핵심이며 이것은 대화에도 그대로 적용됩니다.

마음챙김을 할 때는 자신의 감각과 생각을 있는 그대로, 떠오르는 대로, 느껴지는 대로 인식합니다. 그 훈련을 통해 '내 안의 생각'이 얼마나 나를 고통스럽게 만드는지 알게 되고, 나만의 잣대로 상대를 판단하며 얼마나 미워했는지도 알게 됩니다. 그뿐만이 아니라 가슴에서 간절히 원하는 것이 무엇인지도 보게 되고, 그것을 왜 그토록 원했는지의 이유도 깨닫게 됩니다. 이 뜬구름 잡는 것 같은 말이 실제로 생생히 다가올 때 사람들은 깨닫게 됩니다. 현실은 달라진 것 하나 없는데도 그 현실을 대하는 내 마음이 얼마나 평온해지는지를. 그래서 요즘은 너도나도 마음챙김을 하겠다고 명상을 하는 것 같습니다. 조용한 곳으로 떠나 일상을 멀리하고 침묵 가운데 온전히 홀로 시간을 보내며 치유와 회복을 바라기도 합니다.

그러나 명상을 깊이 하는 분들은 명상은 혼자 외딴곳에 앉아서 하는 것이 아니라 일상과 사람을 대하는 우리의 경험을 통해 이루어지는 훈련이라 합니다. 지금 내가 있는 이 자리에서, 경험하는 모든 것을 있는 그대로 바라보는 마음챙김의 연습을 통해서, 나 자신과 상대를 향해 판단하는 태도를 알아차리고 내려놓고 다시 오로지 '지금-여기'로 나의 의식을 머물게 하는 것입니다. 그리고 그 사람이 대화하고 관계를 맺는 과정에서 그 훈련이 어느 정도 효과가 있었는지를 알게 됩니다. 알아차림 훈련이 삶을 통해 드러나는 모습은 긍휼함과 연민 Compassion이 아닐까 합니다. 마음챙김 훈련의 결과는 그 관찰을 통해 나 자신을 받아들이는 수용력과 타인을 품는 연민으로 드러나게 되니까요.

다시 관찰로 돌아오면, 저 역시 '보이는 대로 보고, 들리는 대로 듣는다'는 것이 얼마나 어려운 일인지, 관찰하는 훈련을 통해 깨달았습니다. 그동안 항상 저나 상대를 판단하면서 살아왔다는 것을 알게 되었습니다. 그 판단 중 대부분은 진실이 아니었음에도 그것을 진실이라 믿으면서 말이지요. 시간이 지날수록 판단과 생각은 강해지고 있는 그대로 볼 수 있는 관찰의 능력은 떨어졌습니다.

우리는 보는 동시에, 본 것은 잊어버리고 본 것을 통해 판단한 것만 기억합니다. 들리는 말의 단어는 기억하지 못하고 그 말에 대해 내가 판단한 것을 기억합니다.

앞에서 단절의 대화 원인으로 자동적 생각을 다루었지요? 그렇다면 자동적 생각의 핵심인, '부정적 판단이나 비난을 하지 않으면서 살면 얼마나 좋을까?' 하는 생각을 했을지 모릅니다. 하지만 아마 평생 그럴 수는 없을 겁니다.

대화 훈련을 통해 희망하는 것은 '자동적 생각 그만두기'가 결코 아닙니다. '자동적 생각을 하고 있음을 알아차리기'입니다.

이 두 가지는 확연한 차이가 있습니다. 상대를 향해 '저 사람은 이기적인 인간이야'라고 판단하는 것과, '나는 지금 저 사람을 이기적인 사람이라고 판단하고 있어'라고 인식하는 차이라고 설명할 수 있지요. 전자는 한 사람의 존재를 '이기적인 인간'으로 확정했지만, 후자는 그것이 '나의 생각'임을 분명히 인식하고 있습니다. 다시 말해 후자에는, 그 사람이 ① 이기적이 아닐 수 있는 여지가 있음을 포함하고 있고 ② 나의 생각뿐임을 인식하고 있으며 더 나아가 ③ 이기적이라고 할지라도 다른 모습도 존재할 수 있는 가능성을 두고 있습니다.

저는 이혼한 부모님을 늘 원망했습니다. 부모님의 이혼이 저에게 준 수치를 견딜 수 없었어요. '부모의 이혼은 수치다'라는 생각은 저에게 늘 꼬리표처럼 따라다녀서 누구와도 편안하게 이야기를 나눌 수 없었죠. 대화 수업을 하면서 얻은 가장 큰 수확은 부모님의 이혼을 수치라고 생각했던 내 생각을 인식하게 되었다는 겁니다. '내가 부모님의 이혼을 수치스럽다고 생각하고 있었구나'라고 알아차리는 것만으로도 다른 가능성을 두게 되었죠. 즉, 수치일 수도 있고 아닐 수도 있다는 겁니다. 저를 포함해 많은 사람이 그렇게 생각할 수도 있고 아닐 수도 있어요. 사람마다 다르게 생각할 수 있다는 것만으로도 저는 자유로워졌습니다.

이 핵심에는 관찰이 있습니다. 보이는 대로 보려는 노력, 들리는 대로 들어보려는 태도, 이것을 우리는 관찰이라고 정의합니다. 우리의 생각을 가급적 섞지 않고 표현하는 것. 관찰은 대화할 때 가장 중요한 시작이 됨과 동시에 상대를 우리의 대화에 편안하게 개입시키는 평화로운 방법입니다.

말을 한다는 것은, 현재의 우리가 과거의 이야기를 하는 것이죠. 방금 지난 일도 이미 시간상 과거입니다. 우리의 기억은 시간이 지날수록 망각하게 되고 경험에 의해 왜곡되기 때문에 100%의 사실이라고 확신하기는 어렵습니다. 그래서 가급적 보았던 대로, 들렸던 대로 관찰하며 말하지만 그것 역시 사실이 아닐 수 있음을 인정하는 태도가 중요합니다. 그저 내 기억임을, 내 관찰임을 표현하되 상대의 관찰도 들어보려는 태도를 갖추는 것이 대화 연습의 시작입니다.

이제 관찰에 대해 더 자세히 알아보며, 판단과 관찰을 구별하는 연습을 해볼까요?

평정심을 찾아가는 길, 관찰 연습

매일매일 크고 작은 상황을 경험하고, 그 상황은 우리에게 자극(불편한 혹은 편안한)이 됩니다. 그 자극은 앞서 다룬 것처럼, 우리를 행복하게 해주기도 하지만 불편하게 만들기도 하겠지요. 이런 일상적인 자극에 어떻게 반응하느냐에 따라 대화나 행동, 관계의 질이 결정됩니다.

그런데 우리는 어떤 사건을 처리할 때 간혹 '기본적인 귀인오류'에 빠지곤 합니다. 우리는 대개 자신이 처한 상황의 문제에 대해서는 '세상과 여건 탓'을 하고 상대의 문제에 대해서는 '사람 탓'을 하죠. 이것을 '기본적 귀인오류Fundamental Attribution Error'라고 합니다. 요즘 흔히, '내로남불(내가 하면 로맨스, 남이 하면 불륜)'이라는 말로 빗대어 많이 이야기하는데, 이 또한 판단의 범주에 들어갑니다.

내가 회사에 지각했을 때와 동료가 지각했을 때를 생각해볼까요.

"내가 지각할 수밖에 없었던 건, 사실 차가 너무 막혀서야."
"오늘 지각하는 것을 보니, 정말 그 사람은 도대체 성실하지가 않아."

이때 우리가 할 수 있는 유용한 방법은, 자극을 있는 그대로 관찰하는 것입니다. 그러나 우리는 관찰하는 동시에 자동적 생각에 빠져서 상황을 분석하며 판단하는 데 더 익숙해져 있습니다. 그래서 작은 사물을 관찰하는 것에서 시작해서 일상, 그리고 사람을 관찰하는 연습을 해보는 것이랍니다.

주변에 있는 물건이나 사람, 상대의 말 한마디, 지난 사건의 회상, 보이는 모든 것들은 지금 이 순간 우리에게 중요해질 수 있습니다. '아. 저거'라는 생각이 드는 순간 그것을 바라보거나 그것에 귀를 기울이지요. 우리의 주의를 끄는 의미있는 것, 우리의 감각을 일깨우는 것들, 그것이 바로 자극입니다. 작은 연습을 같이 해볼까요?

→ 지금 내 눈길을 끄는 주변의 물건 중 하나를 골라서 가져와보세요.

예) 운동화

→ 내가 가지고 온 물건을 보며 판단과 관찰을 각각 알아차림 해보세요.

→ 판단 : 운동화가 오래되었다. / 이 신발은 유행이 지났다.

→ 관찰 : 3년 전 내 생일에 샀다. / 최근에 이 신발을 신고 있는 사람을 본 적이 없다.

- 판단 :

- 알아차림 :

무언가 의미 있는 것을 보거나 듣게 되면, 우리는 머릿속에 떠오르는 자동적 생각이 진실이라고 믿으면서 상대에게 이야기합니다. 만일 이때 떠오르는 자동적 생각이, 위와 같이 물건이 아니라 사람의 행동이나 인격에 관한 것일 때는, 상대가 우리의 대화에 긍정적으로 참여하기보다 공격하고 회피하며 변명하기 쉬워지며, 더 큰 저항감을 나타낼 수 있습니다.

"넌 게으르고 더러워."

→ 바빠서 어제 못 씻었어 - 변명

→ 그러는 너는 얼마나 깨끗하냐? - 공격

대체로 사람들은 두 가지 방법으로 현재 상황을 해석합니다.

1. 과거부터 지금까지 학습하고 쌓은 정보를 통해 해석하고

예) 씻지도 않았고, 입던 옷도 며칠째 입었지.

2. 현재, 지금 자신이 경험하고 있는 상황이나 상태에 기반하여 해석합니다.

예) 지금도 네 운동화가 더러운 것 봐.

→ 그러니까 너는 게으르고 더러운 사람이지.

예시를 통해서도 알 수 있듯이, 우리는 자신이 경험하고 있는 주관적인 상태에 기반하여 상황을 즉흥적으로 판단하고 평가합니다. 그런데 종종 나의 이런 평가와 판단에 대해 상대는 동의하지 않습니다. 그렇기에 대화를 자연스럽고 편안하게 이어가기 위해서는, 자동적 생각의 판단으로 말을 시작하기보다는 관찰에 기반해서 말하는 것이 부드럽고 저항감이 없답니다. 즉, 자극을 알아차리는 관찰 훈련을 통해 상대와 나의 관점의 차이를 좁힐 수 있는 것이지요. 이것은 대화의 태도와 기술에 있어서 정말 중요한 과정입니다.

방이 더럽다. → "안 더러운데?"(동의하지 않음)
양말이 책상 위에 있네. → "응, 그러네."(동의할 수 있음)

관찰하는 것은 있는 그대로의 모습을 본 대로 들은 대로 표현하는 것입니다. 사물, 상대, 행동, 말, 더 나아가서는 머릿속에 떠오르는 생각과 감정까지도 객관화된 다른 눈으로 바라보려는 의지적인 노력을 의미합니다.

마음챙김 기반 스트레스 감소 프로그램Mindfulness Based Stress Reduction Program: MBSR의 개발자인 존 카밧진Jon Kabat Zinn 교수는, 자극에 주의를 기울이고, 있는 그대로 보는 것과 관련하여 다음과 같은 이야기를 했습니다.

"자신의 마음에 주의를 기울이면 당신은 기본적으로 거기 있는 모든 것이 이런저런 종류의 판단임을 곧바로 알 수 있을 것이다. 이것을 알아차리는 것은 유익하다. 그 판단에 대해 다시 판단하거나 변화시키려고 할 필요가 없다. 단지 그것을 '판단'이라고 알아보는 것으로 충분하다. 그러면 있는 그대로의 봄seeing인 진정한 분별력이 생겨난다."

- 존 카밧진의 《처음 만나는 마음챙김 명상》 중에서

우리는 과거의 경험을 바탕으로 재빨리 판단하고 자극을 처리하는 것에 익숙해져 왔습니다. 이러한 판단과 평가를 통해 문제를 바라보면 '효율성'이라는 '빠른 해결'의 이익을 주기도 하지만, 섣부른 판단과 확인되지 않은 평가를 '사람'에게 적용할 땐 '우리의 관계'가 무척 고통스러워질 수 있습니다. 사실인지 아닌지를 따지거나, 서로를 판단하는 것보다 관찰로 돌아갈 때 상황과 상대를 있는 그대로 볼 수 있고 욕구와 감정에 대해 더 많은 것들을 발견할 뿐만 아니라, 더 좋은 대안적인 방안을 모색할 수도 있습니다. 차차 이 부분에 대해서는 공부해가며 연습해보겠습니다.

관찰 연습을 해보겠습니다.
(혼자서 책을 보며 연습해볼 수 있지만
둘 혹은 그 이상의 인원이 연습하면 더욱 효과적입니다.)

알아차림 - '사물 관찰' 연습하기

· **1대1 연습** : 사물, 물건을 가지고 와서 파트너와 관찰을 해보고 가급
적 많이 적어보세요.

· **팀별** : 팀마다 발표를 한 후, 관찰에 동의하는지 다른 분들의 의견도
나누어보세요.

예) 운동화

1. 하얀색 운동화다.

2. 끈은 검은색이다.

3. 영어로 ADIDAS라고 적혀 있다.

4. 앞모양이 둥근 모양이다.

5. 가죽으로 되어 있고 중간중간 둥근 모양으로 구멍이 나 있다.

6. 구멍 지름이 2mm 정도이다.

7. 신발 안쪽에 270mm라고 적혀 있다.

8. 바닥과 신발 아래 테두리는 고무로 되어 있다.

알아차림 – '일상 관찰' 연습하기

- **1대1 연습**: 각자 자신의 일상을 판단하는 문장과 그것을 뒷받침하는 관찰을 5개 정도 적고, 파트너와 번갈아 가며 말해보세요.
- **팀별**: 팀마다 발표를 한 후, 관찰에 동의하는지 다른 분들의 의견도 나누어보세요.

예) 저는 오늘 무척 바빴어요. – 판단

1. 새벽 4시 40분에 기상해서 집을 나설 때 시계를 보니 5시 20분이었어요.

2. 직접 운전을 해서 서울역으로 갔고, 6시 도착해서 김밥을 사서 6시 20분 기차를 탔어요.

3. 3시간 동안 이메일 12개에 답신을 보냈어요.

4. 기차에서 내려 택시를 타고 30분 정도 가서 강의할 기업에 도착했어요.

5. 6시간을 수업하고 다시 기차를 타고 집에 왔네요.

[1] 나의 일상 평가(판단) :

[2] 나의 관찰 내용 :

알아차림 - '행동 관찰' 연습하기

- **1대1 연습**: 각자 상대의 행동을 판단하는 문장과 관찰 내용을 적고, 파트너와 번갈아 가며 말해보세요.
- **팀별**: 팀마다 발표를 한 후, 관찰에 동의하는지 다른 분들의 의견도 나누어보세요.

예) 상대 행동 평가 : 그 직원은 열심히 일하려고 해요.

→ 어제 나에게 카톡으로 "제가 잘 배울 수 있도록 가르쳐주시면 최선을 다해서 해보겠습니다. 부족한 점도 지적해주세요"라고 보내왔어요.

예) 상대 행동 평가 : 제 동료는 눈치가 전혀 없고 쓸데없는 말을 해요.

→ 그 사람은 제 팀원과의 회의 자리에서 저를 보며 "이 사람 모시고 일하기 힘들죠? 고생이 많겠어요. 상사가 엄청 덜렁거려서"라고 말을 했어요.

[1] 상대의 행동(판단) :

[2] 나의 관찰 내용 :

- **추가 연습**

예) 그 사람은 말이 너무 없다.

→ 그는 어제 4명이 모인 3시간 동안의 저녁 모임에서, 딱 세 번 말을 했다.

1. 내 남편은 인색한 사람이다.

→
----

2. 우리 아이는 친구들과 깊이 교제하지를 못한다.

→
----

3. 그 가게 주인은 친절한 사람이다.

→
----

4. 우리 팀 박 대리는 생각이 없다.

→
----

5. 우리 엄마는 항상 남 탓을 한다.

→
----

6. 그 선생님은 정말 선생 자격이 있다.

→
----

7. 그분은 고상하다.

→
----

8. 내 상사는 꼰대다.

→

알아차림 2. 감정과 감각

: 몸과 마음에서 느껴지는 중요한 신호

우리가 살아있다는 첫 번째 증거 '감각'

저는 비행기를 타면 숨을 쉬기 힘들었어요. 특히 비행기의 문이 닫히고 비행기가 속도를 내며 이륙하기 위해 활주로를 빠르게 달리기 시작하면 몸의 감각 또한 재빠르게 변하기 시작했지요. 어려서부터 공황 증상이 있었고, 수년간의 알아차림 연습을 한 덕분에 편안하긴 하지만 지금도 여전히 비행기에서의 경험은 아주 유쾌하지 않습니다.

몇년 전, 친구와 함께 싱가포르로 여행을 떠나던 날이었습니다. 비행기를 타면 예진보다는 많이 편안해졌지만, 여전히 이륙할 때는 긴장을 하는 편이었던 저는 비행기가 활주로를 달리기 시작했을 때 친구를 바라보며 물었습니다. "정은아, 너 괜찮니?" 친구는 제가 왜 이 말을 건네는지 금세 알아차리곤 미소를 지으며 제 손을 잡고 눈을 보며 말했습니다. "재연아, 너랑 나랑 지금 같이 있어. 그뿐이야."

친구의 말을 듣고 저는 어떤 생각('이 비행기 밑은 허공이야. 이 비행기가 추락하면 어떡하지? 내 아들을 못 보게 되면?')이 저를 매우 불편하게 만들고 있음을 알아차렸습니다. 그런 다음 '지금은 그저 이 친구와 함께 있을 뿐이야'라고 생각을 바꾸어보고 깊은 호흡을 천천히 몇 차례 했습니다. 곧 몸이 다시 따뜻해지고 근육이 이완됨을 느꼈습니다.

제 사례를 통해 말씀드렸듯이 생각은 감각을 만들어내기도 하고 행동을 바꾸기도 합니다. 저는 주먹을 꽉 쥐고 손잡이를 잡고 안전벨트를 확인하던 행동을 멈추고, 친구와 마주 보고 여행지에서 무엇을 할지 대화하기 시작했습니다.

→ 심장이 빠르게 뛰던 경험을 적고 나눠보세요.
→ 현기증 후 어지러웠던 경험을 적고 나눠보세요.
→ 열이 오르거나 한기가 느껴졌던 경험을 적고 나눠보세요.

이처럼 감각과 감정은 우리에게 어떤 정보를 전달해주는 신호등과 같습니다. 우리에게 휴식이 필요하다거나 타인을 배려하라는 신호를 주기도 하지요. 그러나 때때로 감각 뒤에 따라오는 생각(예-'날 무시하나 보다' '난 지쳐 쓰러질지 몰라')에 집착하게 되면 몸과 마음은 고통스러운 상황에 부닥치게 됩니다.

감각에 대해 가장 정확히 알려줄 수 있는 대표적 예로, 공황 증상 Panic Symptoms이 있습니다. 특정한 상황을 위협적으로 받아들이면 걱정과 함께 다양한 신체 감각(현기증, 한기, 호흡 곤란)을 매우 분명하게 경험하게 됩니다. 이때 불편한 신체 감각을 경험함과 동시에 심각한 결과를 예상하는 파국적 해석(재앙화 - 죽을 것 같은 공포, 미칠 것 같은 두려움)을 하게 되고 이로 인한 불안은 다시 신체 감각을 강하게 증폭시키고 더욱더 극단적인 해석을 하는 악순환을 가져오고, 결국엔 공황 발작을 경험하게 됩니다. 우리의 생각이 우리의 감각과 감정을 오래 붙잡고 지배하는 것이지요.

우리는 누구나 어떤 것을 관찰하거나 생각할 때 자연스러운 몸의 감각과 함께 감정을 느끼게 됩니다.

예를 들어, 어두운 밤길을 걷고 있는데 누군가 뒤에 걸어오고 있음을 (보거나 들어서) 알아차린다면, 몸의 떨림, 소름 돋음, 심장의 두근거림과 같은 감각을 느끼게 되고 그것은 '두렵다, 무섭다'라는 감정이 될 수 있을 것입니다. 감각과 감정은 한 부모 밑에서 태어난 쌍둥이 형제 같은 거지요. 일상에서도 동일한 경험을 하기도 하지요. 아침에 일어나, 감각이 '기운 없음'이라는 신호를 보내면 '오늘 힘들겠네'라는 생각이 자연스럽게 뒤따릅니다. 그러면 그 생각에 계속해서 집중하게 되어 무기력하고 우울해집니다. 반대로 눈을 떠서 기운이 나면, 떠오르는 생각 '오늘 힘이 나겠는데'에 집중하게 되고 더욱더 활기차지는 것과 마찬가지지요. 우리가 이렇게 감각을 느낄 수 있다는 것은 우리의 몸이 제대로 기능하고 있다는 뜻이며 살아있다는 신호이기도 합니다. 만약 우리의 몸이 죽어서 더 기능하지 않는다면 어떤 감각도 느낄 수 없을 테니까요.

우리가 살아있다는 두 번째 증거 '감정'

"우리는 느낌을 이해하려 하지 않고 그저 느낌대로 행동하려 한다."

만약 누군가가 우리 팔을 꼬집었다고 해볼까요? 그때 우리는 모두 촉각을 느낍니다. 따끔거리는 그 촉각은 분명한 감각이겠지요?

1. 감정은 생각에 따라 달라질 수 있습니다

그 사람이 여러분이 너무 싫어하는 사람이라면 어떤 감정을 느낄까요?

'이 인간이 함부로 왜 이래?'라는 생각과 함께 아마도 '어이 없고 불쾌할' 수 있을 겁니다.

반대로 사랑하는 애인이거나 좋아하는 친구라면 '이 사랑스러운 사람이 왜 나에게 장난을 칠까?'라는 생각과 함께 '호기심이 들고 궁금한' 마음이 들 수 있습니다. '꼬집힘'이라는 같은 자극이라도, 감정은 우리의 생각에 따라 달라질 수 있습니다.

제가 비행기에 타서 불안했던 감정이 편안한 감정으로 변할 수 있었던 이유는, 친구를 바라보며 생각을 바꾸었기 때문입니다. 꼬집혔을 때 싫어하는 사람이라면 '재수 없는 인간이 왜 꼬집어?'라고 생각했을 수 있지만, 사랑하는 사람이라면 '나랑 장난치고 싶은가?' 하는 생각을 할 수 있는 것처럼요.

2. 감정은 필요·욕구에 따라 달라질 수 있습니다

'존중'이나 '신체적 안전'이라는 욕구 때문이라면 언짢은 마음일 수 있겠지만, '이해'라는 욕구 때문이라면 궁금한 마음일 수 있겠지요. 우리가 '필요Need'로 하는 것이 무엇인지에 따라 같은 자극(꼬집힘)에도 다른 감정을 느낍니다. 저는 비행기 안에서 안전이라는 욕구가 중요했기에 불안했지만, 친구와 함께 있다는 사실을 인지한 순간 안정이라는 욕구가 충족되어 편안한 감정을 느낀 것입니다. 즉 감정은 우리가 바라는 필요나 욕구가 충분히 만족되었는지, 만족되지 않았는지를 알려주는 신호 역할을 합니다.

3. 감정과 생각은 구별될 필요가 있습니다

대화를 할 때, 다른 사람의 행동이나 말을 '해석'하는 것과 마음에서 느껴지는 '감정'은 구별할 필요가 있습니다. 우리는 종종 감정을 표현할 때 생각과 판단을 혼동하고 섞어서 표현하곤 합니다. 혹은 자신의 현재 감정을 정확히 인식하지 못하고, 감정을 억압하고 생각만으로 표현하기도 합니다. 그래서 감정을 좋거나 나쁜 것, 긍정적인 것과 부정적인 것으로 나누어 생각하고, 회피하거나 억누르려고 합니다. 그러나 몸의 감각과 감정은 우리에게 어떤 것을 솔직하게 알려주는 신호입니다.

승진했다는 사실을 알았을 때 제 감정이 어땠냐고 물으셨을 때, 저는 "좋았습니다. 끝내줬습니다"라는 말 외에는 떠오르는 단어가 없었습니다. 여러 번 감정을 물으셨을 때 점점 아리송해졌습니다. 좋았다고, 끝내줬다고, 기분이 째졌다고… 아는 말을 다 했는데도 선생님은 그것은 감정이 아니라 생각이라고 하셨죠.

몸이 어떻게 변했던 것 같냐는 질문을 받았을 때야 비로소 '심장이 마구 뛰었다. 열이 훅 올라왔다'로 인식할 수 있었고, 감정의 단어로 '흥분되고 벅차고 설렌다'로 표현할 수 있었습니다. "승진하니까 어때?"라는 승진 축하 인사를 받으면 저는 의례적으로 "이제 역할에 걸맞게 더 잘해야죠"라고 대답하곤 했습니다.

생각해보면 평소 누구도 저에게 '어떤 마음인지, 감정인지' 물어보지 않았던 것 같습니다. 다들 "어떻게 해야 하냐"고 묻긴 했어도 제가 어떻게 느끼는지 관심이 없었든지 아니면 그도 감정을 몰랐든지 둘 중 하나였던 것 같아요.

저는 늘 생각했고, 좋은지, 나쁜지에만 관심이 있었고 부정적인 감정은 느끼지 않으려고 하거나 없애려고만 했네요. 최소한 제 아이들에게 감정을 알려주고 표현할 수 있는 부모가 되고 싶어졌습니다.

대개 자신의 감정을 솔직하게 표현하는 것이 안전하지 않았던 가정에서 성장한 사람은 자신의 감정을 부적절한 방식으로 억압하거나 회피해버리곤 합니다.

감정을 잘 이해하면, 왜곡된 생각에서 회복되기가 쉽기 때문에 상대의 말을 제대로 들을 수 있는 심리적 여유가 생깁니다. 이는 서로가 원하는 것을 이해하고 행동하는 근본적인 힘으로 이어질 수 있습니다. 즉, 자신의 감정을 섬세하게 이해할 수 있는 사람들은 자신의 감정을 건강하게 다루며, 타인과의 관계에서도 자신의 입장을 더욱 잘 전달할 수 있기 때문에 인간관계에서도 만족스러운 관계를 맺을 수 있습니다. 다시 말해 관계를 회복하기 위한 시작은 나의 감정을 섬세하게 이해하는 것이랍니다.

그럼 이제 감각과 감정에 대해 좀 더 연습해볼까요?
감정은 '원하는 것이 되었을 때'와 '원하는 것이 되지 않았을 때' 떠오르는 마음의 신호로 연습합니다. 오른쪽 표를 본 다음 연결의 대화 연습을 해보겠습니다.

감정 목록

원하는 것이 이루어질 때의 마음 신호(감정)		원하는 것이 이루어지지 않을 때의 마음 신호(감정)	
편안한	평온한	격노한	안절부절못하는
너그러워지는	기운 나는	화가 난	귀찮은
생기 도는	매료된	냉랭한	맥 빠진
긴장이 풀리는	궁금한	억울한	뒤숭숭한
진정되는	전율이 오는	언짢은	당혹스러운
안도감이 드는	유쾌한	초조한	혼란스러운
호기심이 드는	통쾌한	조급한	불안한
고요한	놀란	서운한	거북스러운
느긋한	감격스러운	슬픈	마비가 된 듯한
흐뭇한	벅찬	실망한	경직된
흡족한	용기 나는	무기력한	막막한
고마운	개운한	외로운	걱정스러운
감사한	뿌듯한	아픈	근심스러운
반가운	후련한	비참한	긴장된
든든한	만족스러운	허전한	압도된
다정한	자랑스러운	공허한	놀란
부드러운	짜릿한	두려운	부끄러운
행복한	신나는	겁나는	좌절된
수줍은	홀가분한	피곤한	짜증 난
기쁜	산뜻한	지친	아쉬운
황홀한	즐거운	지루한	위축된
흥분되는	기대에 부푼	풀 죽은	그리운
희망에 찬		안타까운	

◉ 감정은 원하는 것이 이루어지거나 이루어지지 않을 때 마음이 보내는 신호입니다.

[1] 잠시 조용히 과거의 강렬했던 경험을 떠올려보세요.

1) 그 상황으로 돌아가서, 실제로 지금 일어나고 있는 일처럼 회상해봅니다.

2) 어떤 일이었는지, 구체적으로 말하며 경험을 돌아가면서 나눠보세요.

3) 그때 나는 어떤 말을 했고, 어떤 행동을 했나요?

4) 상대는 어떤 말을 했고, 어떤 행동을 했나요?

예) 며칠 전 친구와 공포영화를 보던 중 "나가자"라고 말했고 친구는 따라 나와주었다.

[2] 그때의 감각과 감정을 떠올려봅시다.

1) 몸에서는 어떤 감각이 느껴지나요?

2) 그 마음에서는 어떤 감정이 느껴지나요?

감각	감정
예) 어지러우면서 팔에 소름이 돋았고 한기가 느껴졌다.	예) 긴장되고 무서웠다.

관계를 만드는 에너지,
감정의 상호작용

다음 그림을 볼까요?

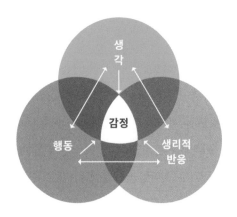

감정은 생각, 행동, 생리적 반응의 세 가지의 영향을 받으며 생각,
행동, 생리적 반응은 서로 영향을 주고받습니다.

1. 생각

우리는 끊임없이 머릿속에 다양한 생각을 떠올립니다. 이것은 기
억과 심상(마음에 떠오르는 이미지), 대화나 자기 말(혼잣말)과 같은 것
들일 수 있으며, 지시나 명령 혹은 규칙, 믿음과 같은 것들입니다. 생
각이 어떤 행동과 생리적 반응을 야기하는지 예를 볼까요?

- "나는 아무짝에도 쓸모가 없다는 생각이 들어." → 우울한 마음과 불안함을 야기
- "나는 내가 멋지다고 생각해." → 기쁨과 흥분되는 마음을 야기

자신이 아무짝에도 쓸모없다는 생각에 우울해진다면 어떤 말과 행동을 하게 될까요? 아마도 모임이나 공동체에 적극적으로 참가하기보다는 혼자 집에 있는 것을 선택할 수 있겠지요. 그 모습을 본 부모님이 '좀 나가라'고 권해도 "그냥 집에 있을래요. 상관 마세요"라고 대답할 수도 있습니다. 만약 자신을 최고라고 생각하면 목소리에도 힘이 실리고 사람들 앞에서 어깨를 반듯하게 펴고 자기 생각을 큰 목소리로 말할 수 있을 겁니다. 이처럼 우리의 생각은 우리의 감정을 변화시키고 행동을 끌어냅니다. 그뿐만 아니라 우리의 대화에도 많은 동기로 작동되지요.

2. 행동

행동은 겉으로 드러나는 모든 동작을 말합니다. 상대와 싸우기, 회피하고 도망가기, 아무 말도 하지 못한 채 경직되어 얼어붙기와 같은 움직임의 방식이지요. 몸의 움직임뿐만 아니라 말하기 역시 행동에 포함됩니다. 이런 행동은 우리의 감정을 변화시킬 수도 있지요.

- 절친한 친구를 만나는 행동 → 기쁨과 즐거운 마음을 야기
- 비난의 말을 계속해서 내뱉는 행동 → 화와 고통스러운 마음을 야기

기분이 조금 우울한 날이라도 자신이 좋아하는 사람, 사랑하는 사람과 시간을 보내면 마음이 전보다 기쁘고 행복해지는 경험을 한 적이 있을 겁니다. 혹은 누군가에 대해 끊임없이 욕을 하면 욕을 하면서도 점점 더 화가 나는 것을 경험해본 적이 있을 거예요. 누군가로부터 제삼자에 관해 비난을 계속 듣게 되면 자기 일이 아님에도 불구하고 고통스럽거나 거북스러웠던 경험도 말이지요. 사람은 어떤 행위 때문에 감정이 변하기도 한답니다.

3. 생리적 반응

우리의 몸에는 수십 종류의 신경전달물질이 존재하는데, 세로토닌, 도파민, 엔도르핀과 같은 물질들은 감정에 영향을 미칩니다. 뇌의 구조적인 상태(뇌 손상 및 장애)도 감정에 영향을 미칩니다.

- 세로토닌 저하 → 공격성이 증가하고 화가 나는 마음이 유발
- 노르에피네프린 저하 → 초조하고 불안한 마음을 야기

세로토닌은 사람의 기분이나 감정에 영향을 크게 미치는 강한 신경전달물질의 하나입니다. 세로토닌이 분비되면, 감정을 행복하고 편안하고 긍정적으로 생각할 수 있는 작용을 하지만 저하될 경우에는 걱정하거나 짜증 나게 만들고 패닉을 일으키기도 합니다. 노르에피네프린 또한 교감신경계를 자극하는 호르몬의 역할을 합니다. 적

절할 경우 집중력도 높여주고 대사활동도 활발하게 해주지요. 이 두 호르몬은 우리가 육체적인 운동을 적절하게 할 때 잘 분비된답니다. 적절한 운동을 할 때 이런 생리적인 반응으로 인한 감정도 변화 및 조절이 된다는 의미입니다.

부모님과의 대화가 잘 되지 않던 한 내담사는, 우울증약을 복용하면서 직장을 다니던 30대 초반의 여성이었습니다. 이 여성은 우울을 경험하며 무려 3개월 동안 집 밖으로 전혀 나가지 않았던 적도 있었습니다. 약을 복용하면서 기분이 많이 개선되었지만, 그것과 더불어 집 근처의 산책을 하는 것을 행동 목표로 정했습니다. 매일 30분 이상씩 걷고 그날의 기분을 적게 했는데 우울감이 점차 줄어드는 것을 경험했지요. 몸을 움직인다는 것은 건강한 몸뿐만이 아니라 건강한 마음을 만들어주기도 합니다. 또한 앞에서 다룬 뇌 화학물질들이 열심히 역할을 해주었기 때문일 겁니다. 대화가 잘 된다는 건 이러한 신체 조건과도 깊은 연관이 있습니다.

연결의 대화 연습

[1] 모두 침묵하면서 최근에 '기분이 축 가라앉았던 경험'을 떠올려봅니다. 조용히 각자 돌아가면서 어떤 일이었는지를 설명해봅니다.

[2] 각자 침묵하며 펜을 들고 그때 마음에 떠올랐던 단어들을 모두 체크해봅니다.

☐ 무기력한   ☐ 실패한 듯한   ☐ 맥이 빠진

☐ 버려진 것 같은   ☐ 한심한   ☐ 쓸모없는 듯한

☐ 슬픈   ☐ 좌절한   ☐ 공허한

☐ 끝나버린 듯한   ☐ 인정받지 못한   ☐ 위축되는

만일, 여러분이 '버려진 듯한, 실패한 듯한, 끝나버린 것 같은, 한심한, 인정받지 못한, 쓸모없는'에 체크했다면 그것은 감정이 아니라 생각이라고 저는 생각합니다.
다음 표는 '우리의 자동적인 생각과 우리의 감정을 구별'하게 해주는 것들입니다.

감정인식명확성 연습표

자동적 생각	생각과 구별되는 감정
버림받은	두렵다. 슬프다. 외롭다.
학대받은	겁나다. 무기력하다. 비참하다.
인정받지 못한	섭섭하다. 억울하다. 맥 빠지다.
공격당한	겁나다. 위축되다. 격노하다.
배신당한	분하다. 실망하다. 맥 빠지다.
비난받는	두렵다. 불안하다. 위축되다.
왕따당한	불안하다. 외롭다. 두렵다.
구속당하는	답답하다. 짜증 나다.
속은 듯한	실망하다. 억울하다. 분하다.

싫어하는 것 같은	외롭다. 슬프다. 서운하다.
의심받은	절망스럽다. 억울하다.
무시당한	서운하다. 분하다. 민망하다.
모욕당한	화나다. 창피하다. 무기력하다.
방해받은	짜증 나다. 귀찮다.
위협받는	불안하디. 두렵다. 걱정된다.
오해받은	불편하다. 속상하다. 억울하다.
제압당한	무력하다. 당혹스럽다.
착취당한	화난다. 피곤하다. 좌절하다
과잉보호 받는	지겹다. 무기력하다. 성가시다.
신경을 건드리는	짜증 나다. 귀찮다.
억제당한	슬프다. 답답하다. 맥 빠지다.
거절당한	위축되다. 서운하다.
바가지 쓴	분하다. 실망스럽다. 걱정되다.
숨이 막힐 듯한	두렵다. 절박하다.
당연하게 여겨진	슬프다. 서운하다. 실망스럽다.
협박당한	무섭다. 두렵다. 위축되다.
짓밟힌, 유린당한	무력하다. 좌절하다.
사랑받지 못한	슬프다. 외롭다. 비참하다.
지지받지 못한	무력하다. 슬프다. 외롭다.
이용당한	불안하다. 억울하다. 슬프다.
침해당한	혼란스럽다.
부당하게 취급당한	억울하다. 짜증 나다. 분하다.

연결의 대화 연습

펜을 들고 감정인식명확성 연습표를 보면서
[1] '이건 내가 감정처럼 썼던 단어였구나'라는 생각이 드는 '자동적 생각'의 단어에 체크해보세요.
[2] 그리고 오른쪽 칸의 추측되는 감정이 무엇인지 체크해보세요(없다면 감정표를 보며 자신의 감정을 찾아보세요).

감정인 줄 알고 사용해온 자동적 생각	그때 느껴진 나의 감정
예) 버려진 듯한	예) 외롭다, 불안하다

[3] 이렇게 말해보세요.

"내가 버려졌다고 생각했을 때, 내가 느꼈던 감정은 외롭고 불안했던 거구나."
"저는 이용당했다고 생각했을 때, 정말 억울하고 분노가 올라왔어요."

* 생각과 감정을 구별하는 연습을 매일매일 표를 보면서 해보시기 바랍니다.

감정을 배우는 목적,
억압이 아닌 수용과 조절

저는 선천적으로 급한 것 같아요. 어려서부터 그런 말을 들었고 아버지도 그러시고요. 지금 배우자도 저를 보며 늘 급하다고 말해요. 제 생각에도 저는 남들보다 감정도 매우 빠르게 반응하는 것 같아요. 작은 행복도 크게 느끼고 작은 화도 크게 느끼는 것 같습니다. 연결의 대화 수업을 하면서 이런 게 어쩌면 타고난 저의 '정서민감성'이라는 걸 알게 되었어요. 제가 정서적인 민감성이 아주 높은 사람이라서 이렇게 쉽고 빠르게 감정이 격해진다는 것을 알고 매우 속이 상했지만 10주간 꾸준히 대화를 배우면서 신기하게도 제 배우자가 제가 많이 변했다고 합니다. 특히 화가 나는 게 늘 문제였는데 화가 안 나는 것은 아니지만 이제 화가 나도 반응을 조금씩 조절하게 되는 것 같아요. 호흡도 연습하고 오히려 억누르거나 참지 않고 감정에 이름을 붙이고 잘 말해보니까 정말 한결 가벼워지는 것을 느끼고 앞으로도 감정을 잘 조절할 수 있겠다는 생각이 듭니다.

누구나 성격이 다르듯 기질도 다릅니다. 동일한 사건과 자극에 각각 다르게 반응하는 것도 자극에 따른 '정서민감성'이 다르기 때문입니다.

정서민감성은 다양한 요인에 의해 결정될 수 있는데, 자극의 강도나 질, 개인적인 기질 및 특성 등이 포함됩니다. 그러나 시간을 갖고 연습하면 감정이나 정서를 변화시킬 수 있습니다. 생각을 달리하거나 호흡명상을 하거나 감정 자체를 억압하지 않고 있는 그대로 수용하는 연습을 통해서 말이지요. 이런 과정을 '정서조절'이라고 합니다.

암스테르담대학의 심리학자인 샌더 콜Sander L. Koole은 이러한 두 가지 반응 차원을 '정서민감성'과 '정서 조절'이라는 가설적인 모형으로 구성했습니다. 정서적 민감성이 통제하기가 쉽지 않다면, 정서조절의 경우 개인의 전략에 의해 조절 가능합니다. 정서와 관련한 발달 심리학 연구들은, 정서민감성의 경우는 환경적 영향과는 독립적으로 발달해가는 반면, 정서조절 역량은 아동기 양육자와의 사회적 상호작용의 질에 영향을 받으며, 노년기에도 계속해서 개선된다는 것을 보여줍니다. 즉, 정서조절은 정서민감도에 비해 지속적으로 훈련이 가능합니다. 정서조절의 핵심은 감정을 억압하는 게 아니라 수용하는 데 있는 것이지요.

128쪽 그림을 본 다음 생각을 이어가겠습니다.

우리에게는 스스로 조절 가능한 것과 조절 불가능한 것이 있습니다. 자연스럽게 나타나는 몸의 감각과 감정은 쉽게 통제할 수 없습니다. 그림처럼 많은 사람 앞에서 발표해야 하는 상황이라고 생각해볼까요. 심장이 두근거리거나 긴장해서 흐르는 식은땀을 억지로 멈추게 할 수는 없습니다. 마찬가지로 순간적으로 느껴지는 두려움이나 우울감 역시 통제하고 없애기란 쉽지 않지요.

그러나 그 감각과 감정을 있는 그대로 바라보고 알아차릴 수 있다면, 내 생각과 마음에는 조절 가능한 것들이 더 많이 있음을 발견

감정의 알아차림이 우리 마음에 미치는 영향

마음놓침 Mindlessness	마음챙김 Mindfulness
발표 상황	발표 상황
↓	↓
'심장 두근거림'	'심장 두근거림'
↓	↓
<생각에 사로잡힘> '긴장된다! 떨린다! 난 망했어, 엉망이 될 거야.'	<알아차림> '심장이 두근거리는구나 떨리고, 긴장되는구나.'
↓	↓
불안 증폭!	불안 감소

할 수 있습니다. 내가 발표 상황을 앞두고 긴장된 상황일 때, '심장이 두근거리고 있구나'라는 알아차림, 또한 '내가 긴장하고 떨고 있다'는 것을 알아차리고 바로 인식하면서 심호흡을 몇 차례 깊이 해보거나 "제가 지금 긴장이 되고 좀 떨리네요."라고 말하고 나면 한결 마음이 차분해지고 긴장이 풀릴 수 있답니다.

연결의 대화 연습

감정의 알아차림이 중요한 이유

매일매일 다음 연습을 해볼까요?

[1] 일상에서 느껴지는 감정의 단어를 찾아 수시로 왼쪽(감정의 이름 붙이기)에 써보세요.

[2] 오른쪽(감정 알아차리기)의 예문처럼 바꾸어 소리 내어 읽어보고 감정을 인정해주세요.

감정의 이름 붙이기	감정 알아차리기
예) 짜증난, 편안한	예) 내가 지금 짜증 나는 감정을 느끼고 있구나. 내가 지금 편안한 감정을 느끼고 있구나.

* 감정을 알아차리는 연습을 매일매일 표를 보면서 해보시기 바랍니다.

알아차림 3. 핵심 욕구와 가치

: 우리가 대화하고 행동하는 결정적 이유

살면서 중요하게 여기는 가치와 순간순간 원하는 욕구를 인식한다면 대화를 하면서 많은 갈등을 예방하고 평화롭게 해결할 수 있습니다. 누구나 각자의 인생에서 중요한 가치와 욕구를 지니고 있으며 그 점에서 서로 공통적으로 연결되어 있기 때문입니다.

나를 지키는
습관 찾기

사람은 누구나 감정을 느끼고, 특정 상황에서 그 감정을 다루기 위해서 습관저인 말과 행동을 하게 됩니다. 그것은 깊이 생각하고 판단해서 하기보다는 습관적이고 무의식적인 행위에 가깝지요. 조금 더 깊이 들어가 보면, 감정을 다루기 위한 습관적인 방식 및 전략들은 우리의 핵심 신념과 깊이 연결되어 있습니다. 그렇게 오랫동안 학습해왔거나 사회화되면서 배워온 전략 중에는 우리에게 도움이 되는 방식도 있고, 도움이 되지 않는 방식도 있습니다. 심리학자 가네브스키Nadia Garnefski는, 사람들이 감정을 조절하기 위해 사용하는 전략적 방법을 9가지로 정리했습니다. 하나씩 살펴볼까요.

1. 자기비난 Self-Blame

일이 터지고 감정적으로 서로 힘들어지면, 무조건 제 탓을 했던 것 같아요. 분명히 제 잘못이 아닌데도 불구하고 말이죠. 그게 좋은 건지 모르겠지만 마음은 편해요.

마음이 불편한 상황에서, 자신의 책임이 아님에도 불구하고 자신을 비난하며 자기 감정을 처리하려는 방식입니다.

2. 긍정적 재평가 Positive Reappraisal

어떤 일이든 긍정적으로 생각하려 노력해요. 타고난 성향은 아니에요. 그러나 부정적인 생각을 하면 그쪽으로 너무 휩쓸릴까 두려워서 더 노력하게 돼요. 안 좋은 일이 닥쳐도 분명히 이 일이 생겼을 때는 중요한 의미와 뜻이 있을 거라 생각하거나 긍정적인 부분을 찾으려 해요.

자신이 겪은 상황으로부터 긍정적인 측면이나 의미를 찾는 생각을 함으로써 정서를 처리하는 방법입니다.

3. 타인 비난 Blaming Others

솔직히 대부분 남 탓을 해온 것 같아요. 인정하면 저 스스로가 힘들어지기도 하고 또 정말 그 순간에는 저도 모르게 '내 말 안 들어서 이렇게 된 거야'라든가 '네가 그렇게 행동했으니 이렇게 된 거야'라는 식의 말을 했던 것 같아요. 그렇게 끝내고 나면 일단은 좀 후련했고요.

자신에게 벌어진 일의 모든 원인이 다른 사람에게 있다고 판단하거나 상대의 잘못이라고 생각하며 자신의 정서를 처리하려는 방법입니다.

4. 파국화 Catastrophizing

어떤 일이 생기면, 최악을 생각해요. 사실 일이 생기기 전이나 시작하기 전에 최악을 늘 생각해두죠. 최악을 감당할 수 있는지 스스로 생각을 많이 하는데 인간관계도 그래요. 이 사람과 내가 최악은 어떤 모습일지.

가장 고통스럽고 파국적인 결과를 상상하면서 자신의 경험을 최악으로 여기도록 만드는 방법입니다. 이것 또한 정서를 조절하는 방법이지요.

5. 반추 Rumination

해결되기 전까지 그 일을 계속해서 생각해요. 모두 지난 일에 대해서도 종종 그래요. 왜 그랬는지, 그 사람 생각이 뭔지, 나는 왜 그렇게 생각했고 행동했는지에 대해 끊임없이 생각하는 편이에요. 주변에서 쓸데없이 생각이 많다고 하는데 사실 맞고요. 고칠 자신도 없고요.

부정적 사건과 연관된 감정을 곱씹어 반복적으로 생각하거나 관련된 생각과 감정에 함몰되게 만드는 방식입니다.

6. 해결적 사고 Refocus on Planning

일이 터지면, 무조건 해결하기 위한 전략을 세우고 할 일이 무엇인지부터 생각합니다. 쓸데없이 감정적으로 되면 일만 더 복잡해지더라고요. 그래서 일단 해결하고 봐야 한단 생각으로 살아왔습니다. 어려서부터 책임감이 강하다는 말도 들었고 업무적으로 인정받게 되었는데 결혼생활에서는 좀 다르더라고요.

사건을 어떻게 조절하고, 해야 할 일이 무엇인지 구체적으로 생각하는 것입니다.

7. 관점 전환 Putting into Perspective

40대 중반이고 애들도 있는데 아직 집도 없다는 생각에 무척 힘들었습니다. 그런데 저는 이런 일이 생기면 그 감정을 오래 갖고 가진 않습니다. 집이 아직 없다고 꼭 제가 한심한 인간이라는 것은 아니니까요. 그래도 몸 건강하고 월급 잘 나오잖아요. 그런 것도 없는 사람들이 얼마나 많습니까.

다른 사건과 비교해서 상대적으로 사건의 심각성을 덜도록 생각의 관점을 전환하는 방법입니다.

8. 긍정적 재초점 Positive Refocusing

부대에서 보초를 설 때마다 힘들었습니다. 그럴 때 여자친구 생각을 하면 마음이 편안해지고 행복해지더라고요. 직장생활을 하면서도, 스스로 실패할 것 같은 마음이 들 때는 저를 격려해주는 가족들을 떠올리거나 즐거웠던 시간을 떠올리면 불안했던 마음이 달라지곤 해요.

실제 사건을 생각하는 대신에 유쾌한 생각을 하게 하는 방법으로, 정서를 처리합니다.

9. 수용 Acceptance

인생은 계획대로 되지 않는 불예측의 삶이라고 생각해요. 그래서 어떤 일이 일어나든 그럴 수 있다고 생각합니다. 좋은 일은 물론 뭔가 일이 잘 안되어도 그저 경험이라고 생각해요. 가급적 좋은 일이 많이 생기기를 바라지만 어떤 일이든 내 삶에 찾아온 손님처럼 맞이하려고 합니다.

어떤 경험, 사거이 긍정적이든 부정적이든 관계없이 자신의 경험으로 받아들이는 방법입니다.

이처럼 우리는 감정적으로 패닉이 되거나, 혹은 강렬한 감정을 느끼게 되면, 생존하기 위해 이것을 조절하려는 다양한 방법들을 사용하며 행동합니다. 그 방식들은 서로 간의 대화로 고스란히 나타나게 되지요. 특히, 원하지 않는 감정의 신호가 감지되었을 때, 개인은 자신의 감정을 조절하기 위해서 과거의 경험으로부터 누적된 습관화된 감정조절 전략을 사용하곤 합니다.

연결의 대화 연습

[1] 9가지 정서조절 방법 중 불편한 상황에서 내가 흔히 사용해온 것들은 어떤 것인지 적고 옆 사람과 대화해보세요.

[2] 어떤 방법이 도움이 되었는지 적어보고 그 이유를 옆 사람과 대화해보세요.

[3] 어떤 방법이 도움이 되지 않았는지 적어보고 그 이유를 옆 사람과 대화해보세요.

감정을 건강하게 조절하는 방법은, 감정에 휘둘리는 것이 아니라, 자극을 다시금 명확하게 바라보고(자극-관찰), 나의 감정과 생각을 있는 그대로 인식하는 것으로부터(자기인식) 시작됩니다.

각자의 감정에 대한 책임은
각자에게 있음을 인정하기

지금 생각하면 부끄러운 이야기지만 저는 예전 여자친구를 때린 적이 있습니다. 저는 문제가 생기면 늘 상대를 탓했고, 그로 인해 내가 화가 났다 생각하여 폭력적인 말과 행동을 했던 것 같아요. 어릴 때 아빠는 엄마를 자주 때렸는데 그때마다 "네가 맞을 짓을 해서 맞는 거야"라고 하셨습니다. 저 역시 친구들과 싸우거나 누군가를 때린 후에 똑같은 말을 하더라고요. 거의 아무 생각 없는 습관적 행동이었죠.

자각하지 못하지만 우리는 감정이 느껴지면, 자동적 생각을 재빨리 하고 9가지의 전략(자기비난, 긍정적 재평가, 타인 비난, 파국화, 반추, 해결적 사고, 관점 전환, 긍정적 재초점, 수용)대로 행동하기도 하며 6가지 패턴(판단, 비난, 강요, 비교, 당연시, 합리화)으로 말하게 되지요.

가만히 멈추어 심호흡하면서, 어떤 감정인지 인식하고 감정의 원인이 어디에 있는지 살펴보기보다는 습관적인 자동적 생각을 하고 그에 따른 충동적인 말과 행동을 하고 마는 것입니다. 물론 나눔에서 한 것처럼 도움이 되는 방식들이 있습니다. 그것을 하지 말라는 이야기가 결코 아니라, 더욱 근원적인 감정의 원인을 찾아보고 알아가자는 이야기입니다.

감정의 기저에는 욕구가 있고, 이에 따라 누구나 자신이 원하는 상태가 있습니다. 사람은 만족스러울 때와 불만족스러울 때 그에 맞는 여러 감정을 느낍니다. 자신의 욕구에 따라 나타나는 감정은 다양할 수 있습니다. 즉, 내 감정의 뿌리는 욕구임을 알 수 있고, 이는 내 감정에 대한 책임도 나의 욕구에 있다는 뜻입니다. 하여 내 감정에 대한 책임이 내 욕구에 있듯이, 상대의 감정은 상대의 욕구 때문이며 그 책임은 상대에게 있는 것입니다. 상대의 감정을 배려할 수는 있지만 내가 상대의 감정을 책임져야 하는 것은 아닙니다. 정리하면 감정의 원인은 각자의 욕구에 있습니다.

예를 들어, 적절한 휴식이라는 욕구를 충족하지 못했을 때 어떤 이에게는 '왜 나를 쉬지 못 하게 하는 거야'라는 생각과 함께 짜증과 분노의 감정으로 나타나지만, 또 다른 이에게는 '내가 쉴 자격이 있나'라는 생각과 함께 우울해지기도 하고, '인생이 늘 피곤한 거지'라는 생각으로 절망과 무기력의 감정으로 나타날 수도 있습니다. 감정은 사람마다 다르게 반응하고 느낄 수 있지만, 그 감정의 원인은 '휴식'이라는 욕구 때문이죠. 그렇기에 우리에게 나타나는 다양한 감정의 기저에 있는 욕구가 무엇인지를 발견하는 일은 정말로 중요합니다. 그것은 우리에게 수시로 변화하는 감정에 끌려다니면서 남 탓을 하거나 자기비난을 하는 대신에, 내가 바라고 원하는 것을 정확하게 인식하고, 그것을 충족하기 위한 수단을 찾는 의미 있는 작업이기 때문입니다.

생각-감정-욕구 목록(자동적 생각의 말을 감정과 욕구로 알아차리기)

	자동적 생각	생각과 구별되는 감정	감정의 원인이 되는 핵심 욕구
1	버림받은	두렵다. 슬프다. 외롭다.	소속감, 돌봄
2	학대받은	겁나다. 무기력하다. 비참하다.	보살핌, 신체적·정서적 안정과 안전
3	인정받지 못한	섭섭하다. 억울하다. 맥 빠지다.	이해, 유대, 소속, 기여, 공평함
4	공격당한	겁나다. 위축되다. 격노하다.	안전, 보호
5	배신당한	분하다. 실망하다. 맥 빠지다.	신뢰, 진정성, 정직, 명료함
6	비난받는	두렵다. 불안하다. 위축되다.	공정함, 수용, 이해
7	왕따당한	불안하다. 외롭다. 두렵다.	안전, 존중, 소속감, 수용
8	구속당하는	답답하다. 짜증 나다.	자율성, 자유, 선택
9	속은 듯한	실망하다. 억울하다. 분하다.	정직, 공정함, 신뢰
10	싫어하는 것 같은	외롭다. 슬프다. 서운하다.	사랑, 인정, 우정, 유대
11	의심받은	절망스럽다. 억울하다.	진실, 정직, 신뢰
12	무시당한	서운하다. 분하다. 민망하다.	소속, 유대, 공동체, 참여
13	모욕당한	화나다. 창피하다. 무기력하다.	존중, 배려, 존재감
14	방해받은	짜증 나다. 귀찮다.	존중, 배려, 이해, 자율성
15	위협받는	불안하다. 두렵다, 걱정되다.	안전, 보호, 자율성, 선택
16	오해받은	불편하다. 속상하다. 억울하다.	이해, 명확성
17	제압당한	무력하다. 당혹스럽다.	공평함, 정의, 자율성, 자유
18	착취당한	화나다. 피곤하다. 좌절하다.	존중, 배려, 휴식, 보살핌
19	과잉보호 받는	지겹다. 무기력하다. 성가시다.	인정, 공평함, 존중, 상호성
20	신경을 건드리는	짜증 나다. 귀찮다.	존중, 배려
21	억제당한	슬프다. 답답하다. 맥 빠지다.	존중, 이해, 인정

22	거절당한	실망스럽다. 서운하다.	소속, 친밀함, 인정
23	바가지 쓴	분하다. 실망스럽다. 걱정되다.	공정함, 정의, 신뢰, 배려
24	숨이 막힐 듯한	두렵다. 절박하다.	여유, 자유, 자율성, 진정성
25	당연하게 여겨진	슬프다. 서운하다. 실망스럽다	감사, 인정, 배려
26	협박당한	무섭다. 두렵다. 위축되다.	안전, 자율성, 선택
27	짓밟힌, 유린당한	무력하다. 좌절하다.	자신감, 유대, 공동체, 배려, 존중
28	사랑받지 못한	슬프다. 외롭다. 비참하다.	사랑, 감사, 공감, 유대, 공동체
29	지지받지 못한	무력하다. 슬프다. 외롭다.	지지, 이해
30	이용당한	불안하다. 억울하다. 슬프다.	자율성, 공평함, 배려, 상호성
31	침해당한	짜증 나다. 혼란스럽다.	개인 보호, 안전, 신뢰, 여유, 존중
32	부당하게 취급당한	억울하다. 짜증 나다. 분하다.	존중, 정의, 신뢰, 안전, 공평함

연결의 대화 연습

이번에는 어떤 상황에서 했던 자동적 생각, 그때의 감정, 감정의 원인이 되는 핵심 욕구를 구분해보겠습니다.

이 작업은 가급적 많이, 혼자 해보시면 좋겠습니다. 생각-감정-욕구 목록에서 1번부터 32번까지 혼자 하나씩 경험을 떠올려보며 한 칸씩 이동해보면서 말이죠. 이 연습은 우리로 하여금 '자동적 생각→감정 →핵심 욕구'를 명료하게 인식할 수 있도록 도와줍니다. 그 모든 것을 섞어서 뒤죽박죽 살아가는 것이 아니라, 자신의 자동적 생각과 감정과 핵심 욕구를 하나씩 분리하여 알아차리고 인식해봄으로써 자기에 대한 이해가 생기지요. 상대를 향한 시선에서 내 안으로 시선을 옮기는 중요한 연습입니다.

: 규칙 :
앞의 표(138쪽)를 보면서 진행합니다.
말하는 동안 듣는 사람은 침묵과 눈 맞춤을 유지합니다.

[1] 자동적 생각의 목록을 아래로 쭉 읽어보며, 많이 사용했던 단어 하나를 찾아 적어보세요.

예) 버림받았다는 생각

[2] 오른쪽으로 옮겨 생각과 구별되는 감정 목록에서 자신의 감정 단어를 찾아 적어보세요. 없다면 감정 목록을 보고 조합해서 적으면 됩니다.

예) 외롭고 불안한 감정을 느꼈다.

[3] 오른쪽 감정의 원인이 되는 핵심 욕구 목록으로 옮겨 자신에게 중요했던 욕구 단어를 찾아 적어보세요.

예) 나에게는 돌봄, 보살핌이 중요했다.

[4] 파트너와 번갈아 가며, 자신의 자동적 생각-감정-욕구를 말로 설명해보세요.

예) 저는 어렸을 때 부모로부터 버림받았다고 생각했어요. 부모님이 이혼하셨거든요.
그런데 그건 생각이었고, 혼자 있었을 때 제 감정은 외롭고 불안했어요.
왜냐하면 저는 그때 누군가로부터 보살핌과 돌봄이 필요했던 것 같아요.

예시는 간단히 써두었지만, 여러분은 자세히 나눠보시면 자기 마음을 더 잘 인식할 수 있답니다.

··

서로를 이해하기 위한 힌트, 핵심 욕구

제가 가장 힘든 것은 핵심 욕구를 찾는 거였어요. 처음에 제가 선생님께, "아빠 같은 사람이 되고 싶지 않아요"라고 말씀드렸는데 그건 제 핵심 욕구가 아니라고 하셨어요. 다시금 "그럼 저는 여자친구를 때리고 싶지 않아요."라고 했는데 그것도 제 핵심 욕구가 아니라고 하셔서 정말 아무것도 모르겠고 포기하고 싶었습니다.

그런데 조금씩 같이 노력하면서 제가 발견한 욕구는 '이해'와 '평화'였어요. 이해받고 싶었던 욕구가 있었는데 저는 그걸 폭력으로 해결하려고 했어요. 평생 이해를 받아본 적이 없는 것 같다는 생각이 들어서 눈물이 났습니다. 또 저는 갈등을 '평화'롭게 풀고 싶어요. 폭력을 사용하지 않으면서. 욕구를 알고 나서, 이해받을 수 있는 평화로운 다른 방법이 있다면 정말 배워보고 싶다고 생각했습니다.

모든 사람에게는 필요하고 원하는 것, 즉 욕구가 있습니다. 그중 '지금-여기' 현재에 필요한 각자의 욕구를 핵심 욕구라고 하겠습니다. 우리가 살아 숨 쉬는 한 누구나 각기 다른 욕구가 있습니다. 핵심 욕구는 지금 이 순간 우리에게 필요한 것이면서 변하기도 하지요.

현재 우리에게 필요한 것이 욕구라면, 좀 더 장기적이고 삶의 전반적인 의사결정의 판단 기준이 되는 것들을 가치라고 말할 수 있습니다. 살면서 당장 중요한 욕구와 삶의 전반적인 결정 지침이 되는 가치 사이에서 우리는 때로 방법과 수단을 선택해야 하는 지혜를 요구받기도 하지요.

현실치료Reality Therapy를 개발한 정신의학자 윌리엄 글래서William Glasser는 인간은 기본적인 욕구를 가지고 태어나며, 욕구를 충족시키는 방식으로 행동이 이루어진다고 했습니다. 따라서 개인의 기본 욕구를 충족시키는 지혜로운 선택을 하도록 돕는 것이 변화의 최종 목표가 됩니다. 그러니 행동을 변화시키기 위해서는 욕구를 탐색하는 작업이 필요합니다. 또한 대화는 말과 행동을 포함하기에 이 욕구를 이해하는 일은 대화 훈련에 있어서 가장 중요한 일이 됩니다.

어떤 행위를 한다는 것은 핵심 욕구가 있다는 뜻입니다. 우리의 모든 행위, 즉 말과 행동은 나의 핵심 욕구를 충족하기 위해 겉으로 드러내는 표현일 뿐입니다. 나를 움직이게 하는 핵심 욕구를 명료하게 아는 순간, 우리는 자신을 이해하고 상대를 이해하게 됩니다. 이는 서로를 깊이 이해할 힘이 되며 상호 연결되어 있다는 사실 또한 발견하게 되지요. 다음 목록을 보며 나와 상대의 욕구를 찾아보는 연습을 자주 합니다.

욕구 목록(욕구 = 감정의 원인이며 삶의 동력)

생존의 욕구 - 신체, 정서, 안전

공기, 음식, 물, 주거, 휴식, 수면, 신체적 접촉(스킨십), 성적 표현, 신체적 안전, 정서적 안정, 경제적 안정, 편안함, 애착 형성, 자유로운 움직임, 운동, 건강, 웰빙, 돌봄 받음, 보호 받음

힘의 욕구 - 성취, 인정, 자존

평등, 질서, 조화, 자신감, 자기 표현, 자기 신뢰, 중요하게 여겨짐, 유능감, 능력, 존재감, 공정, 공평, 진정성, 투명성, 정직, 진실, 인정, 일치, 개성, 숙달, 전문성, 자기 존중, 정의, 보람

사회적 욕구 - 소속감, 협력, 사랑

친밀한 관계, 유대, 소통, 연결, 배려, 존중, 상호성, 공감, 이해, 수용, 지지, 협력, 도움, 감사, 애정, 관심, 우정, 가까움, 나눔, 연민, 소속감, 공동체, 상호의존, 안도, 안심, 위로, 위안, 신뢰, 확신, 예측 가능성, 일관성, 참여, 성실성, 책무, 책임, 평화, 여유, 아름다움, 가르침, 성취, 공유, 유연성, 상대 돌봄, 상대 보호

자유의 욕구 - 독립, 자율성, 선택

생산, 성장, 창조성, 치유, 선택, 승인, 자유, 주관을 가짐(자신만의 견해나 사상), 자율성, 독립, 혼자만의 시간

재미의 욕구 - 놀이, 배움

재미, 놀이, 자각, 도전, 깨달음, 명료함, 배움, 자극, 발견

삶의 의미의 욕구 - 영성, 인생 예찬

의미, 인생 예찬(축하, 애도), 사랑, 비전, 꿈, 희망, 영적 교감, 영성, 영감, 존엄성, 기여

---

*   참고: William Glasser, Reality Therapy 5 Basic Needs(생존, 소속-사랑, 힘(성취), 자유, 즐거움)
     Marshall B. Rosenberg, Nonviolent Communication Needs list

이번 연습의 목적은, 서로 다른 필요와 가치관을 지니고 살아가는 이야기를 들어봄으로써, 서로의 삶을 이해하고 다양성에 대한 우리의 마음을 열어주는 것에 있습니다.

: 규칙 :
말하는 동안 듣는 사람은 침묵과 눈 맞춤을 유지합니다.

[1] 욕구 목록(143쪽)을 보면서 각자 조용히 자신의 가치관을 3가지 정도 중요순으로 적어보세요. 그리고 그 욕구들을 왜 삶에서 중요하게 생각하게 되었는지 자세히 나누어보세요.

　　예) 평화, 기여, 성장 - 중요하게 된 이유 설명

[2] 요즘 특히 나에게 중요한 욕구를 두 개 정도 골라보세요. 그리고 요즘 왜 그것이 나에게 필요한지 설명하고 나누어보세요.

　　예) 성장, 경제적 안정 - 요즘 필요한 이유 설명

내 방법만 옳다고
주장할 때 발생하는 폭력

사례A.

분명한 건, 제가 여자친구를 때렸을 때 그 당시 저는 그 방법밖에 몰랐다는 겁니다. 변명이라고 생각될 수도 있겠지만 정말이었어요. 저도 어린 시절에 잘못하면 맞는다고 생각했고 우리 집 분위기가 그랬습니다. 잘못하면 늘 맞다 보니 그건 당연했어요. 그런데 그 생각이 지금은 잘못되었다는 것을 압니다. 아버지께서 스스로 옳다고 믿었던 수단이었을 뿐이라는걸. 저 역시도 제 여자친구가 저를 배신하는 것 같다는 생각이 들면, 그 생각이 진짜처럼 느껴지고, 그러니까 여자친구가 잘못한 거고, 잘못하면 맞는 거라고 생각했어요. 그 생각이 점점 강해져 때리게 되고, 잘못했다고 빌면 용서가 되는 것 같았지만 이내 다른 일로도 저는 때리곤 했거든요. 제가 생각하는 옳은 방법이나 행동대로 하지 않으면요. 거의 동물이었죠⋯.

사례B.

저는 첫째 아들에게 가혹하게 대합니다. 둘째는 마냥 귀엽고 아기 같은데, 첫째에게는 유독 야단을 치게 됩니다. 저는 '장남이라면 어른답고 책임감이 강해야 한다'는 기대가 있어요. 그러려면 숙제와 자기 할 일은 스스로 해야 합니다. 그게 되지 않으면 용서가 안 돼요. 남편이 어느 날, 저에게 계모 같다고 웃으며 말했는데 제 첫째 아들이 그러더라고요. "나도 엄마가 내 엄마 같지 않아"라고요. 그날 무척 가슴이 아프고 괴로웠는데, 제 생각과 방법이 틀린 건가요?

욕구가 있다는 것은 살아있다는 증거입니다. 마음속의 욕구를 명확하게 인식할 수 있다면, 우리는 그 욕구를 충족시킬 수 있는 건강한 수단을 찾아 나설 수 있습니다. 그러나 각자가 원하는 욕구를 충족하기 위해 '옳다'고 믿는 '선호 수단'에 고착될 때, 폭력이 발생하고 갈등을 경험하게 됩니다. 이때 그 선호 수단은 대개 자신의 핵심 신념과 깊이 연결되어 있습니다. 갈등은 욕구가 충돌해서가 아니라 욕구를 충족하기 위한 수단(방법) 차원에서 발생하기 때문입니다.

때로 원하는 방식대로 핵심 욕구를 충족하지 못할 때는 특정 선호 수단에 고착된 사고에서 벗어나, 본질적인 욕구에 집중하게 되면 문제를 명확하고 합리적으로 해결할 힘을 발견할 수 있게 됩니다.

누군가를 가르치거나 돕기 위해서는, 자신의 핵심 욕구를 알고 솔직하게 자신을 이해하는 것이 선행되어야 합니다. 핵심 욕구를 아는 것은, 나와 상대를 진심으로 변화시키는 영향력이기 때문입니다. 또한 상대를 이해하는 방법은 그도 우리처럼 자신의 욕구를 충족하기 위해 최선을 다하고 있다는 것을 인정해주는 것입니다.

정신의학자 모건 스콧 펙Morgan Scott Peck은 정서적으로 건강한 사람들은 각자 자신의 욕구 충족 여부에 대한 책임이 자기에게 있음을 분명히 인식한다고 언급하면서 이것이 성숙한 사람과 미성숙한 사람을 구별해준다고 하였습니다.

사례 A의 교육생의 변화와 결과에 대해 조금 자세히 설명해드리겠습니다. 그는 대화 훈련을 받으며 자신의 핵심 신념을 저와 함께 깊이 다루어 보았습니다. 그리고 그 안에 매우 왜곡된 '처벌, 정서적 박탈'이라는 두 가지의 핵심 신념이 자리하고 있음을 알게 되었습니다. 이 교육생은 자신의 핵심 신념이 자리 잡았던 경험을 하나하나 발견하면서, 타인과의 관계에서 어떨 때 이런 핵심 신념이 폭발하는지 살펴보았습니다. 깊이 반성하는 것과는 별개로 폭력적 행동을 한 번에 쉽게 고치지 못했던 이유는, 어려서부터 폭력을 사용해서라도 자기의 욕구를 충족하려고 했고 자기만의 기준으로 상대를 벌하려 했던 행동들이 나름대로 꽤 효과적이었기 때문이었습니다. 다시 말해, 폭력을 사용한 결과가 만족스러웠다는 것이죠.

이분은 오랜 상담 끝에, 자신이 과거에 부모로부터의 폭력 피해자였다고 하여, 폭력 가해자로서의 삶이 결코 정당화될 수 없음을 배웠습니다. 자기가 학대를 받았기 때문에 이제 누군가를 학대하는 사람이 되었다는 합리화를 끊어낸 것이죠. 그리고 원하는 게 되지 않을 때 '합리적으로 해결하는 방식'을 하나하나 다시 배웠습니다. 음식점에 가서 불친절한 종업원을 볼 때(불친절하다는 기준 또한 그 교육생의 기준이었지요), 친구가 약속을 거절할 때, 어머니가 아프다고 찾을 때 매 순간

1) 멈추고 숨쉬고
2) 자신의 욕구를 찾고
3) 합리적인 행동 방법을 쓰고 연습했습니다.

그 피나는 노력 끝에 자신의 깊은 슬픔을 보았고 언젠가 펑펑 울었죠. 그리고 얼마나 자신이 다른 사람이 되고 싶은지 고백했습니다. 더불어 그 변화가 자신에게 얼마나 어려운지도 포함해서요. 결국 그 사람은 깊이 반성했고 자신이 폭력을 저지른 동생, 과거 여자친구에게 진심으로 사과했습니다.

그 사람을 보면서 처벌과 책임도 중요하지만 진실한 반성과 변화된 태도야말로 피해자가 진심으로 바라는 사과임을 발견했습니다.

사실 우리는 자신의 욕구를 상대에게 표현하는 일이 상대를 부담스럽고 불편하게 만든다는 생각을 가지고, 상대가 알아서 우리가 바라고 원하는 것을 이해하고 충족시켜 주기를 바라는 경향이 있습니다. 그러다 보니 성장 과정에서 서로의 욕구에 대해 건강하게 탐색하는 훈련이 없었으며 그 욕구를 표현하는 관계를 경험하지 못했던 것이지요. 또한 우리는 점점 더 자신의 욕구에 둔감해져서, 내가 진짜 바라는 것이 무엇인지를 명확하게 인식하기가 어려워졌습니다. 오히려 해야 하는 행위나 수단에 집착하는 삶은 더욱 강해졌습니다. 폭력은 자신의 욕구를 인식하지 못한 채 옳다고 믿는 수단에 사로잡힐 때 언행으로 드러나기 마련입니다.

연결의 대화 연습

정신의학자 스콧 펙은 정서적으로 건강한 사람들은 각자 자신의 욕구 충족 여부에 대한 책임이 자기에게 있음을 분명히 인식한다고 언급하면서 이것이 성숙한 사람과 미성숙한 사람을 구별해준다고 하였습니다.

: 규칙 :
말하는 동안 듣는 사람은 침묵과 눈 맞춤을 유지합니다.

[1] 어린 시절, 자라온 가정이나 환경에서 어느 정도 자신의 욕구가 허용되거나 수용되었는지 써보거나 파트너와 대화를 나눠보세요.

[2] 우리는 자신의 감정과 욕구 충족의 책임에 대해 스스로 책임을 인식하고 살았나요?
자신의 경험을 써보거나 파트너와 나눠보세요.

알아차림 4. 요청과 강요

: 평화적 태도와 폭력적 태도의 구별

말하지 않으면
모르는 마음

저는 되도록 요청을 하지 않으려고 합니다. 서로가 불편해지니까요. 저는 종교 단체에서 사회복지 관련 일을 하는데요. 정신적으로 에너지 소모가 큰 업무여서 동료들은 서로에게 피해를 주는 것에 대해 무척 경계하는 분위기입니다. 그러다 보니 작은 부탁이나 요청도 상대에게 피해가 될 것 같아서 웬만한 건 그냥 제 노력으로 어떻게든 처리해보려고 하고, 어떤 경우에는 바보 같지만, 그냥 도전 자체를 하지 않으려고 합니다. 어떤 일을 도전했다가 혼자 못하게 되면 차라리 시작하지 않는 게 나은 결과가 되니끼요. 잘 모르겠습니다. 요청이 필요한 건 알겠지만 쉽지 않네요.

강요로 인한 관계는 서로의 가슴에 억압과 저항을 남깁니다. 또한 우리는 모두 누군가의 강요로 행동하길 원치 않습니다. 요청이라는 것은, 원하는 것을 합리적으로 이루는 노력의 과정입니다.

우리가 일상에서 요청해야 하는 이유는 다음과 같습니다.

- 우리는 인간으로서 언제든지 취약해질 수 있고, 그럴 때 누군가에게 의지할 필요가 있습니다.
- 우리 능력의 정도에는 한계가 있기 때문에, 누군가의 도움이 필요한 상황은 언제나 발생합니다.
- 누군가에게 도움을 요청할 때, 요청을 받는 상대는 '가치 있는 존재'로 인정받았다고 느낍니다.
- 요청을 서로 주고받을 때 성장, 신뢰, 친밀감, 재미의 욕구들이 충족될 수 있습니다.

스스로에게 솔직하고 건강한 자아를 가진 사람은 타인에게 요청과 도움을 구하는 것을, 상대와 더 가까워지는 기회로 여깁니다. 그러나 우리는 누군가의 도움이나 협조가 필요하다는 것을 알아도 요청하는 것에 주저합니다. 상대에게 구체적으로 요청하지 않으면서 상대가 알아서 해주기를 바라는 경우가 많지요. 때로는 알아서 해주지 않으면 비난을 하기도 하고 관계를 끊기도 합니다.

요청을 하지 않는 여러 가지 이유는 심리적·사회적 비용 때문입니다.

요청하는 사람의 입장에서는

◦ 거절을 당할 때 심리적인 아픔을 감수합니다.

◦ 미안한 마음을 느끼게 되는 동안 신경 쓰게 됩니다.

◦ 무능력해 보이거나, 자존심이 상하는 등의 일을 감수해야 합니다.

요청받는 사람의 입장에서는

◦ 자기 일을 중단해야 할 수 있습니다.

◦ 요청을 수용하는 과정에서 번거롭고 불편할 수 있습니다.

◦ 때로는 납득되지 않아서 짜증, 화가 날 수 있습니다.

◦ 요청하는 사람의 태도에 따라 기분이 상하는 과정을 경험하게 됩니다.

이러한 비용이 때로 예측되기 때문에 누군가에게 요청한다는 것은, 예상되는 결과들을 넘어서는 용기가 필요합니다. 그러나 용기를 낸 결과는 때때로 깊은 관계와, 처음의 예상과는 다른 만족스러운 결과로 나타나기도 한다는 것을 믿어보면 좋겠습니다.

실익을 떠나 돕고자 하는 우리의 마음과 행동, 그 결과 행복하고 뿌듯했던 자신의 모습을 기억한다면 상대에게도 그런 모습이 있음을 믿을 수 있습니다. 그렇기에 우리는 누군가와 상호적 관계로 더불어 살아가기 위해서 건강한 방식의 요청을 배우고, 누군가에게 건강한 요청을 할 필요가 있습니다.

요청과 강요의 차이
'기꺼이, 억지로'

아내는 늘 제 요청을 들어주지 않는 것 같습니다. 그러다 보니 저도 언젠가부터 말을 안 하게 되었고 말을 꼭 해야 할 때는 저도 모르게 처음부터 방어적으로 말하게 됩니다. 어느 날, 제가 아내에게 "도대체 몇 번을 말했냐?"라고 말을 시작하면서 무언가 부탁을 하려고 했어요. 사실 부탁이 아니라 강요였겠지만. 그런데 아내가 저에게 "처음 말했어"라고 했는데 곰곰이 생각해보니 저는 그동안 그 문제에 대해 속으로만 생각했을 뿐 정말 말로 표현한 것은 처음이었다는 걸 알게 되었어요. 속으로 여러 차례 생각했던 터라, 아내에게 말했다고 생각했던 거죠. 그러고는 해주지 않는 아내를 원망했습니다. 대화라는 게 이렇게 바보 같고 어리석을 수 있는지 알게 되네요. 아내가 집을 나가고 지금까지 제 대화를 돌이켜보면 후회가 되는 게 많은데, 제일 큰 후회는 아내에게 제 마음을 표현하고 부탁하지 않고 참았던 것입니다. 참았다가 하는 말은 전부 강요와 비난이 되는 것 같아요.

이 사례를 보며 '이거 내 얘긴데'라고 생각하는 분도 계실 것 같습니다. 무인도에서 온전히 혼자 살아가지 않는 한 우리 삶은 누군가에게 요청하고, 때론 요청을 받으면서 이어지는 것 같습니다. 그런데 많은 분이 이 요청이라는 것을 어려워합니다.

요청을 적절하게 하지 않았을 때 문제를 처리하는 방식은 주로 다음과 같습니다.

- 혼자서 낑낑거리고 노력해봅니다.
- 포기하거나 시간을 끌고 핑계를 댑니다.
- 마음은 불안해지고 우울하며, 외로워집니다.
- 상대에게 강압적인 요구를 하며 떠넘깁니다.
- 속으로 상대를 미워하며 원망합니다.

이때의 핵심 신념과 자동적 생각은 무엇일까요?

'내 고통을 이해해주는 사람은 아무도 없어. 세상은 이기적이고 사람들은 메말랐어.'

'말을 해봐야 소용이 없으니 내가 말을 안 하지.'

'내가 이렇게 하지 않으면 저 사람은 움직이지 않아.'

문제를 함께 해결해야 하는 갈등 상황에서의 요청은 더욱 복잡해집니다. 적절한 요청을 하지 못할 때 우리는 자신이 가진 '힘'을 사용하거나, 상대의 '힘'에 굴복하기도 합니다. 강요는 주로 자신에게 힘이 있으면서 동시에 '내가 옳다'고 믿을 때 이루어집니다.

예를 들어, 자녀와의 갈등이 있을 때, 부모가 자신의 요구 사항을 자녀에게 '요청'하는 것이 아니라 자신이 가지고 있는 힘을 내세워서 자녀를 내가 원하는 대로 이끌고 가기 위해 강압적으로 사용하곤 합니다. 혹은 부부관계에서 자신의 욕구에 기반하여 상대에게 필요한

'요청'을 하지 못할 경우, 부부는 어느 한쪽이 다른 한쪽에게 지속적으로 굴복하는 상황이 발생하거나, 역으로 지속적으로 강요하는 상황이 발생합니다.

강요는 강요하는 자의 욕구가 담기지 않은 표현일 뿐 아니라 상대의 거절을 절대적으로 허용하지 않겠다는 독한 의지의 표현입니다. 반면, 요청은 요청하는 자의 욕구가 드러나고 상대의 거절에 마음이 열려 있는 표현입니다.

요청을 거절한 상대가 우리로부터 비난을 듣거나 처벌당할 것이라고 믿게 되거나, 요청하는 이가 자신의 요청이 받아들여지지 않았을 때 공격이나 비난을 한다면 강요입니다. 실제로 우리는 상대에게 도움을 구하는 요청이라고 생각하면서 실은 강요를 하는 경우가 많습니다. 부드럽게 말한다고 모두 요청이 아닙니다. 큰 소리로 명령한다고 다 강요도 아닙니다. 그 에너지는 겉으로 드러나지 않고 숨겨져 있기도 하기 때문입니다.

그러나 분명한 차이가 있습니다. 상대가 거절할 때 상대를 수치스럽게 하거나 두렵게 하거나 죄책감을 들게 해서라도 원하는 것을 이루고야 말겠다는 그 독하고 폭력적인 에너지가 바로 강요와 요청의 핵심적 차이라고 볼 수 있습니다.

	욕구 인식	거절 수용
요청	○	○
강요	×	×

요청과 강요의 변수,
우리의 관계

심리학자 헨리 타지펠Henri Tajfel은 아래 표를 통해서 우리가 언제 협력하는지 혹은 경쟁하는지를 아군 내집단ingroup과 적군 외집단outgroup을 통해 알려주었습니다. 먼저, 나눔 질문을 통해 나의 성향을 파악한 다음 그것이 의미하는 바를 알아보겠습니다.

타지펠의 매트릭스

나	7	8	9	10	11	12	13	14	15	16	17
너	1	3	5	7	9	11	13	15	17	19	21
	①	②	③	④	⑤	⑥	⑦	⑧	⑨	⑩	⑪

연습

우리의 선택을 통해 관계를 보고, 요청과 강요에 대해 다시 생각해보겠습니다.

(상황) 여러분이 아주 중요한 프로젝트를 맡아서 파트너와 같이 수행했고 그 결과가 무척 좋았습니다. 프로젝트 결과에 대한 긍정적 보상(예 - 돈, 음식 등)을 받았고 그것을 파트너와 나누게 되었습니다(비율이 아닌 절대량으로 나눕니다.) 개수를 나누는 권한은 여러분에게만 있고 여

러분 마음대로 선택할 수 있습니다. 예를 들어, 내가 11개 가지고 파트너에게 9개 주고 싶다면 숫자 ⑤ 번을 선택하면 됩니다.

1) 파트너가 만일, 사랑하고 고마운 사람이라면 동그라미 몇 번을 선택하겠습니까?
2) 파트너가 만일 싫어하고 불편한 사람이라면요?
3) 파트너가 지금 내게 필요한 사람이라면요?
4) 옆 사람과 각 번호를 공유하고 그 번호를 선택한 이유를 자세히 나눠보세요.

왼쪽 표 하단 번호에서
⑧ 번에서 ⑪ 번으로 갈수록 '아군'으로 볼 수 있고, ⑥번에서 ① 번으로 갈수록 '적군'으로 볼 수 있습니다.
보편적으로는 세 가지 정도의 가치 판단으로 그 선택을 한다는 것을 알 수 있습니다.

- ⑦ 번을 보면 상대와 내가 가져가는 수가 13:13으로 동일합니다.
이를 통해 우리가 공평함, 공정함을 중요하게 여기는 가치 판단을 하게 되면 ⑦ 번을 선택하려는 경향성을 가질 수 있습니다. 이해관계의 사람들인 경우 ⑦ 번을 많이 누르는 경향이 있었습니다.
- 그러나 ⑪ 번으로 갈수록 우리의 선택 기준은 달라질 것입니다. 나보다 상대를 더 많이 주고 있지요. 이를 통해 우리는 공정, 공평보다

서로에 대한 공동체의식, 신뢰, 혹 사랑이라는 가치를 두게 된다는 것을 알게 됩니다. 주로 가족이나 그중에서도 부모님과 자녀를 떠올리는 경향이 강했습니다.

• 마지막은 ① 번입니다. 내가 7개이며 상대는 1개입니다.

사실 나 자신만 볼 때 최대치는 17개이며 최소치는 7이지요. 나의 최소치를 선택하면서까지 ① 번을 선택할 때 중요하게 보는 기준은 상대가 가져가는 수가 가장 적기 때문입니다. 이는 비교와 경쟁에 가치를 두는 경향성을 보여줍니다. 즉 이때 떠오르는 생각은 대개 '네가 가져가는 꼴은 못 본다' 혹은 '너보다는 내가 가장 많이 가져가겠다'라는 생각이지요.

가장 어리석은 선택인데도 많은 사람이 이 번호를 선택합니다. 누구를 생각하고 이런 선택을 했을까요? 바로 싫어하는 사람입니다.

그러나 ⑦ 번을 눌러도 꼭 공평함이 중요한 이유는 아닐 수 있습니다. 적이 되기는 싫어서 선택할 수도 있고, 미운 놈 떡 하나 더 준다는 심정으로 최대한 노력해서 ⑦ 번을 선택할 수도 있습니다. 심지어 공정함의 선택으로 ⑦ 미만의 번호를 선택하는 이들도 있습니다.

세 가지 가치 판단은 보편적 기준일 뿐, 개개인의 관계와 선택을 들어보면 매우 다양하게 주관적으로 판단함을 알 수 있습니다. 번호도 중요하지만, 그 번호를 선택한 동기나 의도가 더욱 중요하겠지요. 이것을 통해 관계를 볼 수 있기 때문입니다.

: 규칙 :

156쪽 표를 보면서 진행합니다.

말하는 동안 듣는 사람은 침묵과 눈 맞춤을 유지합니다.

[1] 만약, 싫어하는 사람이 여러분보다 권력이 있고(예 - 상사, 부모)
그 사람이 요청을 한다면, 여러분은 그 말이 요청으로 들릴까요, 강
요로 들릴까요?

[2] 싫어하는 사람이 여러분보다 권력이 있다면, 그의 요청을 거절하
기 쉬울까요?
어렵다면 어떤 생각이 스치고 지나가는지 나눠보세요.

[3] 만약 거절하지 못하고 수락한다면, 어떤 마음으로 하시겠습니까?

[4] 반대로 상대가 고맙고 사랑하는 사람이라면, 그 요청을 어떤 마음
으로 들어주시겠습니까?

알아차림 5. 자기인식 프로세스

: 속으로 하는 침묵 대화

먼저 마음속으로
대화해보기

저는 단 한 번도 소리 내어 엄마를 불러본 적이 없습니다. 엄마 얼굴을 기억하지 못할 정도로 어릴 때 부모님은 이혼하셨습니다. 한 번도 직접 불러보지 못한 엄마였지만 힘들 때 마음속으로 '엄마'라고 불러보면 조금은 위로를 받는 것 같았습니다.

나이가 이렇게 먹었는데도 엄마라는 단어 하나가… 큰 힘을 줍니다. 누구에게도 엄마가 보고 싶다고 말하지 못했고, 눈물이 날 때마다 참아야만 했습니다. 그래서인지 눈물을 거의 흘리지 않는 편인데 제 아들이 아내한테 '엄마'라고 정확히 발음하며 처음 부르던 그날, 갑자기 눈물이 터져버려 혼자 화장실로 뛰어가서 엄청나게 울었습니다. 저도 당황스러워서 설명이 안 되지만 아무튼 그날은 미친 듯이 울었던 것 같습니다. 참 바보 같지만, 부모님의 이혼으로부터 저는 지금도 자유롭지 못한 것 같습니다. 생각해보면 수많은 거짓말을 하고 살았어요. 특히 괜찮은 척하느라… 마음에도 없는 습관적인 웃음과 말들을….

한 교육생의 고백은 이혼가정에서 자란 제 어린 시절의 아픔을 꺼냈고, 이혼을 경험한 부모로서의 아픔도 일깨웠습니다. 40대 초반의 남성이 화장실에서 엄마가 보고 싶어서 펑펑 울었다는 그 고백은 지난 수십 년간의 삶을 상상해보기에 충분한 아픔이었습니다. 화장실에서 나와서 아내와 가족들에게 왜 울었는지에 대해 솔직히 대화하지 못했다는 이분을 보며 진솔한 대화를 한다는 것이 때로 얼마나 어려운지 생각하게 되고, 그전에 우리 자신과의 내적인 대화를 어떻게 하고 있는지부터 생각해보게 됩니다.

너무 쉽게 괜찮은 척하지 않는지, 너무 과격하게 행동하고 있지는 않은지, 멀쩡하다고 주변을 안심시키고 있지는 않은지 말입니다. 엘리자베스 퀴블러 로스Elizabeth Kübler-Ross는, 자기 안의 침묵과 접촉하는 법을 배우라고 말합니다. 또한 일어나는 모든 일에는 나름의 목적이 있다는 것을 인식하라고 했습니다. 그는 자신의 삶 말기에, 사람들이 자신을 죽음에 대한 전문가라고 생각하는 것은 틀렸다고 지적하며 자신은 평생을 삶에 관심을 기울였다고 말합니다. 어떻게 사는 것이 의미 있는지를 말이죠.

대화는 죽음을 생각하며 할 때 가장 명료해집니다. 가끔 잠시 멈추고 속으로 이런 생각을 해보세요. '내가 만약 오늘 죽는다면 이 말을 내 사랑하는 자녀에게 하겠는가?' 옳은 것을 가르치기 위해 꼭 해야 하는 말이라면 '어떻게 가르치겠는가' 생각해볼까요. 아마도 "넌 왜 이 정도밖에 안 되냐. 똑바로 들어! 딴생각하는 거 다 알아"라는 말 대신 "어떻게 하는지 엄마가 다시 가르쳐줄게. 중요한 거니까 잘 들어봐. 잘 들었는지 네가 엄마에게 다시 한번 말해볼래? 잘했어"라고 여러 차례 반복할지언정 비난하거나 인격을 깎아내리는 말을 하진 않겠지요.

대화를 잘하고 싶다면 반드시 우리가 이 땅을 언제 떠나 죽을지 모르는 예측 불가능한 삶을 사는 인간임을 매 순간 기억해야 합니다.

그러기 위해서 첫 번째, 하이데거Martin Heidegger의 말처럼, 시간을 거슬러 당장 죽음 앞으로 뛰어가서 생각해보는 인식의 훈련이 필요합니다.

두 번째, 매 순간 잠시 침묵하면서 속으로 대화를 연습할 필요가 있습니다. 그것이 우리가 스스로 우리의 말과 행동을 선택할 수 있도록 해주니까요.

지난 시간 우리는 상대와 제대로 마주하기 위한 알아차림의 훈련을 해왔습니다. 보고 들은 그대로의 관찰, 나의 내면에서 느껴지는 감각과 감정의 신호, 그러한 감정의 기저에 숨겨진 욕구를 발견하는 것, 그리고 나의 욕구를 드러내기 위한 바른 에너지인 요청(요청의 기술적, 방법적인 연습은 Chapter 4에서 다시 다룹니다.)에 관해 간략하게 배위왔습니다.

이제 지금까지 배워왔던 것들을 정리하고, 배운 것들을 우리 안에서 먼저 건강하게 연습해보겠습니다. 우리가 배운 것들을 우리 내면에서 먼저 연습하는 이것을 '침묵 대화(자기인식 프로세스)'라고 하겠습니다.

가끔 우리의 대화는 소음처럼 다가옵니다. 대화의 결과가 원치 않는 말로 가득 차고 무슨 말을 하려 했던 건지, 어떻게 들어야 하는 건지 모른 채 서로가 자기의 이야기를 떠들고 끝이 납니다. 그러나 깊은 한숨, 먼 곳을 응시하는 시선, 한 방울의 눈물과 부드러운 미소가 바로 대화랍니다. 대화를 배우고 가르치며 최고의 대화란, 대부분 깊은 침묵 속에서 이루어짐을 배웠습니다.

침묵 대화를 연습하는 이유는 두 가지입니다.
1. 현실에서 드러나는 대화보다 마음에서 이루어지는 침묵의 대화는 더욱 솔직하고 안전하기 때문입니다.
2. 자극과 반응 사이의 공간에서 명료한 대화를 하기 위해 준비하는 시간을 주기 때문입니다.

무엇을 말하고 어떻게 들을지에 대해 선택할 마음의 공간을 확보하지 못한다면, 우리는 습관적인 방식에 압도된 채 말하고 행동하게 됩니다. 우리가 단절의 대화에서 벗어나는 효과적인 방법은, 우리의 내면에서 침묵 대화를 먼저 연습하는 것입니다. 그리고 그 연습은 누군가와의 연결이 필요한 상황이나 단절된 상황에서 분명히 큰 역할을 할 것입니다.

침묵 대화의 방법은 다음과 같습니다.

- '내가 보고 들은 게 무엇이지?'- 자극을 관찰

무엇을 보고 들었는지에 대해서 재관찰하는 것의 목표는, 객관화된 눈으로 내 생각, 상대, 사물을 바라보고 왜곡하지 않고 본래대로 표현하기 위해서입니다. 그렇게 관찰할 수 있을 때, 차분한 마음의 상태로 돌아갈 수 있으며 그후 나누는 대화에서 실수를 줄일 수 있습니다.

- '지금 내 마음에서 느껴지는 건 뭘까?'- 감정의 신호

우리는 감정을 인식하고 다루고자 하기보다는, 먼저 감정적으로 행동하고 반응하곤 합니다. 감정은 우리의 내면 상태를 드러내주는 신호와 같아서, 그 신호를 잘 알아차리면 세밀한 감정을 인식할 수 있게 되고 표현할 수 있게 되며 상대와 내가 진정 원하는 것이 무엇인지를 알 수 있습니다.

- '내게 중요한 것이 뭘까?'- 핵심 욕구 탐색

감정의 원인인 핵심 욕구를 발견할 수 있다면, 우리는 원치 않는

말보다 원하는 욕구를 표현할 수 있게 됩니다. 또 욕구를 충족시킬 다양하고 창의적인 방식을 고민할 수 있고 그것을 통해 연결될 수 있습니다.

- '내가 원하는 것을 말할 준비가 되었나?' - 요청의 표현

우리는 상대에게 요청하기 전에, 내면에서 무엇을 원하고 상대에게 무엇을 요구할 것인지 명료하게 정리할 필요가 있습니다. 요청한다는 것은 부담과 두려움을 넘어서는 용기가 필요합니다. 여기에서 용기란 두려움이 있음에도 불구하고 내 삶의 가치와 필요를 인식할 때 나오는 건강한 힘입니다. 그리고 강요하지 않겠다는 의지입니다.

속대화가 잘 되면
겉대화도 잘 된다

우리가 평소에 하던 말이 어떤 생각과 연결되고, 말과 행동으로 발현되는지에 대해 지금까지 배우고 연습해봤습니다.

의식적인 말과 행동에 대한 노력은 어려울 수 있습니다. 그리고 누구를 위한 것인지 혼란스럽고 억울할 수도 있습니다. 그러나 그 과정에서의 성장과 결과의 기쁨은 궁극적으로 내 삶을 충만하게 만듭니다.

연결의 패턴에 대한 이해

생각과 말과 행동이 상대와 연결되기 위해서는 속대화의 과정을 잘 이해하고, 각 단계에서 인식이 변화될 필요가 있습니다. 자기 인식 단계를 거쳐 속대화에 이어 타인과의 겉대화도 잘 해나가는 과정은 다음과 같습니다.

1. '내가 이런 판단을 할 때 내가 보거나 들은 것은 이것이었구나' 어떻게 판단하는지에 대해 습관적인 생각이 들 때, 우리는 의식적으로 관찰을 연습합니다.

2. '내가 이런 해석을 하고 있는데, 나는 지금 이런 감정이구나.' 관찰하더라도 처음에는 그것을 해석하기 바쁩니다. 이럴 때 그 해석과 생각을 알아차리고 자신의 감정으로 인식을 옮겨봅니다.

3. '내가 누구 탓을 하려고 하는데, 내가 중요하게 여기는 욕구가 뭘까?' 우리는 특히 불편한 감정을 느낄 때 습관적으로 이 불편한 감정의 원인이 누구 때문인지 찾으려고 합니다. 해결하기 위한 습관적 방법이겠지요.

4. '내가 지금 상대를 비난하고 싶은데 사실 내가 하고 싶은 말, 원하는 행동이 뭐지.' 상대 때문이라고 믿게 되면, 그 문제를 해결하기 위한 습관적 방식은 상대를 비난하거나 나무라는 말을 하는 것입니다.

다음 그림을 보면 이 4가지 단계를 더 잘 이해할 수 있을 것입니다.

자기인식 프로세스 SAP, Self Awareness Process **4단계**

① 판단		관찰
상황, 상대에 대한 판단	→	'내가 보고 들은 것은 무엇이지'

② 해석		감정
상황·상대에 대한 해석	→	'마음에서 느껴지는 게 뭘까'

③ 상대		욕구
'누구 때문인가'	→	'무엇 때문일까'-내게 중요한 게 뭐지?

④ 강요		요청
'내가 지금 비난하며 강요하나?'	→	'내가 원하는 것을 말하려고 하나?'

·············· (**연결의 대화 연습**) ··············

앞에서 배운 '알아차림 – 자기인식 단계'를 연습해보겠습니다.
손을 사용해서 생각(이마) → 관찰(눈, 귀) → 감정(가슴) → 욕구(배) →
요청(입술)으로 옮겨가며 연습하면 됩니다.

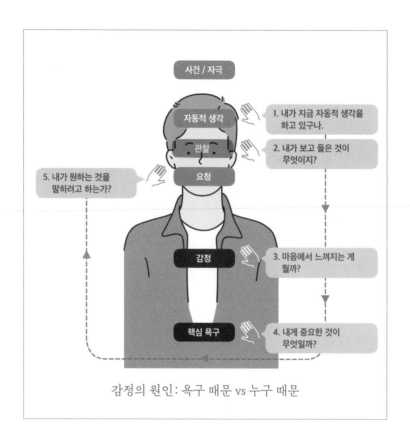

감정의 원인 : 욕구 때문 vs 누구 때문

: 규칙 :

파트너와 번갈아, 그룹으로 돌아가며 침묵 대화 연습을 하겠습니다.

[1] 최근 당신의 삶에서 일어난 사건 하나를 떠올려봅시다.

[2] 회피해버렸거나, 부딪혀서 싸웠거나 혹은 아무 말도 못 하고 얼어 버렸던 사건, 혹은 자녀, 배우자, 친구, 부모, 가족 등 꼭 연결되고 싶은 사람과 관련된 한가지 사건을 떠올려봅시다.

1) **그때 떠올랐던 모든 자동적 생각을 말해보세요.**

   → 손을 이마에 대며

2) **그때의 사건을 가급적 보고 들은 대로 구체적으로 말해보세요.**

   → 손을 눈과 귀에 올려놓으며

3) **내 감정을 떠올려 볼까요?**

   → 손을 가슴에 대며

   - 그때는 어떤 마음이었나요?

   - 지금은 어떤 마음인가요?

4) **감정의 신호가 알려주는 핵심 욕구를 인식해볼까요?**

   → 손을 배에 올려놓으며

   - 무엇이 중요한가요?

   - 그게 나에게 어떤 의미인가요?

5) **나의 욕구를 담아 내가 궁극적으로 바랐던 점. 즉 원했던 것이 무엇이었나요?**

   → 손을 입술에 대며

Chapter 3

상대의 말에 반응하는
듣기 연습

공감하기
이해하기
해석하기

공감하기

: 사람들의 이야기를 공감하는 마음으로 들어주기

내 해석을 섞지 않고
들어보기

상대가 자기 생각을 알아차리고

자기 감정을 이해하고 욕구를 발견하도록 돕는 것.

그것이 대화에서 공감적으로 듣기의 목표가 됩니다.

언니를 저세상으로 떠나보냈을 때 친한 친구가, 그래도 자식이나 부모보다는 낫지 않냐면서 시간이 지나면 괜찮아질 거라고 했을 때 그렇게 야속할 수가 없었어요. 제 슬픔이 다 그 친구에 대한 미움으로 변한 것 같았어요. 다시는 그 친구를 보고 싶지 않았죠. 한 십 년 전인가 제가 자녀가 없이 고양이를 키우기 시작했을 때도 "자식이 없으니 고양이 같은 동물을 키울 수 있는 거야. 편하겠다"라고 했던 친구였는데 그동안 왜 그 친구를 만나왔는지도 모르겠더라고요. 그 친구의 말이 큰 상처가 되니까 사소했던 사건들도 다 떠올라 원망이 되고요.

저는, 저의 공감능력이 그 친구보다 훨씬 뛰어나다고 생각했는데 대화 연습을 하면서 저도 그리 다르지 않다는 것을 알게 되었어요. 조언이 필요할 때와 침묵이 필요할 때를 구별한다는 게 참 어려웠습니다. 이야기를 가만히 들어보라는데 그게 왜 그렇게 답답하고 어려운지. 자꾸 무슨 말이라도 해줘야 할 것 같고, 머리에서는 생각이 떠나질 않고 꼬리에 꼬리를 물고 떠오르는데 이걸 생각하면서 상대의 말을 듣는 게 얼마나 어려운지요. 그동안 참 많은 말을 하고 살았던 것 같아요. 상대가 듣고 싶어 하는지 확인하지도 않았으면서 상대에게 제 말이 꼭 필요하다고 판단했던 것 같아요. 듣기 연습을 하면서 제 부족함을 알게 되니 어쩌면… 그 친구도 무언가 저에게 안심이 될 만한, 위로가 될 만한 말을 해줘야 한다고 생각했을 수 있겠다 싶어요.

듣는다는 것, 그것은 분명 인간을 이해하는 가장 근사한 방법 중 하나입니다. 행복하고 아름다운 관계에는 솔직하게 말하는 사람과 잘 들어주는 사람이 더불어 존재합니다. 누군가의 말에 마음의 귀를 기울일 때, 보이지 않으나 분명히 존재하는 우정과 사랑이 생기지요. 보이지 않는 그것들을 볼 수 있는 힘, 그것은 바로 호기심의 마음과 공감적인 태도로 들을 때 가능합니다.

누군가에게 온전히 수용된 경험이 없다는 것의 또 다른 말은, 우리의 말을 누구도 온전히 들어준 적이 없다는 말과 같은 뜻이라고 생각합니다. 외상 상담이나 대화 연습을 진행하다 보면, 저 역시 제 귀와 마음에 상대의 말이 잘 들어오지 않는 날이 있습니다. 그런 날은 신기하게도 상대도 제 마음을 감지합니다. 제 눈치를 살피며 중단하기도 하고 제가 괜찮은지 물어보기도 합니다. 그러나 제가 유심히 상대의 말에 귀를 기울이고 그 사람의 마음을 이해하려 하는 날은 상대가 그런 저의 노력만으로도 깊은 감사를 표현하곤 합니다. 딱히 무슨 해결을 해준 것도 없는데 말이죠. 물론 가만히 들어주는 것만으로 모든 마음의 근심과 현실의 문제가 해결되는 것은 아닙니다.

그러나 일상의 많은 일들이 결국 대부분 시간과 함께 해결되었음에도 불구하고 마음이 여전히 불편한 감정으로 남아 있는 경험을 떠올려보면 문제의 해결과 마음의 평화가 늘 정비례하는 것이 아님을 알게 됩니다.

들어준다는 것은 어쩌면 문제를 해결하는 것보다 더 중요하고 깊은 차원의 무엇입니다. 내 마음에 잠시나마 상대의 존재를 온전히 받아들이겠다는 것. 상대의 말에 숨겨진 그 사람의 감정과 욕구에 내 모든 의식을 두겠다는 의지적 노력이기 때문이지요. 들어준다는 것은 동의한다는 것과 분명히 다릅니다. 그저 상대의 생각과 감정과 필요를 수용하고 이해하겠다는 적극적인 참여의 표현입니다. 상대의 의식세계로 내 의식을 가져가 머물게 하는 의지적 노력이 바로 듣는 태도이자 기술이지요.

저는 혼자 있는 공간과 상황에서는 자주 기도를 합니다. 그런데 어느 순간, 신과 나 사이에 과연 '듣기'가 있는가 하는 생각이 들었습니다. '내 말, 내 필요, 내 요구만 떠들고 계속 외쳤던 건 아니었나' 하는 생각이 들었습니다. 눈을 감고 손을 모으면, 무슨 말이든 해야 할 것 같았습니다. 누군가를 위해 함께 기도해줄 때도 말이 멈추거나 막히면 기도 중에도 당황해서 무슨 말이든 해야 할 것 같았지요. 그렇게 '듣지 않는 기도'를 하던 중, 소란스러운 말을 멈추고 눈을 감고 고요하게 있었습니다. "해주세요"의 기도가 아닌 "듣겠습니다"라는 자세를 갖출 수 있었지요. 그 말씀이 마음에 들어올 때 비로소 그동안의 제 기도가 얼마나 소란스러웠는지 다시금 알게 되었습니다.

인간관계도 마찬가지입니다. 서로의 말을 들으려 하지 않고 서로가 자신의 말을 하려 합니다. 우리 사회 곳곳의 많은 문제는 분명히 '잘 듣지 않는 것'에서 비롯하고 있습니다. 정치, 사회 범죄, 조직 간의 갈등, 가정의 아픈 모습은 상대의 이야기를 가볍게 여기고 귀 기울여 듣지 않는 태도에서부터 시작합니다.

우리는 말 잘하는 기술을 잠시 멈추고 고요함 가운데 상대의 말과 의도를 이해하고 바르게 해석하는 연습을 할 필요가 있습니다. 듣기만 잘해도 많은 것들이 해결되는 초석이 됩니다. 그런 듣기 연습을 이제부터 같이 해보겠습니다.

공감적 듣기 VS
습관적 듣기

당신은 친구에게 이런 말을 들었습니다. 듣고 어떻게 반응할까요?

"그 사람들이 나를 소외시키고 이용하는 것 같아."

우리가 자주 행하는 습관적 듣기의 방식은 다음 여덟 가지 정도로 나눠볼 수 있습니다. 이 방식들은 온전히 상대의 마음에 집중하는 '공감적 듣기'라고 보기 어렵습니다.

1. 맞장구치기

"맞아, 맞아. 그 인간들 진짜 나쁘더라. 앞으로 더 그럴걸?"

"너니까 그걸 참지. 진짜 나쁘다. 나 같음 가만 안 둬."

이 방법은 흔히 공감적인 듣기의 형태라고 착각하기 쉽습니다. 그러나 맞장구를 치며 들어주게 되면, 사건 당사자들은 서로를 더 미워하고 부정적인 판단에 빠지기 쉬워지지요. "걔들 진짜 나쁘다"라고 반응할 때, 그 말을 들은 당사자 역시 '내 생각이 맞구나! 걔들은 나쁜 애들이야'라고 생각하며 상대와 화해하거나 용서할 가능성보다는 미워하는 마음이 커지고 분노의 마음을 계속 가지고 있으면서 괴로워지지요. 맞장구는 동의하는 힘이 되어 상대에게 잠시 힘을 줄 순 있으나 상대가 결국 자기 생각에 갇히게 되고 서로 더 불편해지는 결과를 갖고 오는 측면에서 공감적으로 듣기에 해당하지 않습니다. 공감이 아니라 손을 잡고 함께 적이 되어주겠다는 표현이라 할 수 있겠지요.

2. 동정하기

"너 진짜 괴롭고 힘들겠다. 불쌍해서 어쩌냐?"

"뭐라 할 말이 없네. 참 딱하다, 너도."

이 방법은 상대와의 거리를 명확히 두면서, 상대에 대한 내 판단을 감정적으로 전달하는 것입니다. 상대의 고통을 이해하려는 노력이 아니라 내 입장에서 상대를 불쌍하고 딱하게 여기며 그 마음을 표현하는 것이지요. 이런 반응은 상대로 하여금 동정받는 기분을 느끼게 합니다. 간혹 말을 들은 사람은 초라해지고 비참해질 수 있지요. 자신의 감정과 욕구를 이해하는 것이 아니라 자신이 불쌍한 사람이라는 인지오류(명명하기)에 빠지게도 합니다. 타인에 대한 측은지심과 동정심을 갖는 것은 아름다운 마음입니다. 그러나 상대의 감정, 그리고 상대의 욕구를 추측하면서 이해해보려는 공감적 듣기와는 다르다고 봅니다.

3. 감정 차단하기

"왜 그렇게 부정적으로 느껴? 그러지 마."

"그렇게 느끼면 안 돼. 그럴 필요가 없어."

감정을 억제하고 이성적으로 판단하려는 핵심 신념과 연결된 이 방식은, 우리가 감정을 느낄 수 있는 자연스러운 인간이라는 점을 간과하고 있습니다. 어려서부터 감정적인 공감을 받지 못하고, 감정을 드러내는 것이 터부시되어 왔다면 더더욱 이 반응이 습관처럼 나올 수 있겠지요. 고통에 처한 당사자의 눈물과 감정적 반응을 가만히 들어주는 과정은 공감에서 필수적인 요소입니다. 이를 가로막아 버리면 당사자는 스스로 자신을 허용하지 못하고 문제를 해결하는 기계적 방법에 몰입하게 되거나 감정을 억압하고 회피하는 방식으로 길들일 수 있습니다.

4. 생각 전환하기

"무슨 소리야. 내가 볼 때는 오해니까 그런 생각하지 마."

"그들도 좋은 사람들이라고 생각해 봐. 너를 이용할 리가 없어."

생각을 바꾸는 것은, 행동을 바꾸는 효과적이고 현명한 전략 기술입니다. 그러나 이것은, 감정과 욕구를 이해하고 인식하는 공감적 듣기와는 구별되어야 합니다. 왜냐하면 생각을 알아차리는 것과 생각을 바꾸는 것은 전혀 다른 관점이기 때문입니다. 타인이 자신의 생각을 자꾸 바꾸려고 하면 오히려 자신의 생각과 판단을 더 확고히 믿고 옳다고 주장하기도 합니다. 이를 선택지지편향이라고 합니다. 결국 생각을 바꾸는 것은 생각 안에 계속 머무르는 또 하나의 방식입니다. 예를 들어, 자신을 소외시키고 이용하는 것 같다고 생각하는 친구에게 "그들도 좋은 사람이라고 생각해봐. 너를 이용할 리 없어"라고 한다면 이제 그 친구는 '아니라니까! 예전에도 나를 골탕먹이고 괴롭혔다니까!'라는 생각을 하게 된다는 것이지요. 이것은 결국 어떤 생각에서 또 다른 생각으로 이동한 것일 뿐, 자신의 감정과 욕구를 깊이 인식하는 과정으로 이어지지는 못하는 거랍니다.

그렇기 때문에 때로 생각을 바꾸는 과정이 유용하다는 것은 인정하지만 타인으로부터 강요된 방식으로는 생각이 잘 바뀌지도 않을 뿐더러 동시에 그것이 공감적으로 듣는 과정은 아님을 분명히 하고자 합니다.

5. 분석하기

"도대체 언제부터 그런 거야? 그 이유가 뭔데? 원인을 따져봐."
"너의 기질은 다혈질이고, 걔의 기질은 담즙이라 부딪히는 거야."

분석은 조언하기와 더불어 문제를 해결하고자 할 때 매우 도움이 됩니다. 그러나 이 또한 공감적으로 듣고자 할 때 구별될 필요가 있는 요소입니다. 분석은 원인과 결과를 밝혀서 이를 해결하는 것이 목표일 때 용이하므로 나보다 많은 경험이 있는 이들이 해줄 때 긍정적 기능을 합니다. 그러나 인간관계에서 상대의 말과 행동에 대해 분석을 하는 것에 멈춰 있게 되면 결국 '옳고 그른 행위, 좋고 나쁜 사람'이라는 생각에 갇혀 사람을 이분법적으로 나누는 판단오류에 빠질 수 있습니다.

6. 조언하기

"기질이 다른 건 나쁜 게 아니야. 서로 존중해야 이해되지."

"오해하지 말고 기질에 대해 좀 가르쳐줄 테니 들어봐."

조언은 상대보다 우리가 분명한 경험이 있고, 좋은 방법을 알고 있을 때 아주 유용한 소통 도구가 됩니다. 그러나 조언이 효과적이기 위해서는 말하는 상대가 듣기를 원해야 합니다. 청자로부터 조언을 듣고 싶어 하는 화자의 신호는, "나는 정말 모르겠어. 너라면 어떻게 하겠니?"라고 할 때입니다. 아니면 듣는 과정에서 청자가 먼저 "내가 네 이야기를 듣고 보니 예전 경험이 떠오르는데 좋은 방법 같아서 들려주고 싶어. 듣고 싶니?"라고 물어야 하는 거지요. 조언은 효과적일 수 있으나 공감적 듣기의 과정과는 구별합니다.

7. 내 이야기 하기

"내 동창 중 하나는 더 재수 없어. 만날 때마다 얼마나 힘들었다고."

"별일 아니고 돌아보면 성장에 도움이 되었던 것 같아. 난 말이야~"

이 방식은 듣기에서는 가장 비효과적이라고 봅니다. 대화의 관점이 상대방에서 나로 완전히 옮겨오는 것이거든요. 공감적으로 듣기로 한 이상 우리의 의식은, 상대의 생각, 상대의 감정, 상대의 욕구와 상대가 원하는 행위에 맞춰져 있어야 합니다. 그런데 자기 이야기를 하는 것은, 더 이상 상대의 이야기를 듣지 않고 내 이야기를 하겠다는 신호죠. 듣기의 방식 중 가장 자기중심적인 경향이 크다고 볼 수 있습니다.

8. 말 자르기

"됐어! 술이나 마셔!"

"구질구질한 이야기는 그만 좀 해라."

이 듣기의 방식이 왜 공감적인 듣기가 아닌지는 설명할 필요가 없겠지요. '나는 더 이상 너의 이야기를 들을 마음이 없다'는 것을 직접적으로 표현하는 것이기 때문입니다. 다만, 이렇게 행동하면서 상대의 이야기를 충분히 들어주었다고 착각하는 사람들이 얼마나 많은지 알아야 하며 나 또한 그렇게 해온 것은 아닌지 생각해볼 필요가 있습니다. 상대는 전혀 이해받았다고 생각하지 못하며 이렇게 들어주는 사람을 미워할 수도 있습니다. 이런 방식이 가족이나 가까운 이들 간에 반복되면 서로에 대한 서운함이 누적되어 담을 쌓고 대화가 사라지는 관계가 될 수 있답니다.

이처럼 우리가 상대를 공감한다고 생각해왔던 요소들은 공감적 듣기의 방법이 아닙니다. 그러나 습관적으로 들어온 우리의 반응들이 나쁘다는 것은 아닙니다. 때로 조언이나 분석은 문제를 해결하기 위해 중요한 요소이며 공감적인 듣기보다 더 우선시 되어야 할 때도 있습니다. 우리가 반드시 알고 넘어가야 하는 것은 공감적으로 듣는 과정의 연습과 우리가 습관적으로 들어온 우리의 반응은 구별되어야 한다는 점입니다. 그리고 이러한 습관적 듣기를 하였을 때, 그 결과 우리의 관계가 어떠한지를 봐야 합니다.

습관적 듣기 방식'NOT' Empathy이 가져오는 결과

1. 맞장구	갈등이 깊어지거나 파벌 형성
2. 동정	감정과 생각에만 빠질 수 있음
3. 감정 차단	감정을 억압 당하고 생각에 빠짐
4. 생각 전환	강제적일 땐 저항감이 생길 수 있음
5. 분석	공감적 반영 후에 해결에 도움됨
6. 조언	상대가 듣고 해결을 원할 때 도움됨
7. 내 이야기 하기	상대의 관점에서 내 관점으로 이동
8. 말 자르기	상대가 말할 기회 상실

연결의 대화 연습

: 규칙 :
번갈아 가며 자신의 의견과 경험을 나눕니다.

: 연습 1 :
[1] 습관적 듣기의 방식들을 보면서 여러분은 몇 번을 자주 사용하나요? 그리고 누가 생각나나요?

[2] 여러분이 누군가의 말을 들어줄 때, 여러분은 어떤 듣기의 방식을 종종 사용하였는지 경험을 나눠보세요.

: 연습 2 :

예문을 읽고, 다음 상황에서 우리가 해줄 대화의 반응을 습관적으로 떠오르는 대로 적어보세요. 그리고 그것들이 공감적 반응인지, 아니면 공감과 구별되는 방식에 해당하는지 나눠보세요.

[1] "엄마 나 정말 학교생활이 힘들어. 공부도 의미 없고, 가끔 살고 싶지가 않아."(중학교 3학년 딸의 고백을 들은 엄마라면?)

[2] "대기업에 들어오려고 대학생활을 전부 희생했어. 그런데 이건 내가 원했던 조직생활이 아니야. 이러려고 내가 회사에 취직한 건 아니었는데."(입사 1년된 친구의 고백을 들은 친구라면?)

[3] "출장 가는 기차 안에서 갑자기 숨을 쉴 수가 없었어. 계속 출장을 다니는 게 내 일인데 앞으로 어떻게 일을 해야 할지 모르겠네. 출장을 안 가겠다고 할 수도 없고." (40대 남편의 이야기를 들은 아내라면?)

[4] "제가 애를 버릇없게 키우면 아빠 없이 커서 그렇다고 사람들이 손가락질할 거예요. 혹독하더라도 제 아이를 강하게 키워야 한다고 생각해요."(6살 아들을 혼자 키우는 싱글맘의 이야기를 들은 직장 선배라면?)

내 생각은 버리고,
상대 마음은 담고

"누군가와 오랜 대화를 나눈 끝에 '치유 받은' 느낌을 받은 적이 있는가? 누군가와 특별한 관계를 맺으면서 자기 자신에 대한 호감을 되찾은 적은? 만약 그렇다면, 이는 개방적이고 믿을 수 있는 상황에서 두 사람 사이에 상호작용이 일어난 것이다. 상대방은 아마도 어떠한 판단도 내리지 않은 채 온전히 관심을 기울이며 당신의 말을 들어줬을 것이다."

칼 로저스Carl Rogers

먼저, 두 사람이 짝을 지어 짧은 연습을 해보겠습니다.

혼자 연습하는 경우라면 누군가의 이야기를 들어주기로 선택하였을 때, 마음속으로만 '프로세스대로 연습해보자'라고 인식한 후 아래의 절차대로 해보면 좋겠습니다.

<듣기 연습 – 호기심을 가지고 침묵으로 들어보기> 1대1 연습

"어릴 때 가장 인상적이었던 경험에 대해 말해보세요."

1) 화자는, 자유롭게 떠오르는 사건과 기억을 5분 정도 말합니다.
2) 청자는, 침묵을 유지한 채 상대가 하는 말을 기억하려 노력하면서 들어보세요.
3) 화자가 말을 마치면, "다 말했습니다"라고 해주세요.
4) 청자는, 자신이 들었던 말을 들었던 그대로 가급적 반복해서 말해

보고 다 마치면 "제가 잘 들은 게 맞습니까?"라고 확인 질문을 해보세요.

5) 화자는 청자가 정확히 들은 대로 말했는지 확인해주세요. 잘 반복해주었다면 "잘 들어주셔서 감사합니다"라고 해주세요.

해보셨나요? 대화 훈련 때 이것을 해보면 "청자 역할을 했을 때 다른 생각에 빠질 틈이 없어요"라고 합니다. 오로지 상대가 지금 무슨 말을 하는지 기억하려고 애를 쓰며, 있는 그대로의 단어를 기억하기 위해 노력하게 됩니다.

이렇듯 우리 모두에게는 상대를 공감할 수 있는 능력이 있습니다. 공감은 '지금 여기'에 현존하며 온전히 상대와 함께 의식적으로 머무는 것입니다. 공감은 익숙한 것을 낯선 눈으로 보고, 상대의 이야기에 호기심을 갖고 상대가 말하는 지금 이 상황에 함께 있어 주는 것입니다. 연습을 통해 우리는 이 추상적이고 어려운 문장을 경험했을 것입니다. 의식하고 노력하면 상대와 함께 머물 수 있습니다.

공감은 또한 보이는 대로 보고 들리는 대로 듣는, 관찰적 과정을 포함합니다. 상대의 말을 들으면서도 머릿속에서는 충분히 자신만의 '판단과 생각'이 떠오를 수 있습니다. 그럴 때는 '내가 이 사람의 말을 들으면서 생각에 빠졌구나'라고 인식하고 다시 상대의 이야기에 주의를 기울이는 연습을 반복하면 됩니다.

때론 호기심을 가지고 침묵을 유지하며 상대의 이야기를 듣는다는 것이 쉽지 않습니다. 지금까지 우리가 제대로 듣기도 전에 상대를 잘 안다고 생각하고, 문제를 판단하고 해결하는 데 더 많은 에너지를 썼기 때문이며, 많은 사회적 환경 속에서 공감의 능력을 잃어버리도록 교육받아왔기 때문입니다. 또한 화자의 말이 길어지는 경우, 여러 번 들었던 말인 경우 주의가 흐트러지게 됩니다. 공감에 관한 깊은 연구를 하는 영국의 철학자 로먼 크르즈나릭Roman Krznaric은《공감하는 능력》이라는 책에서, 우리의 개인적 편견이나 권위에 대한 무조건적인 복종, 심리적·신체적인 거리, 회피와 거부는 공감으로부터 우리자신을 멀어지게 만드는 조건들임을 분명히 했습니다.

공감적 듣기의 순기능
: 상대 덕분에 이해할 수 있는 내 마음

공감적 듣기의 가장 유익한 기능은 우리의 '관계 통장'에 '호감과 감사'라는 자원이 차곡차곡 쌓인다는 것입니다. 사람들은 자신의 이야기를 들어주는 사람을 좋아합니다. 이야기에 동의하지 않았어도 판단하지 않고 나의 이야기를 있는 그대로 고요히 들어준 사람을 싫어하는 사람은 없겠지요(오히려 어쩌면 이런 경험이 떠오르지 않는 분들이 꽤 많을지도 모릅니다). 우리는 왜 이렇게 내 이야기를 들어주는 사람을 좋아할까요?

1. 공감을 통해 서로 다른 것이 나쁜 것이 아님을 알게 되고, 서로

다른 필요사항과 가치를 지닌 사람들이 연결됩니다.

2. 공감 받은 경험은 편안하고 안정된 감정을 만들어내고, 이는 하고자 하는 행위에 몰입할 수 있는 능력을 회복하게 합니다.

3. 공감을 받게 되면 자신의 마음을 더 잘 들여다볼 수 있습니다.

4. 공감을 받다 보면 타인에 대한 공감 능력이 높아집니다.

5. 공감을 주고받으면 두려움이 사라지고 삶에 재미와 생동감이 생깁니다.

물론 한 공동체나 조직 등, 소속된 곳에서 나의 권위가 상대적으로 약할 때는, 공감을 언어로 표현하는 것이 어려울 수 있습니다. 이럴 땐 침묵으로 상대를 공감하는 것이 효과적입니다. 침묵의 공감 후에 변화된 우리의 태도는 상대로 하여금 따뜻한 느낌을 느끼게 할 때가 많습니다.

연습

[1] 누군가가 당신의 이야기를 온 마음을 다해 들어준 적은 언제였나요? 그때의 경험을 나눠보세요.

[2] 그리고 당신의 이야기를 들어준 그 사람에게 어떤 마음이 느껴졌는지도 나눠보세요.

(듣는 사람은 침묵을 유지한 채 들어보세요.)

공감적 듣기의 순서
: 말→감정→욕구→계획

공감적 듣기Radical Listening를 하기 위해서는 다음과 같은 의도를 갖는 게 먼저입니다.

"나는 침묵을 유지하며

상대의 이야기에 관해 호기심을 갖고

판단을 하기보다는

상대의 말을 있는 그대로 관찰하며 들어보겠다."

이런 의도를 갖고 상대의 말을 들을 때는 다음 네 가지 순서를 따라 해보면 좋을 것 같습니다.

공감적으로 반영하며 듣기

> **화자의 말 듣기 → 화자의 감정 듣기 → 화자의 핵심 욕구 듣기 → 계획 묻기**
> - 반영·요약·확인

1. 화자의 말 듣기 - 반영·요약·확인

말을 듣는 것은 우리가 화자의 말에 집중한다는 태도를 보여주는 것입니다. 또한, 화자는 자신이 했던 말을 그대로 (혹 요약해서) 다시

듣게 됨으로써 자기 정리가 되겠지요. '아. 내가 이렇게 말을 했구나'
라는 것을 알아가며 사건과 스토리에 대한 정리가 됩니다. 이 과정을
통해 자기 생각과 관찰을 구별하게 되기도 하고요.

> 상대가 나를 무시했어요. - 생각
>
> → 무시했다고 들었는데, 구체적으로 어떤 거지요? - 말을 반영하며 확인
>
> → 아, 상대는 저를 보지 않았어요. 저는 인사를 했고요. - 관찰로 표현
>
> → 아, 선생님은 인사를 했고, 그 상대는 선생님을 보지 않았다는 말씀
> 이네요. 맞나요?

2. 화자의 감정 듣기

감정을 듣는다는 말이 이상한가요? 화자의 감정을 듣는다는 것은,
상대가 지금 어떤 감정일지를 추측해보는 겁니다. 이 과정에서 우리
가 추측한 감정은 때로 맞고 때로 틀리기도 하지만, 화자의 감정을 정
확하게 맞추는 게임이 아니라 상대의 감정을 상상하는 노력을 의미하
지요. 만일 우리가 추측하는 감정이 틀렸다 하여도 화자는 자신의 감
정을 인식할 수 있습니다. 자기 생각에서 벗어나 감정을 느낄 수 있도
록 돕는다면 그 노력으로 이미 충분합니다.

> 상대를 생각하면 기분이 나빠요.
>
> → 좀 서운하고 민망하세요? - 감정 듣기
>
> → 네, 서운해요. 그런데 민망하진 않아요.

→ 아, 그저 서운하시군요.

3. 화자의 핵심 욕구 듣기

화자의 핵심 욕구를 듣는다는 것은, 화자가 그 대상을 떠올릴 때 생각하는 것을 욕구로 들어보려는 노력입니다. 왜냐하면 화자가 느끼고 있는 감정의 원인은 상대에게 있기보다는 화자의 욕구에 연결되어 있기 때문이지요. 그걸 발견할 때까지 화자는 상대에 대한 판단이나 비난에 빠져 있을 가능성이 큽니다.

그 사람은 이기주의자예요. 자기 자신만 알아요. - 생각

→ 선생님 입장에 대해서도 배려를 받고 싶으세요? - 핵심 욕구로 듣기

→ 네, 바로 그거예요.

이 과정은 상대가 그 대상에 대한 비난이나 생각에서 벗어나, 진짜 말하고자 하는 이유를 발견하게 하도록 하는 과정이기 때문에 아주 중요합니다. 자신이 배려받고 싶었는데 그게 되지 않아서 그 대상을 이기적인 사람으로 바라보고 있었다는 것을 알기만 하여도 명료하게 자기 이해가 되기 때문입니다.

4. 계획 묻기

자신의 욕구를 발견하면, 구체적으로 어떤 행동이나 말, 혹은 상황을 원하는지 나눠볼 수 있답니다. 그것을 같이 탐색해보는 것을 의미

하는데요. 이 부분은 요청 부분에서 다루도록 하겠습니다(Chapter 4).

연결의 대화 연습

공감적 듣기 : 감정과 욕구로 듣기 연습

앞에서 상대의 이야기를 들을 때 자신이 습관적으로 했던 반응을 적어보고, 그것이 공감적 듣기인지 아닌지를 구별해봤습니다. 그럼 이번에는 간단한 공감적 듣기 연습을 해보겠습니다.

: 규칙 :

생각-감정-욕구 목록(138쪽 참조)을 보면서 하세요.

1. 함께 연습하는 사람들이 떠올리고 말하는 감정과 욕구를 모두 다 적어보세요.
2. 다양한 감정과 욕구 중에서도 자신이라면 어떤 감정과 욕구일지 각자 써보세요.
3. 같은 문항마다 서로의 감정, 욕구를 비교하면서 어떤 것을 동일하게 생각하고 다르게 생각했는지 확인해보세요.

예) "박 대리는 참 팀에 비협조적이고 자기 자신만 생각하는 것 같지 않아? 원래 그래?"

(팀장 → 박 대리)

- **감정**: 짜증 난다, 언짢다, 답답하다, 섭섭하다, 혼란스럽다, 불쾌하다, 맥이 빠진다.
- **핵심 욕구**: 협조, 공동체, 공유, 이해, 가르침, 신뢰, 책무, 배려.

- 나라면? 감정 : 내가 **팀장**이라면 짜증이 날 것 같다.
- 핵심 욕구 : **왜냐하면** 서로 간의 배려가 중요하기 때문이다.

[1] "당신은 당신네 집안 식구들만 챙기지?" (아내 → 남편)
- 감정 :
- 핵심 욕구 :
- 나라면? 감정 :
- 핵심 욕구 :

[2] "선생님도 아니면서, 너는 왜 나를 맨날 가르치려고만 해?"
    (남자친구 → 여자친구)
- 감정 :
- 핵심 욕구 :
- 나라면? 감정 :
- 핵심 욕구 :

[3] "엄마·아빠가 나한테 관심이나 있었어? 언니만 챙겼잖아."
    (자녀 → 부모)
- 감정 :
- 핵심 욕구 :
- 나라면? 감정 :
- 핵심 욕구 :

[4] "과장님, 왜 저한테만 이런 일을 주시는 거예요?" (사원 → 과장)
- 감정 :
- 핵심 욕구 :

- 나라면? 감정 :
- 핵심 욕구 :

[5] "내가 회사생활을 얼마나 치열하게 하는지 당신이 알기나 해?"
  (남편 → 아내)
- 감정 :
- 핵심 욕구 :
- 나라면? 감정 :
- 핵심 욕구 :

연결의 대화 연습

공감적 듣기의 단계별 연습

이번에는 상대의 말을 듣고, 정리·요약·반영해보며 상대방의 감정과 핵심 욕구를 추측해보는 '공감적 듣기' 연습을 해보겠습니다.

: 규칙 :
각자 먼저 적어보고 1대1로 역할을 바꾸어 말해보세요.
: 목표 :
상대가 자기 생각, 감정, 핵심 욕구를 구별하고 알아차릴 수 있도록 지원

예) "엄마 나 정말 학교생활이 힘들어. 공부도, 친구도 다 싫어."
  (중학교 3학년 딸의 고백을 들은 엄마라면?)

1) 들은 대로 반영 및 요약 : "우리 딸, 학교 다니기 힘들어? 공부도 친구도 힘들고?"
   : "응. 친구들이랑 너무 힘들어. 나만 혼자 있는 것 같아 늘…"
2) 감정 듣기 : "우리 딸이 그런 생각이 들 때는 외로웠겠다. 슬프고… 그랬어?"
   : "응. 서러워 진짜…"
3) 핵심 욕구로 듣기 : "그런 생각이 들 땐, 네 곁에서 누군가 함께 해주는 게 필요했나 보구나. 그랬니?"

[1] "대기업에 들어오려고 대학생활을 전부 희생했어. 그런데 이건 내가 원했던 조직생활이 아니야. 이런 일이나 하려고 내가 회사에 취직한 건 아니었는데."(입사 1년 된 신입사원의 고백을 들은 친구라면?)

· 들은 대로 반영 및 요약 :
· 감정 듣기 :
· 핵심 욕구로 듣기 :

[2] "출장 가는 기차 안에서 갑자기 숨을 쉴 수가 없었어. 출장을 다니는 게 내 일인데 어떻게 계속 일을 해야 할지 모르겠네. 출장을 안 가겠다고 할 수도 없고."
(40대 남편의 이야기를 들은 아내라면?)

· 들은 대로 반영 및 요약 :
· 감정 듣기 :
· 핵심 욕구로 듣기 :

[3] "애 버릇없게 키우면 아빠 없이 커서 그렇다고 사람들이 손가락질해요. 혹독하더라도 강해야 키워야 한다고 생각해요."
(6살 아들을 혼자 키우는 싱글맘의 고민을 들은 직장 선배라면?)

- 들은 대로 반영 및 요약:
- 감정 듣기:
- 핵심 욕구로 듣기:

....

공감은 믿을 수 있는
관계를 만든다

과거 경험을 떠올려볼까요? 누구나 어떤 사람과의 관계에서 힘들었던 경험이 있을 겁니다. 직장 상사와 불편했거나 연인 간의 다툼이 있었거나 가족 간의 갈등을 겪은 적이 있을 거예요. 이럴 때 갈등 당사자와 풀지 못하는 경우가 참 많죠. 우리는 이때 갈등 당사자가 아닌 제삼자에게 가서 이런저런 속상한 이야기를 합니다. 그럴 때 그 사람이 이야기를 잘 들어준 경험이 한두 번은 있을 겁니다. 우리는 갈등의 대상자와 대화를 한 것이 아니라 그 일과 무관한 사람에게 말했을 뿐인데 마음이 누그러지고 이해받는 마음과 함께 고맙고 편안한 감정을 느끼기도 하지요. 왜 그럴까요? 만일 이런 효과가 절대 일어나지 않는다면 이 세상의 상담 과정은 존재하지 못할 겁니다. 이렇듯 갈등의 당사자가 내 마음을 풀어주지 않는다고 하더라도 제삼자와의 대화를 통해 마음을 해소할 수도 있습니다. 이것이 바로 공감의 힘이죠. 그리고 더 나아가서는 갈등의 당사자가 결국 우리의 감정을 촉발시킨 자극이 될지언정 원인이 되지 못함을 이해할 수 있게도 됩니다.

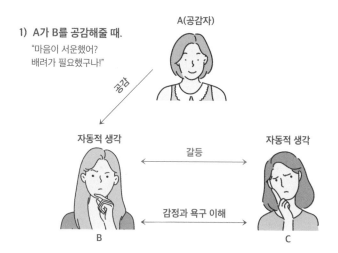

1) A가 B를 공감해줄 때.

"마음이 서운했어?
배려가 필요했구나!"

A(공감자)

공감

자동적 생각 ← 갈등 → 자동적 생각

← 감정과 욕구 이해 →

B   C

2) B는 C에 대한 비난의 생각을 거두고

'저런 이상한 여자가 있어,'
'저 인간이랑 일해야 되다니!'

3) B 자신의 감정과 욕구를 발견한다.

'내가 배려가 충족되지 않아서, 서운했던 거구나.'
'배려해주길 원했던 거였어?'

A가 공감하는 과정을 그림과 함께 살펴보겠습니다.

1. B가 C를 미워하고 비난합니다.

2. A가 B를 공감하며 B의 감정과 욕구를 함께 발견할 수 있도록 돕습니다.

3. B가 자기 생각을 알아차리고, 자신의 감정과 욕구를 발견합니다.

4. B는 명료성과 자기 이해가 생깁니다.

5. C는 변한 것이 없어도 B는 마음이 가라앉을 수 있습니다.

6. B와 C는 다시 화해하고 연결될 가능성이 커집니다.

7. B는 A가 고맙고 좋아져서 두 사람의 관계가 좋아집니다.

나와의 갈등 관계에 있는 대상이 아니라 제삼자가 나를 공감할 때도, 우리의 마음은 위안을 얻고 회복됩니다.

이해하기

: 불편한 말을 번역기를 사용하여 이해하며 들어보기

상대의 말이
불편한 이유

우리는 모두 좋은 사람이 되기를 원합니다. 상대의 이야기를 잘 들어주고 친절하게 반응하는 사람이 되길 원하지만, 그렇게 할 수 없는 조건과 환경에 놓이곤 합니다. 그리고 어려운 환경에 있을 때 우리는 쉽게 상대의 말을 잘라버리거나 건성으로 듣거나 상대 존재 자체를 거부하기도 합니다.

어떤 때 상대의 말에 온전히 귀 기울이기 힘들까요?

우선 체력이 너무 약해졌을 때는 상대의 말이 듣기 불편할 것입니다. 들어주고 있더라도 전에 연습한 대로 상대의 감정과 욕구를 추측하고 반영하면서 함께 탐색해줄 여유가 없을 것입니다. 혹은 다른 무언가에 집중하고 있을 때 우리는 상대의 말을 공감적으로 듣지 못합니다. 듣는다는 것은 온전히 상대에게 집중하는 과정을 의미하는데, 우리의 뇌는 멀티태스킹에 그리 능하지 못하기 때문이지요.

그리고, 상대가 나에게 던지는 '나를 불편하게 만드는 말'이 있습니다.

- 화가 나게 되는 말
- 미안함이 느껴지는 말
- 서운하게 느껴지는 말
- 슬퍼지는 말
- 두렵고 위축되는 말
- '맞는 말'이란 생각이 드는 말
- 특정 대상이 하는 '모든 말'
- 유독 듣기 싫은 단어나 말투, 행동

결국, 듣기 어려운 말은, 화자가 왜 그런 말을 하는 것인지 공감하려는 우리의 마음을 가로막는 모든 말이라고 할 수 있습니다. 가족관계, 조직 내 혹은 친구관계 안에서 우리의 마음을 불편하게 만드는 말들을 자주 듣습니다. 우리가 제삼자의 입장일 땐 상대를 공감한다는 것이 그리 어려운 일이 아닐 수 있습니다. 그러나 우리 자신이 갈등의 당사자가 된다면 상대의 말을 '제대로 이해하며 듣기'란 무척 어려운 과정이 됩니다. 왜냐하면 즉각적으로 우리 마음에 떠오르는 생각과 감정들이 상대를 공감하기 어렵게 만들기 때문입니다.

상대가 나에게 불편한 말을 하는 이유는 꼭 나 때문이 아니다

부모님은 평생 저희 형제를 비교하셨어요. 당신들에게 누가 더 잘하는지 가, 누구를 더 사랑하는지에 커다란 영향을 주었죠.

저는 동생처럼 살갑지도 못하고 애교도 없어요. 동생보다 공부도 못했 죠. 1년 어린 동생이 고3이었을 때 저는 재수생이었는데, 그 한 해는 정 말이지, 인생의 최악으로 기억합니다. 매일 매일 엄마에게 모진 비교를 당했죠. 동생보다 뒤처지는 공부, 부모님과 다른 식습관, 동생과 달리 무 뚝뚝하고 말이 없던 저는 그 1년이 못 견디게 괴로웠고 50이 다 되도록 그 상처를 처리하지 못한 채 살았습니다. 제 배우자가 부모님과 화해하라고 이야기해줄 때마다, 그런 마음이 없어서가 아니라 도저히 부모님이 이해 되지 않아 이 상태를 유지하는 것 같습니다.

아이가 둘인데, 부모가 되고 나니 오히려 더 서운하고 서러워요. 솔직히 부모님들이 부모 자격이 없다는 생각이 너무 크고, 나는 자식으로서 사랑 받지 못하고 조건적인 대우만 받아왔다는 생각을 지울 수 없습니다. 도대 체 우리 부모님은 왜 자식들을 비교하고 아픈 말, 모진 말들을 그리도 하 셨을까요?

우리는 상대의 언행으로 인해 참 큰 상처를 받곤 합니다. 그 결과 서로 싸우고 누군가를 죽이기도 하고 자살을 계획하기도 합니다. 조직에서는 사직서를 품고 다니고, 매일 뉴스에는 크고 작은 폭력 사건들이 끊이지를 않습니다. 관계를 회복할 기회조차 얻지 못한 채 많은 사람이 육체적, 정신적으로 단절을 경험하고 있습니다. 왜 상대는 우리에게 그토록 아픔을 남기고 불편함을 남기는 것일까요?

여러 이유가 있습니다.

대화는 말과 행동으로 드러나지요. 여러분, 만약 한 아이가 어려서부터 부모나 교사나 주변의 어른들로부터 비난이나 공격적인 표현을 많이 듣고 자라왔다면 그 아이는 새로운 학습을 경험하지 않는 한 성인이 되어서도 그런 말의 습관이 생길 가능성이 높을 거예요. 이것이 첫 번째 이유가 되겠네요. 만약 누군가가 그렇다면 이 사람은 미움을 받기보다는 동정을 먼저 받아야 하지 않을까요.

두 번째는 그런 결과로 많은 이들이, 건강하게 마음을 표현하고 싶어도 그 방법을 모른답니다. 어떻게 말을 해야 상대가 기분이 상하지 않을지 정말 모르는 거지요. 만약 누군가가 그렇다면 이 사람은 비난받기보다는 도움을 받아야 하지 않을까요.

세 번째는 어려서부터 누군가를 공격하고 겁박해서 원하는 것을 얻어온 경험이 많을수록 그 버릇을 잘 고치지 못한답니다. 만약 누군가가 그렇다면 우리는 용기를 내어 저항하고 더욱 명료하게 의견을 내세워야 하지 않을까요?

네 번째는 내면이 여리고 취약할수록 자신을 보호하기 위해 또는 자신의 존재감을 부각하고 확인시키고 싶을 때 과도하게 세게 말하고 공격적으로 행동할 수 있답니다. 만일 누군가가 그렇다면 이 사람은 조건적인 환경 속에서 수용받았던 경험이 적었을 것입니다. 이 사람에게 필요한 것은 어쩌면 사랑일 수 있답니다.

이 네 가지의 유형은 상대에게만 적용되는 걸까요? 아니면 우리 자신도 때로 이런 유형에 해당할까요? 저도 이 네 가지 유형에 들어가는 경우를 본답니다.

어려서부터 부모, 교사나 어른들로부터 날 선 말들을 들어왔고, 다르게 말하고 싶어도 그 구체적인 방법을 모르고, 남을 불편하게 만들어서라도 원하는 결과를 얻게 될수록, 강한 표현으로 자신의 존재감을 부각하거나 확인하고 싶을 때 인간은 공격성을 드러내기도 하고 상대에게 상처를 주는 말을 하게 되는 것이지요.

잘못된 요청의 말,
비난과 평가

남자친구와 카페에 있었어요. 가방을 펼치던 중 남자친구가 실수로 제 노트북 마우스를 쳐서 탁자 밑으로 떨어졌어요. 제가 주웠을 때 마우스의 건전지 덮개가 떨어졌어요. 먼저 건전지를 주워 끼우고는 계속 그 덮개를

찾았는데, 결국 찾을 수가 없었어요. 저는 열심히 찾고 있는데 남자친구
는 건성으로 몇 번 보더니, 그냥 "아무리 찾아도 없다. 이제 가자"라고 아
무렇지 않게 이야기했어요. 저는 좀 불쾌해졌어요. 제 물건인데 남자친구
가 너무 쉽게, 성의 없이 반응했기 때문이에요.

참으려다가 결국 말했어요. "왜 사과를 안 해? 네가 잘못해놓고"라고요.
하지만 남자친구는 불쾌해하면서 "이게 그렇게 예민할 일이야? 내가 잘
못한 일만 있어? 너 매번 이런 식이야. 싫어"라고 말하고는 거절했어요.
각자 집으로 와버렸지만 앞으로 결혼할 사이라 걱정이 되었어요. 무조건
참는 것이 답이 아니고, 그렇다고 싸우고 싶지도 않고요.

불편한 언행을 겪으면 심리적인 고통을 겪게 됩니다. 이럴 때 들
은 말을 무시하는 것도 좋은 방법이 될 수 있고, 똑같은 방법으로 응
대해주는 것도 하나의 방법이 될 수 있습니다. 혹은 상대에게 "그 말
이 얼마나 실례인지 아시죠?"라고 일깨워주는 것도 방법이 됩니다.

그러나 이런 방법들 외에, '상대가 한 말의 의미를 제대로 이해할
필요'가 있는 경우라면 다르게 들을 수 있어야 합니다. 만일, 그 불편
한 말을 건네는 사람이 소중한 가족, 사랑하는 사람, 조직에서 꼭 필
요한 사람이라면, 아마도 무시하거나 같이 공격하는 방법이 유용하
지 않다는 걸 이미 너무나 잘 알고 있습니다. 이럴 때는 상대의 그 발
언을 제대로 이해하며 들을 수 있는 태도와 기술을 연습하여 서로 연
결될 기회로 바꾸는 것이 중요합니다.

불편한 말을 들을 때 반드시 기억할 것이 하나 있다면, 바로 이것

입니다. "상대가 나에게 쏟아내는 불편한 말은, 요청의 또 다른 말이다"라는 것이지요. 이와 관련해 마셜 로젠버그 박사는, '우리의 모든 말은 부탁이거나 감사의 표현Please or Thank you'이라는 말을 했습니다.

이 말을 받아들이기 힘들다면 스스로 이 질문을 먼저 던져보면 어떨까요.

1) 여러분이 소중한 사람에게 했던, 가장 후회되는 말을 생각해보세요.
→ "너 집 나가. 너 같은 자식 나도 필요 없다." - 후회되는 말

2) 그 말을 왜 하셨나요? 아마 상대가 무언가를 해주기 기대했기 때문일 겁니다.
→ '내 아이가 말대답하지 않고 들어주길' - 요청의 마음

3) 상대가 해주지 않았을 때 상대에게 자신의 마음을 이해받고 싶었을 것이고요.
→ "엄마·아빠는 네가 행복하기를 바란다." - 요청의 마음

4) 그래서 얼마나 여러분이 고통스러웠는지 알려주고 싶은 생각이 들죠.
→ "너의 말대답이 나는 힘드니까, 나도 너를 힘들게 하겠어." - 충동적 생각

5) 똑같이 아픈 방식으로 말하고 있을 것입니다.
→ "너 집 나가. 너 같은 자식 나도 필요 없다." - 평가, 비난

* 그러나 그 밑에 있던 욕구는 상대에게 무언가 이해받고 싶고 요청하고 싶은 것이랍니다.

→ "그러니까 엄마 아빠 말도 끊지 말고 끝까지 들으려고 노력해줄래?" - 요청의 표현

내가 너무 고통스러울 때, 상대에게 똑같은 방식으로 고통스러운 말을 건네지만, 나의 마음은 절절한 요청인 경우가 많습니다. 내 마음의 상태를 깨달으면 상대 역시 같은 마음임을 인지하고 이해할 수 있답니다. 우리는 모두, 원하는 게 되지 않는 상황에서 원하는 말을 하지 못한 채 서로를 더 고통스럽게 하는 말을 던지고 맙니다. 그러면서도 알아주기를 얼마나 바라 왔나요. 그런 말을 주고받을수록 더 멀어지고 단절되어 가는지도 모른 채 말입니다. 가족 간의 아픔과 갈등은 전부 이 과정을 거친다고 해도 과언이 아닙니다.

대화를 배우고 가르치면서 저 자신도 이 아픔이 건드려져서 얼마나 많은 날을 울었는지 모르겠습니다. 그토록 사랑받고 싶었고 사랑하고 싶었던 소중한 가족, 친구들과 어리석게도 상처를 주고받으며 멀어지고 말았으니까요.

이제 그런 순간의 감정과 생각에 압도되어 소중한 관계, 필요한 관계를 그르쳐 왔다면 다시 연습하기를 바랍니다. 상대의 불편한 말을 제대로 이해하는 우리가 되어, 건강한 대화를 할 수 있는 힘을 키워볼 수 있도록 말이죠.

듣기 불편한 말을
원하는 말로 바꿔보기

"이게 그렇게 예민할 일이야? 내가 잘못한 일만 있어? 넌 매번 이런 식이야. "

상대가 나에 대해 무슨 말을 하더라도 그 말 자체에 집중하지 않습니다. 그 말 뒤에 숨어 있는 그 사람의 의도인 욕구, 감정에 집중해봅니다. 듣는다는 것은 내 생각에 집중하는 것이 아니라 상대의 의도에 집중하는 것이니까요.

①   **자동적 생각 알아차리기 - 상대 공격·자기비난**

예)
상대 공격 - '인간이 잘못했으면 사과를 해야지. 뻔뻔하게 미안한 줄을 몰라. 사소한 것을 우습게 알고.'

자기비난 - '나는 왜 늘 깐깐하고 쪼잔하게 행동하지? 마우스는 하나 사면 되는데 괜히 힘들게 했네.'

알아차리기 - '아, 내가 지금 상대에 대해서, 또 나에 대해서 이런 생각들을 하고 있구나.'

②   **진실 상기하기**

'저 사람의 말은 요청의 의미이거나 감사의 의미이구나.'

③   **번역기를 돌려, 불편한 말을 원하는 말로 바꾸기**

"이게 그렇게 예민할 일이야? 내가 잘못한 일만 있어? 넌 매번 이런 식이야."
→ 이 말을 상대가 원하는 말로 바꾸면 어떻게 할 수 있을까요?

"나도 잘한 것들이 있어. 그것도 알아줘."
"민망하니까 부드럽게 말해줘."

4 **말속에 숨겨진 상대의 의도 이해하기 - 감정과 핵심 욕구**

- **상대는 어떤 마음이었을까?**
  예) 남자친구는 서운하고 민망했나 보구나.
- **상대의 의도는 어떤 욕구 때문이었을까?**
  예) 아마도 남자친구의 의도에는, 이해와 인정이라는 욕구가 있었겠지.
  (자기 실수에 대한 이해와 그동안 자신이 잘해온 것들에 대한 인정)

다시 한 번 튕기기
"알면서 왜 그래?"

여자친구가 남자친구에게 "민망했어? 부드럽게 말해주길 원했구나."라고 한다면 남자친구가 뭐라고 반응할까요. 대개는 이때 남친이 "응. 이제라도 내 마음을 알아줘서 고마워."라고 하기보단 "그걸 알면서 너는 왜 매번 그래? 한두 번이야?"라고 할 확률이 높습니다. 우리는 이 현상을 '다시 한 번 튕기기'로 해석합니다. 우리가 이해해주려 노력할 때 상대는 바로 그 마음을 받지 못하고 튕겨내려 하죠. 이것은 현실에선 흔한 경우입니다. 화가 나서 공격했는데 상대가 공감하며 반응해준다고 하여 마음이 금세 누그러지지는 않을 테니까요. 이해하며 들어보려는 우리에게 이 과정은 때로 매우 힘든 경험이 됩니다. 이것을 소거격발Extinction burst이라 합니다.

소거격발은 우리가 무언가를 없애려 할 때(소거하려 할 때) 한 번 더 반작용처럼 그 현상이 튀어 오르는 것을 의미합니다. 행동을 바꾸는 수정요법에서는 중요한 의미를 지닙니다. 어떤 아이가 소리를 지르고 울어서 무언가를 획득한 경험이 있다고 해볼까요? 부모가 그 행동을 교정하기 위해 "이제는 소리 지르고 울어서 무언가를 얻는 건 안 돼. 다른 방법을 배우는 거야"라고 한다면 아이는 그 말을 바로 듣지 못할 가능성이 큽니다. 왜냐하면 이미 소리 지르고 울어서 원하는 무언가를 얻어보았기 때문이지요. 이때 아이가 한 번 더 혹은 여러 번 습관적인 방식(울고 소리 지르기)을 고수하게 됩니다. 이것이 바로 소거격발의 현상입니다. 여기에 반응하지 않고 기다려주면 점차 그 강도가 줄어들고, 아이는 원하는 것을 표현하는 새로운 방법을 알아갈 수 있습니다.

이것은 대화 연습에도 고스란히 적용된답니다. 대화는 습관적으로 이루어지는 경향이 강합니다. 그 습관을 통해 우리는 많은 것을 이루며 살아왔고요. 그렇기에 지금부터라도 습관적으로 반응하지 않고 배움대로 인식하며 연습하고자 하여도, 상대는 한 번 더 강도를 올려 자신의 마음을 거세게 표현할 수 있습니다. 만약 우리가 발끈하며 반응해왔다면 싸움을 기대했을 것이고, 우리가 굴복하기만 했다면 상대는 굴복을 기대했을 것이기 때문입니다. 그래서 우리는 늘 새로운 변화에 도전할 때 이런 시험에 부딪히나 봅니다. 이 도전에서는 목표를 유지해야 합니다. 우리는 지금 서로 다시 연결하겠단 선택을 했고, 그렇다면 다시 한 번 말해줄 수 있습니다.

위의 사례로 돌아가서, "그래. 자기가 정말 민망하고 불편했던 거구나. 이제 알겠어"라고요. 이쯤에서 더 발끈할 남자친구는 흔치 않을 겁니다.

앞의 예에서, 듣기 불편한 말에 대해 어떻게 듣고 반응할 수 있을지 살펴봤습니다. 듣기 불편한 말을 들었을 때 우리가 할 수 있는 일은 '자동적 생각을 알아차리고 → 요청 혹은 감사의 표현이라는 진실을 상기하고 → 번역기를 돌려 원하는 말로 바꿔보고 → 상대의 말속에 숨겨진 의도(감정, 핵심 욕구)를 이해하는 것'입니다.

예를 들어, 친구(혹은 동료)가 나에게 다음과 같은 말을 던졌다고 생각해볼까요?

불편한 말:

"너, 이 정도밖에 안 돼?"

1. 자동적 생각 알아차리기 - 습관적인 단절의 반응

상대의 불편한 언행에 대해 습관적 듣기 반응은 상대 공격 혹은 자기 비난으로 나타납니다.

1) 상대 공격 : 상대의 말을 들을 때, 습관적이고 무의식적으로 상대를 반박하고 비난하는 말. 내 감정의 원인을 상대에게 돌리며 상대를 비난·평가합니다. 이 결과, 상대와 싸우거나 화를 낼 가능성이 크지요.

"너는 평소에 얼마나 잘해서?"

"너보단 나아. 너처럼 이기적이진 않거든."

2) 자기비난 : 상대의 말을 들을 때, 습관적이고 무의식적으로 자신을 탓하는 말. 상대의 감정에 대해 모두 자기 책임이라고 떠안으며 자기 자신을 비난·평가합니다. 마음은 우울해지고 상대는 이해받기보다 죄책감을 느낄 수 있습니다.

'내가 잘못했지. 내가 당연히 더 잘했어야지.'

'난 어쩔 수 없이 형편없는 인간이야!'

3) 알아차리기 : 생각을 하지 않으려는 노력보다는, 떠오르는 생각들을 저항하지 않고 그대로 다 떠올리면서 그저, '내가 지금 이런 생각들을 하고 있구나'라며 거리를 두고 알아차려 봅니다.

'내가 지금 이런 생각들을 하고 있구나.'

2. 요청의 표현일까? 감사의 표현일까?

우리가 접하는 불편한 상대의 언행을 요청인지, 혹은 감사인지 그 의도를 판단해봅니다.

1) 상대의 불편한 말을 요청으로 해석하는 예 :

"이 정도밖에 안 돼?" → 더 잘해달라는 요청이구나.

"너도 나중에 너 같은 아들 낳아봐라." → 아버지께서, 자기 심정을 이해해달라는 요청이구나.

"의지박약도 아니고 이 정도 일로 죽고 싶다고? 죽어 이 자식아." → 엄마는 내가 기운을 내서 강하게 이겨내기를 바란다는 요청이구나.

2) 상대의 말을, 감사로 해석하는 예 :

"네가 웬일로 밥을 다 사냐?" → 고맙다는 감사의 표현이구나.

"네가 벌면 얼마나 번다고 엄마 아빠 용돈을 주냐?" → 용돈 줘서 고맙다는 뜻이구나.

"우리 딸이 화장을 다 하고, 별일이다?" → 예뻐 보인다는 감사의 표현이구나.

3. 번역기를 돌려 불편한 말을 원하는 말로 바꾸기

내 친구의 말은, "다른 방식으로 해주면 좋겠다"는 말, "자기 의견도 들어주길 바라는 말이구나."

4. 말속에 숨겨진 핵심 욕구를 이해하기 : 상대를 이해하기

이제 '말'을 의미로 듣는 연습을 해봅시다. 불편한 상황에서 불편한 마음으로 대화를 하게 되면 누구나 원치 않는 방식의 행동과 말을 하게 됩니다. 그것을 이해한다면, 우리는 그 순간 상대의 말에 집중하며 상처받기보다 상대의 의도와 의미에 집중하면서 상대의 숨겨진 핵심 욕구가 무엇인지 탐색해볼 수 있습니다. 단, 상대의 감정이나 욕구에 대해 우리가 책임을 져야 하는 것은 결코 아닙니다. 상대 이해는 말속에 숨겨진 상대의 의도, 즉 상대의 핵심 욕구와 연결해봅니다. 침묵 혹은 표현으로 나타납니다.

'친구가 실망하고 서운했나 보다. 다른 방법을 '발견'하고 싶거나 경험에 대해 '존중'받고 싶었나 보네.'

(그의 감정이 나 때문은 아니며, 그 욕구를 반드시 내가 책임져야 할 이유도 없다.)

연결의 대화 연습

불편한 말 이해해보기

: 규칙 :
앞의 내용을 참고하면서 적어보세요.

[1] 최근에 듣기 불편했던 말을 적어보세요.

[2] 자동적 생각 중 '상대 공격'의 메시지를 (상대에게 말하듯이, 떠오르면) 적어보세요.

[3] 자동적 생각 중 '자기비난'의 메시지를 (자신에게 말하듯이, 떠오르면) 적어보세요.

[4] 생각 알아차리기('내가 지금 _____를 생각하고 있구나' 라고 적고 읽어보세요).

[5] 요청일까? 감사일까? 판단하고 적어보세요.

[6] 번역기를 돌려, 불편한 말을 원하는 말로 바꿔보세요.

[7] 번역기를 돌려 상대의 말을 욕구로 바꾸어 보세요(감정을 포함해서).

＊감정 : 그 사람은 _____ 이런 마음이었겠구나.

＊핵심 욕구 : 아마도 _____ 이런 욕구들이 중요했겠지.

＊1번에 적었던 불편했던 상대의 말을 다시 읽어보세요.
7번에서 찾은 상대의 욕구를 읽어보세요.
1번과 7번을 두 번 반복해서 소리내어 읽어보세요.
그리고 마음의 변화가 있다면 어떤 변화가 있는지 옆 사람과 나눠보세요.

상대의 말과 행동을 이해해보겠다고 결심했을 때는 목표를 반드시 기
억할 필요가 있습니다. 그 목표는 다음과 같습니다.

"나는 지금 말하기가 아니라 듣기를 선택했다."
"상대의 말을 이해하는 것은, 내가 건강하다는 증거다."
"상대를 이해해봄으로써 상대와 다시 연결되려고 한다."

해석하기

: 비난의 문자와 댓글 건강하게 해석하기

SNS 대화,
정보는 줄어들고 해석은 다양해지고

"그래서?" – 뒷이야기를 알고 싶은 걸까? 말대답하지 말라는 뜻일까?

"이 보고서는 어떻게 된 거지?" –이해하고 싶은 걸까? 엉망이라는 뜻일까? 잘했다는 뜻일까?

"내가 말했던 것 같은데?" – 기억이 안 난다는 말일까? 두 번 말하게 하지 말라는 뜻일까? 알아서 하라는 말인가?

"이해가 안 되네." – 내 의견이 틀렸다는 뜻일까? 다시 설명해달라는 뜻일까? 다시 해오라는 말일까?

"내가 잘못했다." – 진심일까? 내 잘못이라는 우회적 표현일까? 여기서 말을 끝내자는 뜻일까?

회사 단톡방에서는 상사의 한마디 한마디가 신경이 쓰입니다. 어떤 뉘앙스인지, 정말 궁금한 건지, 확인하고 싶은 건지, 화가 난 건지, 정말 뉘우치는 건지 우회적인 공격인 건지 알 수가 없어서 답신을 보내기가 여간 신경이 쓰이는 게 아니에요. 저보다 어린 직원들을 보면 쿨하게 신경을 안 쓰는 것처럼 보이는데 제가 소심해서인지 아니면 벌써 구세대라서 그런지 저는 무척 민감하게 반응하게 돼요. 문자로 대화를 나누기 시작해서 좋은 점은, 기록이 되어 있으니 나중에 서로 한 말을 찾아보기에는 유용하지만 실제로는 혼란스러울 때가 많아요. 이 모든 게 업무 효율을 위해 사용하기 시작한 건데 이게 정말 효율적인지 모르겠습니다. 이슈가 다 끝나도 상사가 그 방을 나가지 않으면 먼저 나갈 수도 없어요. 그런 단톡방이 한두 개가 아닙니다. SNS라면 넌덜머리가 나요.

의사소통을 할 때 서로의 의도를 이해할 수 있는 정보의 수단들이 있습니다.

1. 얼굴의 표정
2. 목소리의 톤
3. 몸짓의 행동
4. 말의 내용
5. 배경 상황에 대한 이해

그런데 SNS를 활용한 메신저, 문자, 카톡과 같은 대화 수단은 오로지 '말의 내용'으로만 대화를 나누게 되지요. 즉, 여러 정보 중에서 하나의 정보로만 대화를 해야 하는 것이 SNS 대화의 특징입니다. 이렇게 정보가 줄어들면, 각자의 해석은 늘어납니다.

카톡의 경우 숫자 1이 사라지고도 답장이 없으면(하나의 정보) 여러 가지로 해석하게 되지요. 읽고 모른 척하는 건가, 바빠서 답장을 못 했나, 무슨 말을 해야 할지 고민 중인가, 잘 표현하기 위해 시간이 필요한 건가, 답신할 가치가 없다는 뜻인가, 내 의견에 동의한다는 뜻인가 등등.

①시각적 정보(몸짓, 얼굴 표정, 배경 상황), ②청각적 정보(목소리 크기, 톤, 속도). 이런 두 가지의 정보가 사라지고, 말의 내용이라는 하나의 정보만 주어지게 되면 각자의 해석이 요동을 칩니다. 결과적으로 별일 아니었는데 혼자서 마음 쓰고 고민했던 경험을 생각해보면 우리가 얼마나 문자로 대화하는 것에 대해 고민하는지 알 수 있습니다.

SNS는 물리적으로 멀리 있는 우리를 서로 연결해주는 유용한 도구이면서도 동시에 정보의 제한으로 인해 의도를 제대로 확인할 수 없도록 막는 도구이기도 합니다. 그래서 크고 작은 오해가 서로 쌓이기도 하고 또 그것에 대해 전화를 하거나 만나서 풀기에도 구차하고 부끄럽다고 생각하게 만듭니다. 자신이 별나게 판단될까 봐, 뒤끝 있어 보일까 봐, 그런 외부의 시선이 두려워 그만 침묵하지요.

우리는 이런 SNS 대화의 한계를 분명히 알고 있을 필요가 있습니다. 또한 이런 대화 방식에 길들여지기 시작하면 통화를 하거나 직접 만나 관계를 맺는 기회가 자연스럽게 줄어들게 됩니다. 물론 사랑의 고백이나 감사의 표현을 할 때 SNS를 통한 방식은 용기를 주기도 합니다. 평소 부끄러워서 말하지 못했던 마음의 고백을 하기에 이 대화 방식은 매우 유용하니까요. 문자, 카톡, 메신저와 같은 대화 방식이 나쁘거나 위험하다는 말이 아닙니다. 다만 이런 방식이 우리에게 어떤 영향을 주고 있는지 인식하면서 사용하는 것은 매우 중요합니다. 저 역시 연구소 직원들과 재택근무 중심으로 일하기 때문에 대부분의 대화는 메시지를 사용한답니다. 그러나 한 집 안에 있어도 방문한 칸을 넘어가 얼굴을 마주하지 않고 서로 카톡과 문자로 대화한다는 가족들의 이야기도 듣게 되는 요즘, 옳고 그름을 넘어, 그것이 과연 우리가 정말 원하는 관계의 모습인지 되돌아볼 필요는 분명히 있습니다.

연결의 대화 연습

[1] 각자 카톡·문자·메신저를 사용하면서, 경험했던 작은 어려움을 나누어보세요.

> 예) "직장에서 팀원에게 카톡으로 부탁의 문자를 보냈어요. 약 다섯 줄 정도로 상세히 적었는데, 몇 시간 지나서 '네….'라고 간단한 답이 왔어요. 이게 도대체 어떤 마음인지 알 수가 없었어요."

[2] 그때 그 일의 결과로 어떤 관계의 경험을 하였는지 나누어보세요.

예) "싫은 건지, 억지로 하겠다는 건지, 숙고하고 내린 답변인지, 내키지는 않지만 해 보겠다는 표현인지, 성격이 원래 그런 건지, 별의별 생각이 다 들더군요. 그렇다고 어떤 의미인지 묻기도 그렇고요. 그후로 솔직히 그 사람을 못마땅하게 보게 되네요."

글로 하는 대화의 역기능, 익명성과 공격성

제가 정말 좋아하는 연예인이 악성 댓글에 시달리다 자살했어요. 인스타그램이나 페이스북, 트위터 등에 사람들이 댓글을 다는 것을 보면 정말 무서워요. 도대체 왜 그런 식의 댓글들을 올리는 건지 그런 글을 볼 때면 이 사회의 인간이라는 존재가 참 잔인하게 다가와요. 어떤 심리에서 그런 댓글을 다는 건지 이해할 수가 없어요.

아무도 보지 않는 곳에서 우리는 과연 누구입니까? 아무도 모르는 그 시간 속에서 우리는 과연 어떤 사람인가요?

간혹 사이버 언어폭력으로 인해 사랑하는 자녀를 떠나보내고 망연자실해하는 부모를 기사를 통해 봅니다. 살아남은 부모는, 육체적으로는 살아도 살아있는 사람으로서 누릴 많은 것들을 누리지 못하게 되지요. 웃다가도, '내가 웃을 자격이 있는가'라는 생각에 자신의 입을 닫고 마는 안타까운 부모님의 모습을 보고 있노라면 직업적 역할을 떠나 꼭 안아드리고 싶을 만큼 그분들의 삶은 고통, 그 자체입니다. 이런 외상적 경험과 관련하여, 죽음학 연구에서는 '외상적 죽음을 경험한 가족은 그전과 같은 삶으로 결코 돌아갈 수 없다'고 보고하고 있습니다.

억울하게 자살한 아이의 아빠가 국민청원에 올린 사건을 우연히 보게 되었습니다. 그 후로 장기간 그 가족을 곁에서 만났던 경험이 있습니다. 너무나 억울하고 안타까운 죽음을 경험한 그 부모님은 어느 날, 저에게 댓글 하나를 보내왔습니다. 국민청원의 동의란에 한 사람이 동의를 누르고 남긴 "부모의 잘못도 있습니다"라는 댓글이었습니다. 이 한 줄에 얼마나 가슴이 아팠으면 저에게 보내셨을까요. 글을 남긴 이의 의도와 상관없이, 자식이 자살로 생을 마감한 부모에게 이 글 한 줄은 온 마음을 관통하는 독화살이었을 것입니다.

가슴을 파고드는 조언, 비난을 하는 상대를 어떻게 받아들이면 좋을까요? 이와 관련해 비폭력대화를 개발한 마셜 로젠버그는 상대의 공격적 행동은, 나를 향한 것이 아니라 그 사람이 자신의 고통(좌절된 욕구)을 비극적인 방식으로 표현하고 있는 것임을 분명히 가르치고 있습니다.

우리는 무엇보다 나 자신을 보호하면서 대응하는 방법을 배워야 합니다. 절대로 상대의 생각인 비난을 내 것으로 받아들이면 안 됩니다. 물론 직접 얼굴을 마주하고 대화를 나누며 의도를 확인할 수 있는 대화와 달리, SNS상에서는 조금 다른 성격의 폭력과 고통이 발생합니다. 그 사람의 글이 어떤 의미였는지 알고 싶어도 확인하기가 어렵지요. 마주할 수 있는 것도 아니고 목소리로 직접 설명을 들을 수도 없습니다. 그저 속으로 짐작하는 것 외에는 특별한 방법이 없습니다. 우리가 통제할 수 있는 것과 없는 것을 아는 것은 우리를 지켜주는 시작이 될 수 있습니다. 우리가 통제할 수 없는 그 댓글이 불쾌하고 억울한 나머지, 같이 공격적으로 대응하면 그 과정은 서로에게 더욱 치명적인 상처를 남기곤 합니다. 아마 지금도 당장 핸드폰을 들어 뉴스를 검색하면 너무나 쉽게 악성 댓글을 하나 이상 찾아낼 수 있을 것입니다.

연결의 대화 연습

[1] 각자가 경험한 악성 댓글을 공유하고, 자신만의 생각을 나누어보세요.

[2] 어떻게 대응하는 것이 현명하다고 생각하는지 의견을 서로 나누어보세요.

악성 댓글,
내 얘기가 아닌 그의 얘기

공격성이 강한 악성 댓글은 분명한 특징이 있습니다. 어려서부터 공격적 언행에 길들여져 온 사람일수록 공격적으로 표현하는 것이 편안합니다. 또한 나이가 어릴수록, 부모나 주변 어른들의 폭력성을 쉽게 모방하여 생각 없이 행동하게 됩니다. 이 두 가지 특징을 지니게 되면 폭력성은 익명을 띨 때 폭발적이 됩니다. 그래서 어떤 표현이 가장 고통스러운지 잘 알고 가장 아파하는 그 부분을 건드립니다.

악성 댓글의 의미를 이해하려는 노력은 그래서 사실상 무의미합니다. 왜냐하면 오랫동안 그런 폭력적인 방식에 길들여진 사람을 이해한다는 것은 겉으로 드러난 한 줄의 댓글을 이해하는 것으로 끝나는 문제가 아니라, 그 사람의 전 일생의 경험에 대한 맥락을 이해해야 하는 문제이기 때문이지요. 다시 말해 악의적인 비난을 지혜롭게 해석하는 방법은, 그 댓글을 받아들이는 것이 아니라 그냥 넘겨버리는 것입니다. 이것이 악성 댓글을 지혜롭게 해석하기 위한 첫 번째 방법입니다.

여러분, 비난과 조롱 및 명예를 훼손하고 욕설을 표현하는 모든 말은 절대 우리에 대한 말이 아닙니다. 그것은 그가 살아오면서 자신의 충족되지 못한 욕구들을 왜곡되고 폭력적이고 비참한 생각을 통해 떠들고 있는 거예요. 그러니 그런 글을 보면 속으로 한번 크게 외쳐주세요.

"그건 당신의 의견이고요. 저에 대한 이야기가 아니라 당신에 대한 이야기군요"라고, "It's about you"라고 말입니다.

왜냐하면 익명성의 공간에서 키보드를 마구 두드리는 그 순간에는, 자신의 폭력성을 인식하지 못하고 무의식적이고 습관적으로 쏟아내고 있기 때문에 자신도 왜 그렇게 했는지를 잘 설명하지 못합니다.

건설적인 비판의 댓글과 오로지 공격하기 위한 폭력적 댓글은 그 성격이 전혀 다릅니다. 건설적인 비판에는 그 사람의 생각이 담겼고 의도가 분명히 있습니다. 그러나 공격을 위한 댓글에는 그 의도가 없습니다. 딱 하나의 의도를 유일하게 찾아보자면 열등감에 억눌려온 자아가, 익명의 공간에서 왜곡되게 자신을 드러내고 싶은 우월적 '존재감'의 정도가 될 것입니다. 이렇게 자신의 존재감을 폭력적인 방식을 통해서 드러낼 수 있는 곳, 그 장소는 자신의 정체성을 가릴 수 있고 또 하나의 정체성을 만들어낼 수 있는 SNS가 됩니다.

연습 1

악성 댓글로 인한 피해자들의 고통은 왜 발생하는 걸까요? 경험이 있다면 자신의 경험을 나눠주세요. 경험이 없다면 간접 경험을 나눠보세요.

예) 누구라도 자신에 대해 부정적 말을 계속하면, 살고 싶지 않을 만큼 괴롭기 때문입니다.

우리는 왜 왜곡되고 진실이 아닌 댓글을 그냥 가볍게 무시하고 넘기지 못할까요?

인간은 타인의 평가에 민감합니다. 상대의 평가와 인정을 통해 자신의 존재감을 형성해왔기 때문이지요. 인간은 세상에 태어나면 보호를 받아야 생존할 수 있답니다. 그리고 아이들이 성장해갈 때 아이들에게는 아주 중요한 욕구가 있는데, 그것은 수용과 인정이에요. 무조건적인 수용이 필요하고 성장하면서 조건적인 인정도 중요합니다. 부모는 자녀가 태어나면 최소한 3세까지는 무조건적으로 그 존재를 수용해줘야 합니다. 그 아이가 무언가를 잘못 해도, 신체가 약해도 그냥 그 존재로서 충분하다는 아름다운 수용 말이죠. 그것을 통해 자신이 세상을 살아갈 가치 있는 대상이라는 것을 스스로 받아들이게 되지요. 그리고 그런 수용을 주는 대상이 부모여야 하는 겁니다. 그리고 아이가 크면서 성장해가고 배워가는 모습을 인정받아야 하는 거지요. 남과 비교하는 인정이 아니라, 아이가 과거의 자신에 비해 성장해가는 과정과 결과에 대한 인정 말입니다. 어제보다 오늘이 발전했다면 그게 바로 아이에게 필요한 인정의 순간일 겁니다.

그러나 현실은 어떨까요? 대한민국의 많은 아이는 그런 수용과 인정을 받지 못한 채 성장하고 있을 겁니다. 우리의 부모님도 무조건적으로 우리를 수용하지 않았을지 모릅니다. 형제와 비교하고 외부와 비교하면서 조건적으로 우리를 사랑하는 모습이 많기 때문입니다. 그러다 보니 성인이 되어서도 외부에서 인정을 갈구하게 됩니다. 외부로부터 인정받고 싶어 자신이 정말 원하는 삶을 살지 못하는 경우도 있습니다. 남에게 맞추기 위해서 자신의 욕구를 포기하기도 합니다. 이것이 지금 우리의 모습이 아닐까 합니다.

그러니 만약 우리가 타인의 사소한 평가에도 종일 마음이 흔들리고 심란하다고 하여 이런 자신을 나약하다거나 바보 같다고 평가하지는 맙시다. 너도나도 타인의 인정을 받고 싶어 하는 연약한 존재임을 받아들이는 것입니다. 악성 댓글에 마음이 흔들리고, 카톡의 날 선 문자에 종일 마음이 괴로운 이유는 그것이 현대인의 취약한 인정 욕구를 건드리기 때문입니다.

그러면 우리는 이대로 악성 댓글이나 비난에 고스란히 맨살을 드러내고 아픔을 견뎌야 할까요? 그렇지 않습니다. 우리에게는 본능적으로 타고난 능력, 즉 우리가 무엇을 원하고 바라는지를 알아차릴 힘이 있습니다.

악성 댓글을 지혜롭게 해석하기 위한 두 번째 방법은 악성 댓글을 읽고 건드려지는 우리 자신의 핵심 욕구를 인식하고 발견하는 것입니다.

그것은 아마도,

1. 나 자신의 고유한 존엄성
2. 나와 가족의 명예와 권리에 대한 보호
3. 내 노력에 대한 인정
4. 인간으로서 필요한 자유
5. 밝혀지길 바라는 진실과 정의

이러한 것들이 될 것입니다. 우리의 욕구들(존엄성, 보호, 인정, 자유, 정의, 진실)을 가만히 되새겨봅니다. 댓글을 여러 번 읽고 상처받는 대신, 우리가 찾은 욕구 단어들을 가만히 바라보고 여러 번 가슴속으로 읽어봅니다.

연습 2

각 욕구들을 읽어보고, 각자의 삶에 각 욕구가 얼마나 중요한지, 어떤 의미가 있는지 나눠보세요. 화자가 말하는 동안 청자는 침묵으로 공감하며 들어주세요.

· 존엄성:

· 보호:

· 인정:

· 자유:

· 진실:

· 정의:

공격성으로 가득한 상대의 말을 곱씹는 대신 자신에게 중요한 핵심 욕구를 인식한다는 것은 강력한 마음의 변화를 가져옵니다. 맥이 빠지고 무력해지고 분노에 젖어있기보다, 우리로 하여금 무언가 움직이게 해주는 힘이 있기 때문입니다. 우리가 원하는 것, 즉 우리의 좌절된 욕구를 알아차리는 노력은 건강한 삶을 위해 필수적인 과정이라 할 수 있습니다. 그리고 우리는 우리가 원하는 욕구를 원하는 방식의 표현으로 바꾸어볼 필요가 있습니다.

연습 3

파국적인 자동적 생각	원하는 핵심 욕구로 전환
이런 나를 아무도 이해하지 못하겠지.	→ 나 자신에 대해 이해받고 싶어.
잘 알지 못하면서 함부로 말하는 것들은 죽어야 해.	→ 자신의 언행에 책임지는 게 중요해.
나에 관한 거짓된 말들이 계속 떠돌 거야.	→ 나는 진실이 밝혀지기를 원해.
사람들은 결국 나를 싫어하게 되겠지.	→ 나는 사랑과 신뢰가 필요해.

[각자 써보세요]

사람은 저마다 욕구가 있습니다. 욕구는 지극히 개인적인 필요이자 바람이면서 동시에 누구나 이해할 수 있고 동의 가능한 보편성을 갖고 있지요. 어느 특정인이 타인에 대해 비난한다고 하여도, 그 역시 그 비난을 함으로써 충족되기를 원하는 무언가가 있습니다. 왜냐하면 비난은 대화의 과정일 뿐, 목적이 되지 못하기 때문이지요. 목적은 욕구에 있습니다. 어떤 행동이든 원하는 욕구에서 시작하지요. 그 욕구를 충족하는 방식이 폭력적일지언정 인간은 모두 자신이 원하는 무언가를 위해 살아갑니다. 하여 앞서 다룬 것처럼 인간에게 있어서 욕구라는 것은 우리를 움직이게 만드는 생명의 힘입니다.

이 시점에서 다시금 생각해 봐야 할 것은, 우리가 건강하게 살아가기 위해 마음에 무엇을 담아두어야 하는가입니다.

유익한 방법 중 하나는, 타인의 악의에 가득 찬 생각을 담아두는 대신 우리가 중요하게 여기는 욕구를 발견하고 욕구 단어의 의미를 담아두는 것입니다. 무언가 하려는 행동보다, 무시하려는 태도보다, 회피하려는 노력보다 더 지혜로운 방법은, 상대가 비난의 생각을 뿜어댈 때, 나의 욕구에 머무르는 것입니다. 그들의 말과 글에 집중하지 않고, 내 욕구에 집중하는 겁니다. 그 욕구들이 나에게 의미하는 것들을 상기해보고 가슴에 지닌 나의 생명력을 인정해주는 것이지요.

연습 4

[1] 욕구 목록(143쪽)에서 눈에 띄는 욕구 단어를 하나씩 말하고,
   그 욕구가 자신의 삶에 어떤 의미가 있는지 말해보고,
   그 욕구가 중요한 이유는 무엇인지 나눠보세요.

[2] 화자가 말하는 동안 청자는 침묵을 유지하고 어떤 조언도 하지 않은 채 그저 들어주세요.
   파트너를 바꾸어 나눠보세요.

• 대화 연습에 지쳐갈 때 꼭 상기할 것들

다음은 연결의 계단에 관한 그림입니다.

연결의 계단

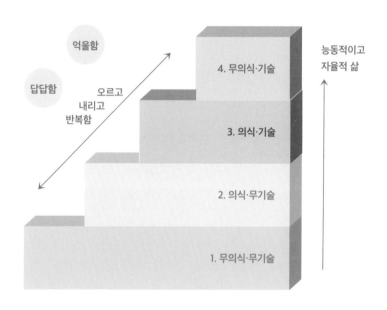

대화 중에서 누군가의 말을 듣거나 누군가의 행동을 침묵하며 관찰하는 것은 힘든 일입니다. 그래서 듣기를 연습하는 교육생들은 대부분 이런 감정을 느끼고 호소합니다.

"언제까지 듣고 있습니까. 답답합니다."

"왜 저만 들어줘야 하는 거죠? 억울한데요?"

인간은 태어나 돌이 지나면 막 걷기 시작합니다. 한 살이 갓 지난 아기는 아무도 왜 운동화의 끈을 묶어야 하는지 이해하지 못합니다. 아기들은 그래서 신발을 신겨주면 바로 걸어 나가려고 하지요. 왜 매어야 하는지 의식도 없고 어떻게 매는지 기술도 없고요. 이것이 1단계이지요. **1단계. 무의식·무기술**Unconscious Imcompetence 그러다 아이가 조금 성장하고 잘 걷기 시작하면 끈을 다 매지도 않았는데 마구 걸어갑니다. 그러다가 꽝! 넘어지면 '아, 운동화 끈을 매야 하는구나'라고 생각하며 드디어 왜 매야 하는지, 이유를 알지요. 그러나 기술은 없습니다. **2단계. 의식·무기술**Conscious Imcompetence 그래서 엄마에게 가서 끈을 묶어달라고 하며 바라보게 되지요. 그 후 아이는 나갈 때 끈을 묶어야 함을 인식하며 배운 대로 시행착오를 통해 조금씩 기술을 훈련합니다. **3단계. 의식·기술**Conscious Competence 그 과정을 지나면 아이는 인식하지 않아도 자연스럽게 끈을 능숙하게 잘 묶는답니다. **4단계. 무의식·기술**Unconscious Competence

대화도 이렇게 신발 끈을 묶어가는 과정과 유사한 것 같아요. 누구도 운동화 끈을 묶는 것을 학교에서 수업 시간에 배우지 않습니다. 가정에서 보고 배웠지요. 대화도 그렇습니다. 살며 배웠지요. 왜 대화를 배워야 하는지 인식하지도 못하고 대화의 기술도 없는 단계(1단계)에서 살다 보면 넘어지는 아이처럼 관계에서 언젠가 큰 어려움을 경험합니다. 주변의 피드백은 "너랑 대화가 안 돼"라는 식이 될 테지요. 그러다 보면 어느새 대화를 배워야겠다는 인식을 하지만 여전히 어떻게 말하고 들어야 할지 모릅니다(2단계).

이즈음 우리가 만나 이제 대화를 배워야 한다는 필요성을 인식하며 조금씩 같이 기술을 배워갑니다. 그래서 인식하고 연습해보면 기술이 조금씩 통하게 됩니다(3단계). 그 수준을 넘어가면 크게 인식하지 않아도 기술이 살아있어서 불편한 말을 들을 때 자동으로 "저 말이 요청인가? 감사인가?"라는 판단과 함께 번역기가 돌아가 불쾌하지 않으면서도 상대를 이해할 수 있는 능력이 생기지요(4단계).

그러나 운동화 끈을 묶는 것과 대화에는 차이점이 하나 있습니다. 운동화 끈 묶는 것에 익숙해지면 그 능력을 다시는 잃어버리지 않지만, 대화는 순식간에 다시 그 능력을 잃기도 합니다. 대화 연습은 대상과 상황에 따라 계단을 올라가서 인식하지 않고도 기술이 살아있는 수준에 있기도 하지만 자신도 모르게 '내가 왜 저런 인간까지 이해해?'라며 후루룩 계단을 내려와 인식도 없고 기술도 되지 않는 가장 바닥의 순간까지 가기도 한답니다. 그러다가 또 한 칸씩 올라가기도 하고요. 이렇게 계단을 오르내리며 다리의 근육이 키워지듯 대화의 근육을 단련해가지요.

이 계단의 어디쯤 있나요? 어디로 가고 싶습니까? 내려와도 실패가 아니고 올라가도 영원한 성공이 아닙니다. 오르내리며 탄탄해지는 다리 근육처럼 마음과 능력의 강인한 힘이 가장 큰 성공이랍니다. 그러니 포기하지 말고 함께 더 나아가길 바랍니다.

Chapter 4

자신의 마음을 표현하는
말하기 연습

화가 날 때
부탁할 때
미안할 때

화가 날 때

화가 나는 건
'상대 때문'이 아니다

수년 전, 초등학교 고학년 아이를 상담한 적이 있습니다. 아이는 아빠로부터 많은 매질을 당해왔습니다. 어느 날 아이가 시를 썼는데 시에 나오는 구절이 너무 가슴 아프게 다가왔습니다. 바늘로 살을 찌르는 아픔에 관한 시였습니다. 다양한 도구를 이용한 학대, 손에 집히는 것으로 마구 아이를 때렸던 아빠. 여러분, 이 비극적인 아동학대의 이야기를 듣고 아이가 어떤 감정을 느꼈을 것이라 짐작되나요?

저도 어렸을 때 한동안 폭력을 많이 당했습니다. 저 역시 그 대상은 안타깝게도 제 아버지였습니다. 깊은 후회와 미안함을 느끼시는 아버지를 다시 거론하고 싶지 않지만 필요하기에 설명드립니다. 저희 아버지는 어머니와 이혼한 후 수년간 저를 많이 때리셨습니다. 그때 저는 정말 화가 났습니다. 두렵기도 했지만, 그보다는 제 안에 분노와 화가 응어리지기 시작했습니다.

아이의 이야기를 듣고 누구보다 아이의 마음을 제가 잘 알 거라 생각했습니다. 왜냐하면 저와 아이는 폭력이라는 유사한 경험을 하였기 때문이지요.

그래서 아이에게 물었습니다.

"너 아빠 생각하면 무척 화가 나겠구나."

제 이야기를 들은 그 아이의 눈빛을 평생 잊지 못할 겁니다. 아이는 분노란 찾아볼 수 없는 눈망울로 저를 보며 말했습니다. "아니요. 선생님 저는 화가 나지 않아요."

이 말이 거짓이 아닌 그 아이의 진심임을 알 수 있었지만, 도저히 받아들일 수가 없었습니다. "정말? 아빠 때문에 화가 난 적이 없니?" 라고 다시 물었지요.

그러자 아이가 한참 가만히 있다가 이런 말을 건넸습니다.

"선생님, 저는 아빠를 미워하지 않아요. 보고 싶고요. 그리고 한 번도 화난 적 없어요. 무서웠고 슬픈 것 같긴 하지만요."

세상에 이럴 수가. 저는 아버지를 생각하면 늘 화가 났습니다. 억울하고 분했지요. 이런 제 감정의 원인은 모두 아버지 때문이라고 생각했습니다. 저와 같은 경험을 한 사람들은 모두 똑같은 감정을 느낄 거라 믿었지요. 솔직히 고백하자면 머리로는 '상대는 자극일 뿐, 내 감정의 원인이 될 수 없다'고 알고 있었지만 어린 시절의 폭력적 경험에 대해서만큼은 적용이 안 되었던 겁니다.

그 아이는 저에게 깨달음을 준 스승입니다. 아이는 저와 같은 경험을 했고 폭력의 가해자가 친부였다는 공통점이 있음에도 저와 전혀 다른 감정을 느끼고 있었지요. 친부는 우리 감정의 자극일 뿐, 원인이 될 수 없음을 아이는 저에게 경험을 통해 분명히 알려주었습니다.

그 사건을 시작으로, 저는 화와 분노라는 감정이 어떤 욕구에서 기인한 것인지를 주의 깊게 인식해볼 수 있었습니다. 그리고 그 욕구는 바로, 돌봄, 안전, 보호라는 욕구들임을 비로소 받아들이게 되었습니다. 그러자 제 감정이 아버지를 향했던 '화'라는 덩어리의 감정적 에너지에서 섬세하게 좁혀져 슬픔과 아쉬움으로 변해감을 느꼈습니다. 지금도 여전히 불행했던 어린 시절을 생각하면 상실로 인한 슬픔이 있지만 더 이상 아버지를 미워하거나 원망하는 마음은 없습니다. 제 아들보다도 어렸던 그 아이 덕분에 큰 삶의 깨달음을 발견할 수 있었지요.

비폭력대화를 배우면서 제가 가장 혼란스러웠던 부분이 그 아이의 고백으로 인해 명료해지는 배움의 계기가 되었어요. 마셜 로젠버그가 말한 대로, 상대방은 우리의 감정을 불러일으키는 자극일 뿐, 그 감정의 원인이 되지 못한다는 것이죠.

우리는 화가 올라올 때 감정의 원인을 상대에게 책임 지우며 강요하거나, 때로는 다른 사람의 감정을 과도하게 떠맡기도 합니다. 우리가 감정에 대한 책임을 서로에게 미룰 때, 서로에게 특정한 행동이나 말을 강요하게 됩니다.

내 감정의 원인을 상대에게 돌리면서 우리는 화라는 감정에 매몰되고, 폭력적인 방식으로 상대를 굴복시키려 하거나, 상대를 변화시키려고 시도하고, 상대에게 변화를 강요하게 되지요. 특히 화와 같은 감정을 다룰 때 우리는, 내가 느끼는 감정을 명확하게 인식하려는 노력보다 그러한 감정이 나타나게 한 원인과 결과를 분석하고 해결하는 데에 더 많은 힘을 쏟곤 합니다.

연결의 대화 연습

[1] "너 때문이야. 내가 지금 불편한 원인은 너야"라고 판단하였던 개인적 작은 경험을 파트너와 나눠보세요.

[2] "다 내 잘못이야. 저 사람이 불편한 건 다 나 때문이야"라고 생각했던 개인적 작은 경험을 파트너와 나눠보세요.

[3] 상대에게 감정의 원인을 둘 때, 우리가 어떻게 그 대화를 마무리했는지 말과 행동에 대해 구체적으로 나눠보세요.

어떤 감정이든
자연스럽게 받아들일 권리

저는 누군가에 대해 부정적 감정을 느끼는 것을 너무 싫어합니다. 대화 수업에서 배운 대로 부정적이라 함은, '원하는 것이 좌절되었을 때의 감정'이겠지요. 예를 들어, 누군가가 미워지고 서운해지고 원망이 되고 야속하고 이런 마음이 느껴지면 왠지 모를 죄책감이 느껴지고 이런 감정을 느끼면 안 될 것만 같아서 자꾸 잊어버리려고 노력하게 돼요. 어릴 때 한 번은 누군가를 죽여버리고 싶다고 생각한 적이 있어요. 그때 그 말을 부모님께 했다가 엄청나게 야단을 맞았어요. 근데 그때 부모님께서 하셨던 말은 하나도 기억나지 않고 분명히 기억나는 한 장면은, 제 입을 손으로 강하게 틀어막으셨다는 겁니다. 그때 질식하는 줄 알았어요. 그 기억으로 인해 이렇게 된 건지 모르겠지만 부정적인 감정이 마음에서 올라올 때마다 실제로 숨을 잘 못 쉬겠고 그러다 보니 더 그런 감정을 느끼고 싶지 않아요. 그래서 느끼지 말아야 한다는 생각이 강하고 회피하는 행동을 하게 되는 것 같아요. 어떤 감정도 느낄 수 있다는 배움은 저에게 정말 놀라운 경험입니다. 제 아이들에게도 꼭 말해주고 싶어요. 어떤 감정을 느끼든지 그것은 너희가 살아있다는 증거라고.

불편한 감정을 다루는 습관적인 방식(너 때문이야, 나 때문이야)은 감정을 느끼는 것 자체를 피하게 만들기도 합니다. 상대에게 미루면 상대를 미워하게 되고, 나 자신이 떠안으면 죄책감과 우울감이 깊어지기 때문이지요. 사랑하는 사람일 경우, 그를 미워하는 마음이 생긴다는 것 자체가 우리 자신에게 고통입니다. 반대로 죄책감과 우울감을 경험하고 싶은 사람도 없을 테지요. 습관적인 방식으로 감정을 대하는 태도는 우리로 하여금 이성적이지 못하고 감정적인 사람으로 보이게 하여서 수치심을 주기도 합니다.

하지만 우리는 어떤 감정이든 느낄 수 있고 느껴도 됩니다. 그리고 피하지 말고 오히려 정확히 그리고 면밀히 그 감정을 느끼고 인식할 필요가 있답니다. 우리가 느끼는 감정들은 개인적인 필요 때문일 수도 있지만, 문화적이고 사회적인 배경 때문일 수도 있습니다. 개개인의 마음이 느끼는 것이 감정이기 때문에 감정이 매우 개인적인 것 같기도 하지만 전체적이고 사회적 학습을 통해 형성된 자동적 반응이기도 하기에 이런 변화무쌍한 감정을 회피하거나 억압하지 않고 바르게 바라보고 인식하는 것은 무척 중요한 과정입니다.

1. 감정을 느끼는 것 자체에는 아무런 문제가 없습니다. 어떤 행동을 하게 만드는 신호로 사용하지 않고, 우리에게 중요한 것이 있음을 인식하는 신호로 이해하는 것이 중요합니다.
2. 우리가 사람에게 '감정적'이라고 이야기할 때는 보편적으로 두 가지 해석이 가능합니다.
   ◦ '감수성이 풍부한 사람이구나.'
   ◦ '건강한 감정의 조절에 어려움을 겪는 사람이구나.'

감수성이 풍부하다면, 나를 이해하고 상대를 이해할 힘이 충분하다는 뜻이 되겠지요. 또한 건강한 감정의 조절이 어렵다는 것을 알았다면, 정서를 인식하고 조절할 방법을 배우면 된다는 뜻이기도 합니다. 실제로 기질에 따라 반응하는 1차 감정적 반응은 조절이 어렵지만, 감정을 인식하고 조절하는 방법을 배울 때 2차 감정적 반응은 얼마든지 학습으로 인해 가능함을 심리학 연구들은 우리에게 보여주고 있습니다. 우리가 대화를 배우는 이유도 바로 이런 증거기반에서 찾아볼 수 있지요.

연결의 대화 연습

[1] 느끼고 싶지 않은 감정을 선택해보세요. 그리고 왜 그런 생각이 드는지 파트너와 나눠보세요.

예) 피곤하다 : "엄마는 늘 아파서 피곤하다는 말을 달고 사셨는데 그래서인지 이 감정이 싫어요."

[2] 감수성이 풍부했던 삶의 작은 경험을 나누어 보고, 그때의 감정을 인식해보세요.

예) 나는 12살 아들과 《플란다스의 개》를 보다가 울었던 경험이 있다.
   → 슬프다. 부끄럽다.

[3] 정서조절에 어려움을 겪었던 경험이 있다면 나누어보고, 그때의 감정을 인식해보세요.

예) "어제 운전을 하다가 끼어드는 차량을 향해 나도 모르게 소리를 질렀다."

→ 겁이 났다. 놀랐다.

불편한 감정의 원인은
결국 내 안의 욕구

모임에 갔을 때 일이에요. A가 너무도 화려한 모습으로 자신의 근황을 전하며, 저녁 식사 값을 자신이 지불하겠다고 말했어요. 저는 고맙기도 하고 장난기도 발동해서 "디저트도 살 거야?"라고 물었어요. A는 활짝 웃으며 다 시키라고 했어요.

그렇게 저녁을 보내고 집에 오는 길에 모임에 함께 참여했던 B가 전화를 했어요. 그러고는 저에게 다짜고짜, "야, 뭐가 좋아서 디저트까지 사달라고 하냐? 나는 기분 나빠서 먹기도 싫었어"라고 했지요.

대화를 배우면서, 도움이 되었던 순간입니다. 같은 자극(지인이 화려하게 등장했고 밥을 샀다)에도 저와 B는 전혀 다른 감정을 느꼈어요. 저는 고맙고 기뻤고 재밌었는데, B는 불쾌하고 거북스러웠죠.

저는 멋지게 등장한 A가 인정받고 싶어 한다고 판단했어요(인정받는 건 제 삶에도 중요하죠). 그것을 인식하니까 제 감정 기저에 A의 성공(?)을 축하하고 그가 베풀고 싶었던 마음을 기쁘게 받고 싶은 욕구가 있었는데, B는 A의 행동을 보면서 잘난 척한다고 생각했나 봐요. 그 생각은 B의 좌절된 욕구(즉, 배려와 자기 보호)가 연결된 것처럼 추측되었어요. 제 짐작이 맞는지 모르겠지만 분명한 것은 같은 자극에도 우리는 전혀 다른 감정을 느꼈다는 겁니다. 감정의 원인은 우리 각자의 욕구에 있음을 확인하는 경험이었습니다.

감정을 인식하지 못하면 감정대로 행동하게 되지요. 이런 경우 감정이, 두 가지의 생각을 거쳐서 나타난다고 볼 수 있습니다. 이러한 생각에 대한 이해는, 화와 같은 감정을 이해하고 표현하는 데 있어 매우 중요하답니다.

1) 상황 및 사람에 관한 판단의 생각

'어릴 때는 별 볼 일 없더니 자기 잘난 척만 하려고 왔군.'

'나를 무시하는 거지.'

'자기가 뭔데 밥을 사.'

2) 상황이나 자극에 대한 행동·충동을 촉진하는 생각

'쟤 다시는 안 나오게 하고 싶다.'

'잘난 척할 거면 당장 가라고 하고 싶다.'

'쟤 나오면 다시는 내가 안 나올 거야.'

1)번은 상황에 대한 합리적이고 건강한 생각이 아닌, 판단의 오류가 나타나는 생각일 수 있고, 2)번은 감정의 표현과 함께 나타나는 폭

력적인 행동들과 관련이 있습니다. 특히 이러한 상황에서 상대에 대한 부정적인 판단의 꼬리표Bad Naming는 긍정적인 판단의 꼬리표보다 더 강력하게 영향을 미치고 작용하면서 부정적 사고의 편향에 빠지게 되지요.

예를 들어, 중요도가 비슷한 5개의 긍정적인 정보와 5개의 부정적인 정보가 있을 때 부정적인 정보에 더 관심을 가지고 그쪽으로 마음이 기울게 되는 것이지요. 이것을 '부정 효과Negative Effect'라고 하고요. 화가 나는 상황에서 머릿속에 빠르게 지나가는 자동적 생각은 말과 행동으로 표현하기까지 컴퓨터의 명령어처럼 우리를 지배합니다. 그렇기에 불편한 상황에서, 떠오르는 생각이 무엇인지를 확인하는 작업은 편향적 사고에서 벗어나 화를 조절하기 위한 중요한 과정입니다.

'화'는 때때로 잡히지 않는 안개처럼 나타나 시야를 가립니다. 화의 이면에는 '비참함', '슬픔', '부끄러운', '지친'과 같은 좀 더 분명하고 구체적인 감정들이 존재하곤 합니다. 마치 안개가 걷히면 선명한 길이 보이듯이 말입니다. 그렇기에 자신의 감정을 명확하게 인식할 수 있다면 불편하고 고통을 주는 상황에서 회복하여 좀 더 삶에 도움이 되는 방법을 찾고 해결할 수 있는 능력을 갖추게 됩니다.

쉽게 폭력적인 행동을 하게 만드는 '화'라는 감정은, 나의 것입니다. 다른 사람이 나를 화나게 하는 것이 아니라 내가 화를 내는 것입니다. '화'라는 감정을 내가 스스로 책임질 수 있을 때 우리는 자신의 삶을 좀 더 자유롭게 살 수 있게 됩니다.

연결의 대화 연습

[1] 최근에 사소하게 불편했던 사건을 나눠보고 (이 나눔에서는 심각하게 화가 났던 상황을 다루기보다 가벼운 일상의 사건을 다루는 것이 더 효과적입니다.) 무의식적으로 떠올랐던 자동적 생각들을 적고 나눠보세요.

[2] 그때 느껴졌던 감정과 중요했던 욕구를 연결해서 인식하고 찾아본 후 파트너와 나눠보세요. 예문은 참고만 하시고 자신의 상황에 맞춰 자세히 대화해보세요.

감정과 중요한 욕구

예) 아이들이 떠들어서 소리를 질렀다. → 피곤했다. → 휴식이 중요했기 때문이다.

화라는 감정 인식하고
올바르게 표현하기

화를 정확히 이해하고 대화하기 위해서는 무의식적인 생각과 행동을 인식하고 의식적인 계획을 훈련하는 것이 중요합니다. 지금부터 무의식적인 것들(오른쪽 2, 3번)을 이해하고 의식적인 것들(4~7번)을 연습해보려 합니다. 이 과정은 각 단계를 알아차림(인식함)으로써 좀 더 건강하게 화를 표현하고 말하는 방법을 알 수 있게 해줍니다.

인식하는 방법은, 단계마다 심리적으로 거리를 두고 바라보는 것입니다. '아, 이런 일이 있었구나', '그때 그렇게 행동했구나', '그때 이런 생각을 했구나' 하는 식으로 자신에게 일어난 사건, 행동, 생각, 감각, 감정, 욕구를 하나씩 떠올려 가면서 알아차려 보는 것입니다.

1. 화가 났던 사건 인식

할머니 생신을 이틀 앞둔 저녁, 가족들과 외식을 하기로 했는데, 중2 아들이 방에서 게임을 하고 있었습니다. 나가자고 말을 했더니 "왜 하필 지금 막 시작했는데 나가요? 친구들이랑 같이하는데. 안 가요, 나는. 오늘이 생신도 아니잖아요." 그 말을 듣고, "야. 다 가는데 왜 너만 안 가. 게임은 다녀와서 해도 되잖아. 일어나 빨리"라고 말했죠. 아들은 "친구들이랑 한 약속인데"라며 투덜거렸지만 제가 강요했기에 따라나섰죠. 물론 그날 저녁은 엉망이었습니다. 아들은 한마디도 안 하고 밥만 먹더라고요.

2. 충동적 행동 인식

그날 저는 아들에게 소리를 지르고, 컴퓨터 마우스를 손으로 '탁' 치고는
바로 전원 버튼을 꺼버렸어요.

3. 자동적 생각 인식

당연히 손자 된 도리로 따라나서야 한다고 생각했어요. 가족들이 함께하
는 식사 자리가 당연히 더 중요하다고 판단했고요. 그렇게 버릇이 없이
투덜거리면 안 된다고 생각했죠. 정말 꿀밤이라도 때려주고 싶은 생각이
저녁 식사 내내 떠나질 않았어요.

4. 몸의 감각 인식

식사하는 동안에는 내내 체기가 있었고. 심장이 뛰고 열이 너무 올랐어
요. 덥지도 않은 곳에서 계속 혼자 땀을 닦았어요.

5. 감정 인식

화가 났는데, 좀 더 세밀하게는 짜증이 올라왔고 아들에게 서운하고 실망
스러웠어요.

6. 핵심 욕구 인식

가족의 생일은 의미 있는 날이니까 함께 축하하고 싶었고, 기쁜 마음으로
기꺼이 참여해주길 바랐죠.

7. 계획 인식

사실, 후회했어요. 억지로 데리고 나온 게 아무 의미도 없었어요. 차라리, 아이는 두고 식사는 저희끼리 하고 돌아왔다면 더 좋았겠다는 생각이 들어요. 아들이 나중에 그러더라고요. 자기는 할머니 생신 케이크 사려고 돈도 모았고 편지도 써두었다고요. 집에 와서 같이 케이크를 먹으면서 즐겁게 시간을 보내는 게 나을 뻔했어요. 저 역시 이렇게 억지로 하는 건 하고 싶지 않은데.

가깝고 믿을 만한 사람과는 이런 연습이 수월할 수 있습니다. 설사 연습이 계획대로 되지 않더라도 오해를 덜 하게 되고, 오해하더라도 풀 수 있는 여지가 더 많으니까요. 그래서 대화를 연습할 때는 소중하고 사랑하는 사람과의 경험이나 사건을 통해 연습하는 것이 가장 바람직합니다. 처음에는 사랑하는 사람과, 그 다음에는 조금 덜 편한 사람과. 그렇게 조금씩 불편한 강도가 깊어지는 관계로 대화 연습의 대상을 확대해가는 것이 좋습니다.

앞의 사례처럼 7가지의 인식을 통해 가벼운 사건부터 무거운 사건으로 연습을 확장해감으로써 우리는 감정을 인식하고, 정서를 조절하며 우리의 바람을 충족해가는 연습을 하게 됩니다.

불편한 감정, 특히 화를 일으키는 원인이라고 믿고 있는 '미운 사람 : 적'을 공감한다는 것은 어려울 수 있습니다. 소중하고 좋아하는 사람과는 기본적으로 내면에 깔린 정서가 다르기 때문이지요.

연습 1

싫어하는 사람을 부정적으로 평가해, 그 사람의 잘못을 한 문장으로 적어보세요.

예) "그 사람은, 자기밖에 모르고 이기적이야."

"그 사람은 _____ 이다."

그러나 '적'이라고 여겨지는 사람과 다시 연결하는 능력은 나의 인간다움에 의지하는 것이며, 결코 손해 보는 작업이 아니라는 사실을 스스로 상기하는 것이 중요합니다.

자신의 감정이 자기 생각 및 욕구에서 나온다는 것을 이해하지 못하거나 그 책임을 받아들이지 못할 때 우리는 감정을 해결해주는 통제권을 상대에게 넘기게 되고, 상대를 적대적으로 바라보며 원망하게 됩니다. 그리고 이를 통해 단절과 고통의 순환이 시작됩니다.

단절과 고통의 순환에서 벗어나기 위한 시작은 우리의 감정 원인과 책임을 인식하고 그것을 통해 상대에게 던져주었던 감정의 통제권을 다시 가지고 오는 것입니다. 그러기 위해서는 내 생각과 감정을 다시 살펴보고 귀 기울이는 것이 필요합니다.

머리와 가슴에 거리를 두고 그것들을 다시 살펴볼 수 있다면, 우리는 섣부른 '화'가 아니라 욕구를 담은 건강한 표현을 할 수 있습니다. 그럴 때 우리는 상대의 문제보다 상대의 욕구를, 나의 문제보다 나의 욕구를 발견할 수 있게 됩니다. 그리고 이를 통해 우리는 연결의 순환을 시작할 수 있습니다.

※ '화'를 표현할 때 꼭 기억하기
상대의 잘못이 무엇인가? → 나에게 중요한 것이 무엇인가?

연습 2
그 사람을 그렇게 문제로 볼 때, 우리가 중요하게 생각하는 욕구가 무엇인지 적어보세요.

예) 내가 그 사람의 문제를 자기밖에 모르고 이기적이라고 생각할 때 내게 중요한 것인 상대를 배려하고 서로 도울 수 있는 것이다.

→ 내가 그 사람의 문제를 _____라고 생각할 때 내게 중요한 것은 _____이다.

"서로의 차이와 거리를 사랑할 수 있다면 당신은 상대방의 전부를 바라볼 수 있을 것이다." 독일 출신 시인이자 작가인 릴케Rainer Maria Rilke가 한 말입니다. 대화를 연습할 때 "머리에서 떠오르는 생각과 가슴에서 느껴지는 감정의 거리를 인식할 수 있다면 우리는 우리 내면의 전부를 바라볼 수 있다"라고 바꿔보고 싶네요.

화라는 것은,

1	원하는 것이 좌절되었다는 신호
2	상대에게 내 감정을 미루려는 신호
3	곧 후회할 말과 행동을 한다는 신호
4	갈등을 기회로 바꿀 신호

입니다.

연결의 대화 연습

[1] 사건 인식 : 화가 났던 구체적 사건을 떠올려보며 적고, 파트너와
경험을 나눠보세요.

[2] 충동적 행동 인식 : 그때 어떻게 행동했는지 자세히 적어보세요.

[3] 자동적 생각 인식 : 아래의 구조에 맞게 적어서 채워보고, 파트너와
생각을 나눠보세요.

① "너는 나를 ＿＿＿＿＿＿＿＿＿＿＿＿＿＿＿ 하게 만들어."
② "넌 당연히 ＿＿＿＿＿＿＿＿＿＿＿＿＿＿＿ 했었어야 해."
③ "넌 ＿＿＿＿＿＿＿＿＿＿＿＿＿＿＿ 를 하지 말았어야지."

④ "난 확 _____ 해버리고 싶어."

[4] 몸의 감각 인식 : 신체적인 변화에 대해 나눠보세요.

　예) **심장이 두근거렸다, 땀이 흘렀다 등**

[5] 감정 인식 : 감정 목록(117쪽)을 보면서 찾아보세요.

[6] 핵심 욕구 인식 : 욕구 목록(143쪽)을 보면서 찾아보세요.

[7] 계획 인식 : 다음에 반복되는 상황이 생긴다면 어떻게 계획을 세울 것인지 적고 나누세요.

부탁할 때

: 부탁하는 이유를 분명히 알고 나서 상대에게 요청하기

우리는 모두
원하는 것이 있다

욕구를 드러낸다는 것은 참 어려운 일이었습니다. 생각해보면 어려서부터 "네가 원하는 게 뭐니? 너에게 필요한 게 뭐라고 생각하니"라는 말을 들어본 적이 없습니다. 40대 중반을 앞두고 살아가는 저는 처음 제 욕구를 인식하기 시작했을 때 이런 생각이 들었어요.

'내가 내 욕구를 알아차린들 달라지는 게 뭐지?'

오히려 욕구를 알면, 더 좌절감을 맛보게 될 것 같은 기분에 저항감이 컸던 것 같아요. 또, 제가 그렇게 자기 표현을 잘 못하고 커서 그런지 자기 주장이 강하고 잘 말하는 사람을 보면 그렇게 불편할 수가 없었습니다.

그저 잘 참고 묵묵히 견디는 게 왠지 더 익숙하기도 했고 그런 게 더 좋다고 스스로 생각해왔기 때문일 수도 있고요. 원하는 것을 찾는다 한들 다 충족하면서 살아가는 게 인생이 아닌데 왜 그래야 하지요? 되바라져 보이고 이기적으로 보이기도 해서 저는 좀 불편합니다.

원치 않는 말 대신 원하는 말에 집중할 수 있다면 서로에게 상처를 남기는 말은 현저히 줄어들 것입니다. 그런데 대한민국의 기성세대, 그중에서도 중년의 남성분들은 자신이 진정 가슴에서 원하는 것이 무엇인지 잘 모릅니다. 수도 없이 만나온 40~50대 남성들은 자신의 욕구를 함께 찾으며 마치 어린아이가 된 듯한 얼굴을 보입니다. 그러나 앞 사례의 교육생과 같이 처음에 강한 저항을 드러내기도 합니다.

상담하러 오는 사람들은 자신의 삶이 변화되기를 바랍니다. 자신의 삶은 변화되기를 바라지만, 동시에 자신의 행동을 변화시키는 것은 무척 두려워합니다. 변화할 생각만 해도 끔찍해서 그저 살던 대로 사는 게 낫겠다는 자아 동조적인 심리상태에 빠지곤 합니다. 변화를 원해서 왔으면서도 변화된 행동을 정하고 연습하는 과정에서 저항은 흔한 일입니다. 이럴 땐 아주 작은 행동부터 해봅니다. 손쉽게 그리고 편안하고, 믿을 수 있는 대상과 말이지요.

아들이 고등학생이 되고 나서부터는 카톡에 답을 잘 안 했어요. 가만 보면 자기 여자친구에게는 바로바로 답하고, 집에서도 종일 핸드폰을 들고 사는데 왜 제가 밖에서 카톡을 보내면 답을 안 하는지 기분이 좋지 않더라고요. 메시지를 읽었으면서도 왜 답을 안 하냐고 말했더니, 그 후로는 메시지를 읽지 않은 채 며칠이 지나기도 했어요. 어느날 "야! 카톡 보면 답 좀 해라. 너는 친구들 카톡은 다 답하면서 왜 아빠 카톡에는 답을 안 하냐? 무시하는 것도 아니고"라고 말해버렸죠. 아들은 "아, 나는 카톡 잘 안 해요. 메신저로 대화하지. 그리고 읽었으면 됐지, 다 답을 해야 해요?"라고 했습니다. 우리는 서로 비난을 하기 시작했고 결국 아들이 "답하면 되잖아요"라고 시큰둥하게 말하고서야 대화를 끝낼 수 있었습니다.

답은 하겠지요. 제가 원하는 결과를 얻었지만 원하는 대로 된 것 같은 기분은 전혀 느껴지지 않았어요. 제 욕구… 무엇이었을까요? 제가 바랐던 건 저도 중요하게 여겨지고 싶은 바람이었어요. 그런데 그 말을 하자니 부끄럽기도 하고 뭐랄까, 민망하더라고요. 욕구는 상대와 연결되는 중요한 요소임을 알기에 용기를 내어 카톡을 보냈습니다.

"아빠가 어제 너한테 비난을 했는데 미안하다. 아빠가 좀 서운했다. 아빠도 네 친구들처럼, 너에게 중요한 사람이 되고 싶다, 아들아"라고요. 그러자 아들은 바로 답을 하더군요. "아빠. 그런 거면 말을 하지. 다음부터는 꼭 답장 드릴게요." 하트 이모티콘도 같이 보내왔습니다.

"옳지 않다면 연습하지 마라. 그러나 어색한 거라면 이겨내라"고 말해주신 대화 훈련에서의 격려가 힘이 되었습니다.

"진작 말을 하죠…."

여러분, 이 한마디를 기억해주세요. 우리의 욕구가 상대에게 선물이 되는 이유입니다. 요구하는 행위 뒤에 숨겨진 자신의 욕구를 표현하면 상대는 명료하게 우리를 이해할 수 있게 됩니다. 그동안 얼마나 말하지 않으면서 알아서 해주기를 바라왔나요. 상대가 짐작해서 해준다는 것이 얼마나 어려운 일인지 기억할 필요가 있습니다. 속을 알 수 없다는 말이 사라지고 서로를 이해할 수 있는 대화의 시작은 바로 우리 욕구를 드러내는 것임을 기억합시다.

우리는 요청을 통해 깊게 연결된 관계를 경험할 수 있습니다. 요청은 무능력함이 드러나는 게 아니라, 상대에게 인간답게 살아갈 기회를 선물하는 일이기도 합니다. 완벽한 내가 아니라 인간적인 나를 보여줄 수 있는 기회가 될 수도 있습니다. 인간에게는 타인을 위해 자신의 능력을 사용하고 싶어 하는 욕구가 있답니다.

누군가에게 요청할 때 상대는 우리에게 도움이 되었다는 기쁜 경험을 할 수 있게 되고, 우리는 도움의 수혜자가 됩니다. 요청의 결과물은 상대의 시간적, 물질적 손해를 통해 내가 이익을 얻는 빚지는 마음이 아니라, 양쪽 모두에게 도움이 되는 귀한 관계가 될 수 있습니다. 마음 건강에 영향을 미치는 중요한 변수 중 하나는 '사회적 지지 Social Support 입니다. 사회적 지지 체계가 높은 사람, 즉 자신을 지지해 줄 수 있는 사회적인 관계가 있는 사람들은 지지체계가 낮은 사람에 비해서 건강하고 행복합니다. 그리고 이러한 높은 사회적 지지 체계를 만드는 방법 중 한 가지는 요청을 통해 도움을 주고받는 것입니다. 요청을 주고받을 수 있다면 관계에서 서로 연결감을 가질 수 있고, 이를 통해 사회적 지지를 얻을 수 있는 든든한 관계를 맺을 수 있는 거랍니다.

왜 원하는지
이해하기

1. 핵심 욕구 인식하기
욕구 = 원하는 것을 '왜 원하는가'의 깊은 인식(WHY)

우리는 습관적인 행동을 하고 살거나 자신만의 옳고 그른 판단에 갇혀 살아갑니다. 그래서 일상적인 행위를 할 때 그것을 왜 하는지에 대한 질문에는 쉽게 답하지 못합니다. 이런 질문을 듣게 되면 대개, "그냥 하는 거죠. 제 역할이니까 해야죠. 제가 안 하면 누가 해요? 남들 다 하는데 저만 안 해요?"라는 식으로 대답하게 되지요.

그러나 우리는 자유의지 속에서 선택을 할 수 있는 존재입니다. 그렇기 때문에 매 순간, 왜 이 행위를 하는지 알아차리며 살아갈 수 있고 또한 그런 알아차림의 능력이 현재 하는 일에 대한 몰입과 효율성을 높여주며 최선의 결과와 행복을 느끼게 해준답니다.

많은 경우, 아침에 눈을 떠 '내가 오늘 원하는 게 뭘까?', '오늘은 어떤 선택을 할까?'와 같은 생각을 하지 않습니다. 핸드폰을 집어 들고 스케줄을 살피죠. 그러고는 생각합니다. '오늘 해야 할 일이 뭐지?'

라고. 습관적으로 샤워를 하고 간단히 무언가를 먹고 학교나 일터에 가고, 혹은 아이들을 준비시키고 청소를 할 수도 있겠죠. 이 모든 행위를 왜 하고 있는지 깊이 생각해보신 적이 있나요? 슬프게도 우리는 그렇게 살지 않습니다.

그러나 습관적인 삶의 태도는 고스란히 대화로 녹아들어 표현됩니다. 대화할 때 매사 무기력한 사람과 시간을 보내보신 적이 있나요? 교사가 학급 학생에게 왜 공부하냐고 물으면, "그냥 하는데요." 부모가 자녀에게 휴일에 어디 가고 싶으냐고 물으면 "생각하기 싫은데요." 상사가 팀원에게 좋은 아이디어 있냐고 물으면 "그냥 팀장님이 결정해주시죠. 시키는 대로 할게요." 팀원이 상사에게 왜 이 프로젝트를 우리 팀이 하느냐고 물으면, "시키는 대로 해, 나도 시키니까 하는 거지."

우리는 욕구를 인식하지 않고, 그 대신 뭘 할지 행위에 대해 고민을 합니다. 그러나 왜 하려는지의 이유인 욕구를 인식해보면, 무의식적으로 하던 행위를 할지 말지를 선택하기가 수월해집니다.

연결의 대화 연습

[1] 아래의 행위를 하는 이유, 즉 충족하려는 핵심 욕구가 무엇인지 각자의 핵심 욕구를 찾아 파트너와 말해보고 서로 같은지, 다른지 나눠보세요.

예) "공부를 왜 합니까?"

　　→ "저는 무언가를 알아가고 발견하는 것이 좋아요." (발견, 자극, 재미)

　　→ "제가 공부를 하면 그 지식으로 누군가를 도울 수 있죠." (도움, 기여)

예) "일을 왜 합니까?"

　　"그 회사에 왜 다니고 있나요?"

　　"만나기 싫은 사람을 만나고 있다면 그 이유는요?"

　　"이혼하고자 한다면 왜 하려고 합니까?"

　　"담배를 피운다면 왜 피우나요?"

　　"여행을 1년에 3번 이상 한다면 그 이유는요?"

　　"명절에 부모님 댁에 갈 때 왜 가지요?"

[2] 일상에서 당연히 해야 하는 일을 적어보고, 충족하려는 핵심 욕구를 하나 이상 찾아서 적어보세요.

예) **하는 일**: 나는 아이들이 싫어해도 엄마로서 아침 식사를 당연히 차린다.

　　충족하려는 핵심 욕구: 아이들의 건강을 돌보려는 욕구, 엄마의 책임, 안심

[3] 일상에서 당연히 해야 하는 일을 적어보고, 충족되지 않는 욕구를 하나 이상 찾아서 적어보세요.

예) **하는 일**: 매달 아이 학급 부모 브런치 모임에 간다.

　　충족되지 않은 핵심 욕구: 개인적인 시간을 충족하지 못함. 진정성 있는 소통과
　　정서적 편안함이 없다.

2. 유연성

요구 = 욕구를 어떻게 충족하는지의 방법 중 하나(HOW)

해야 하는 일 속에서 충족되는 욕구를 찾다 보면, 의무감으로 하던 일이 조금 다르게 다가옵니다. 좀 더 의미가 생기기 때문에 '억지로' 하는 일이 '기꺼이' 하는 일로 전환되는 경험을 할 수도 있고요.

"나는 대화 훈련 책 원고를 쓰고 있다."
원고를 쓰는 동안 습관적 생각 : '언제 이걸 다 쓰지? 힘들지만 써야지…'
원고를 씀으로써 충족하려는 핵심 욕구 : 대화를 배우고 싶어 하는 사람들에게 도움이 되고 싶은 욕구, 대화 훈련의 경험을 타인과 공유하고 인정받고 싶은 욕구, 평화로운 사회 변화에 대한 욕구

이렇듯 욕구를 발견하고 인식하는 훈련은 우리에게 생동감을 주게 됩니다. 무언가를 하려는 동기와 의욕을 되살려주지요. 이런 욕구를 찾다 보면 때로는 우리 자신의 능력만으로는 욕구를 충족하기에 부족한 경우를 경험하게 됩니다. 타인의 협력을 구할 필요가 생기지요. 결국 욕구는, 요청하려는 가장 주요한 이유가 되며 때로 상대에게 어떤 행위적 도움을 구하게 합니다. 이렇듯 행위에 기반한 요구 사항들은 욕구를 이루려는 하나의 방법이 됩니다. 동시에 핵심 욕구에 대해 정확히 인지할수록 행위적 요구 사항은 다양해지며 창의적으로 될 수 있습니다.

우리는 앞서, 요청과 강요를 구분해서 배웠습니다. 강요의 가장 큰 특징은 경직성이지요. 요청의 가장 큰 특성은 유연성이고요. 잘 생각해보면 강요의 경우, 말하는 자의 특정한 방법을 무조건 힘을 사용하여 행동하게 만든다는 것을 알 수 있습니다.

"밥 먹어, 당장." → 밥을 먹든지 안 먹든지 둘 중 하나

강요하는 경우에는 화자의 욕구가 담겨있지 않으며, 상대의 거절을 허용하지 않으려는 표현입니다. 반면 요청은 화자의 욕구가 드러나고 상대의 거절에 열려 있는 표현이지요. 다시 말하면 상대가 거절하더라도, 우리의 욕구를 충족시킬 다른 방법들에 대한 다양한 가능성을 받아들이는 겁니다. 욕구를 충족할 수 있다면 다른 방법도 받아들일 수 있는 마음의 유연성을 말하는 거예요. 이와 관련해서 연습을 해보고, 거절과 대안을 배우는 부분은 다음 장에서 자세히 다루어보겠습니다.

연결의 대화 연습

[1] 하나의 욕구 단어(143쪽)를 골라, 누군가의 도움 없이 충족할 방법을 적고 파트너와 대화해보세요.

예) 배움 : 혼자 네이버 오디오 클립에서 매일 아침 10분씩 영어 회화를 듣고 따라 해봐

야겠다.

[2] 욕구를 충족하기 위해 누군가의 도움을 받을 다양한 방법을 적고 파트너와 대화해보세요. 혹 파트너와 아이디어를 모아보세요.

예) 배움 : 영어를 잘하는 친구에게, 나랑 만나서 대화할 때 영어로 말해달라고 부탁해야 겠다.

···

요청의
유형

요청은 욕구를 충족하기 위해서 합리적인 문제 해결을 부탁하는 과정입니다. 그러자면 나의 말이 정확히 전해졌는지 확인하는 1)반영 요청이 필요하고 또 질문을 통해 상대의 다른 생각을 이해하려는 2)의견 요청도 필요하고, 나의 욕구를 충족하기 위해 상대의 협조가 필요할 때 구체적인 행위와 요구를 담는 3)행동 요청도 필요합니다. 다양한 요청의 방식을 배워볼까요. 분명히 기억할 것은, 요청의 목적은 '상호 이해에 기반한 문제 해결'이라는 것입니다.

1. 명확성을 위한 반영 요청
→ 말한 사람의 욕구를 다시 말해달라고 요청하는 것

내가 중요하게 생각하는 것을, 상대가 명확하게 이해했는지 확인하고 싶을 때 아주 효과적입니다.

우리는 말을 할 때, 상대가 잘 들었다고 생각하고 다시 잘 확인하지 않습니다. 그러나 대화를 연습해보면, 서로가 했던 말을 그대로 반영해볼 때 매우 다른 이야기를 하기도 하고 중간중간 중요한 부분을 놓쳐서 화자가 다시 말을 해주는 경우가 무척 많답니다. 요청하는 사람의 말을 제대로 듣지 못하면 상대는 어떤 행위를 해주기도 어렵고 기대하기도 어렵지요. 그래서 매번은 아니라도 정말 중요한 말을 하고 있을 때는 상대가 제대로 잘 들었는지 "다시 말해달라"는 요청을 할 필요가 있답니다. 오해 없이 명확한 일 처리를 요구하는 경우라면 더더욱 말의 마무리를 반영 요청으로 바꿔서 말해보는 것이 중요하겠네요.

- 상사가 팀원에게 :

  "이해했지? 알아들었지?" → "내가 뭘 중요하다고 말했는지 들은 대로 말해볼까?"

- 부모가 자녀에게 :

  "두 번 말하게 하지 마." → "엄마가 지금 무엇 때문에 이 말을 한 것 같은지 들은 대로 말해볼까?"

연습 1

어떤 경우에 반영 요청이 필요한지를 파트너와 함께 의논해보세요.

오랜 경험상 이 방식은, 수시로 사용하는 것보다는 아주 중요한 이야기일 때거나 상대에게 우리 마음을 정확히 전달하고 싶을 때 효과적입니다. 문자로 대화할 때는 필요치 않지만, 직접 얼굴을 바라보고 부드러운 표정으로 말을 해보면 효과가 좋았습니다. 또한 중재를 할 경우에 서로의 욕구를 반영해서 말하게 하는 것만으로도 화해에 아주 큰 도움이 됩니다.

2. 이해를 위한 의견 요청

→ 들은 사람에게, 의견이 있는지를 알려달라고 요청하는 것

상대의 마음을 이해하고 싶거나 생각이 궁금하여 호기심이 있을 때, 상대에게 의견을 알려달라고 요청하는 형식입니다. 같은 사건을 경험해도 모두 저마다 다른 가치관, 필요를 지닐 수 있으므로 서로를 이해하고 대화를 유연하고 다양하게 이끌어갈 때 효과적인 요청 방식입니다.

○ 상사가 팀원에게 :

"이해했지? 알아들었지?" → "근데 박 과장 의견도 내가 들어보고 결정하고 싶은데 어때?"

○ 부모가 자녀에게 :

"두 번 말하게 하지 마." → "왜 네가 여러 번 숙제를 하지 않았는지, 이해하고 싶은데, 네 생각도 말해볼래?"

어떤 경우에 의견 요청이 필요한지를 파트너와 함께 의논해보세요.

이해를 위한 요청은, 상대의 생각과 상황을 이해할 수 있는 유익한 과정이 됩니다. 더 나은 해결을 위한 과정으로 이어지기도 하지요. 만약 상대가 자신의 의견을 말해도 좋다는 신호를 받게 되면 발언 행동으로 이어질 가능성이 높기 때문에 자유로운 분위기에서 또 다른 의견을 내어놓기 수월해진답니다. 창의성은 심리적으로 안정된 가운데에서 나오기 때문에 상대의 다른 의견, 다른 필요, 다른 가치관을 이해할 수 있는 이 요청 방식은 아주 유용하답니다.

3. 명료성을 위한 행동 요청

→ 구체적으로 무엇을 해주기를 바라는지 행동을 요청하는 것

나의 욕구를 충족하기 위해 상대의 협조가 필요할 때, 정중하고 구체적으로 요구 사항을 말해보는 요청의 형식입니다.

∘ 상사가 팀원에게 :

"이해했？ 알아들었지"→"우리 회의할 때는 수첩이나 핸드폰 메모를 사용해서 적고 서로 확인하고 행동하면 좋겠는데 어때?"

∘ 부모가 자녀에게 :

"두 번 말하게 하지 마."→"어제 못한 숙제 엄마 옆에서 풀어볼까? 모르는 거 있으면 바로 가르쳐줄게. 어때?"

어떤 경우에 행동 요청이 필요한지를 파트너와 함께 의논해보세요.

행동 요청은, 구체적으로 상대가 무언가 해주면 서로에게 유익할 때 꼭 말해보면 좋답니다.

행동 요청에서 주의할 점은, 강요처럼 들리지 않도록 "요청이니까 다른 의견 말해줘도 돼"라고 상대에게 말해주거나 안심을 시켜주는 것이 필요합니다. 평소 강요적 관계였던 경우라면, 대화를 연습하고 말을 바꾼다고 하여도 모든 말이 강요로 들릴 테니까요.

요청 =
핵심 욕구 + 요구 사항

1. 실행력을 높이고 싶을 때

욕구를 담은 요청을 하는 것은 중요하지만, 욕구만을 강조했을 때 때때로 상대는 어떤 부분을 어떻게 도와줘야 할지 몰라서 난감해할 수 있으며 강요로 들을 수도 있습니다. 그렇기에 요청과 관련해서 살펴보아야 할 두 가지는 다음과 같습니다.

1) 요청의 의도가 있는가·강요의 의도가 있는가
2) 핵심 욕구와 적절한 요구 사항이 담긴 요청인가

관계 내에서 감정이나 욕구만 담긴 요청은 때로는 모호하여서 상대에게 혼란을 줍니다.

"나 우울해, 어떻게 좀 해봐."

"나 재미있어지고 싶어."

이런 감정이나 욕구만 담긴 요청들은 상대가 나를 도울 기회를 주는 것이 아니라, 오히려 상대를 당황스럽고 난감하게 만들 수 있겠지요. 그렇기에 요청에는 '요구 사항'이 포함될 필요가 있습니다. 요구 사항은 상대가 나를 돕기 쉽게 만들어주고, 좀 더 효과적으로 도울 수 있도록 한답니다.

구체적이고 긍정적인 요구 사항들을 담아 표현하는 것은 실제로 상대가 나를 도울 가능성을 높일 수 있습니다. 뉴욕대 심리학과 피터 골비처Peter Gollwitzer 교수는 학생들에게 연휴가 시작되기 전에 쉬운 과제와 어려운 과제를 각각 내주면서 A 집단의 학생들에게는 그것을 언제 어디서 어떻게 할지를 적게 하였고, B 집단에게는 그러한 구체적인 내용을 요구하지 않았습니다. 연휴가 끝나고 나서 과제수행의 결과를 보았을 때, A 집단의 경우 어려운 과제를 수행한 확률이 2/3였던 반면에, B 집단의 경우는 1/4만이 어려운 과제를 수행했습니다. 골비처가 학생들에게 과제를 해서 오라고 말하면서 구체적인 내용을 적게 했던 것과 비슷하게, 우리가 누군가에게 요청할 때 요구 사항을 명확하게 이야기해줄 수 있다면, 상대는 지금 자신이 도울 수 있는 일인지 아닌지를 더욱 잘 판단할 수 있을 것입니다. 그리고 만약 돕기로 결정한다면 상대는 나를 더 쉽게 도와줄 수 있을 것입니다.

2. 불편한 행동을 멈추게 하고 싶을 때

그러나 우리를 불편하게 만드는 행동을 멈춰 달라고 요청해야 하는 상황에서, 습관적으로 자신을 불편하게 만든 상대의 행동에 대해 먼저 지적하는 말을 합니다.

"시끄럽게 떠들지 말아라."

"지각 좀 하지 말아라."

이런 상황에서 상대는 자신의 존재가 비난받았거나 지적당했다고 판단하고, 요청에 협조하기보다는 반발심을 가지고 저항합니다. (타지펠 매트릭스에서 남 혹은 적으로 관계가 이동할 가능성이 커지겠지요. 156쪽 참조)

요청의 언어가 긍정적이고 구체적 표현이라면, 상대는 우리가 필요로 하는 요구 사항을 '협조'와 '도움'으로 받아들일 가능성은 더욱 커집니다.

"지금보다 소리를 두 칸 정도 줄여줄 수 있을까?"

"10분만 일찍 와줄 수 있을까?"

핵심 욕구와 요구 사항을 담아서 요청할 수 있다면, 서로 도움을 주고받을 수 있는 깊은 관계가 될 수 있습니다. 요청은 나만을 위한 것이 아니라, 상대에게 도움과 기여의 욕구를 채울 기회를 제공할 방법이라는 것입니다.

내가 진짜로 원하는 걸 말하는 연습

상대에게 행동을 요청할 때, 꼭 기억할 부분은 '내 욕구를 충족하기 위해'라는 점이랍니다. 잘 생각해보면 상대가 나의 욕구에 대해 의무감이나 마지못해 해주기를 기대하는 사람은 거의 없지요. 상대가 기꺼이, 진심에서 우러나와 무언가 해주기를 바랍니다. 그럴수록 우리의 요청이 결국 '나의 욕구를 충족하기 위해 상대에게 구체적 행위를 부탁하는 것'임을 인식할 필요가 있어요. 그러니까 상대는 나의 욕구를 위해 자신의 시간과 노력, 마음을 써서 해주는 것이지요.

그렇다면 어떤 마음으로 요청을 하는 것이 상대로 하여금 해주고 싶어지게 만들까요? 바로 존중과 겸손한 태도입니다. 존중과 겸손한 태도를 지니고, 원하는 욕구를 충족하기 위해 상대의 협조를 구해보는 것, 그것이 요청임을 기억하며 연습을 해볼까요.

자기 의견을 말하지 않고 소극적으로 보이는 팀원을 돕고 싶다면,

잘 가르치고 싶다면 어떤 방법으로 요청해볼 수 있을까요?

1) 핵심 욕구 인식하기 - 수단·방법 대신

"크게 좀 말해." → "(도움. 가르침을 담아) 내가 좀 돕고 가르쳐주고 싶어서 그러는데."

2) 구체적인 표현하기 - 모호한 표현 대신

"힘들면 언제든지 내 자리로 와." → "월, 수 점심시간에는 같이 식사할 수 있어."

3) 긍정적 단어 사용하기 - 부정적 단어 대신

"사람 답답하게, 꽁하게 있지 마 좀." → "회의 시간에 생각을 말해주면 좋겠는데."

4) 실현 가능성 고려하기 - 이기적인 요구 대신

"다음 주 전무님 회의 때 네가 다 맡아서 진행해." → "나랑 하는 회의에서는 자네가 진행해봐."

5) 의문형으로 마무리하고 거절을 수용하기 - 마침표와 강요 대신

"그렇게 하는 걸로 안다." → "네 생각은 어때?"

→ 완성된 요청의 말

"박 대리, 쭉 지켜보니까 회의 때 먼저 이야기하는 걸 본 적이 없어. 내가 좀 돕고 싶은데, 일하다가 만약 조용히라도 하고 싶은 말이 있으면 월, 수 점심시간에는 내가 시간이 되니까 와도 좋아. 그리고 나랑 하는 회의에서 다음번에는 박 대리가 연습할 겸 진행하면서 생각도 나눠주면 좋겠는데, 박 대리 생각은 어때?"

※ 잠깐! 요청 vs 지시

대개 조직이나 가정에서는 요청이 비현실적이라고 생각합니다. 왜일까요? 그 안에는 권위가 주어지고 체계와 승인이 존재하고, 그것에 따른 의사결정에 있어서 자기결정권이 달라지기 때문이지요. 또한 명확하게 어떤 방향을 알려주고 끌어가야 할 상황도 조직 안에서는 유달리 많기 때문입니다.

가정에서도 자녀의 안전이 걸려있고 보호를 해야 하는 경우 단호하고 명확한 지시의 표현이 필요하겠죠. 이런 경우 지시는 어떻게 구현될 수 있을까요? 앞의 요청 과정에서 5번(의문형. 열린 결과)을 제외하고 1~4번까지(욕구 인식·표현→ 구체적, 실현 가능성, 긍정적 단어로 요구 사항 전달)를 표현하면 명확한 지시가 될 수 있습니다. 단, 지시가, 강요와 분명한 차이가 있음을 기억해주시기 바랍니다. 강요는 앞서 다룬 것처럼 두려움, 수치심, 죄책감을 건드려서라도 하게 만들고 하지 않을 때 힘을 이용해서라도 상대 욕구를 무시한 채 강압적으로 행동하겠다는 폭력적 의지에서 작동하는 것이니까요.

지시의 예

"박 대리, 쭉 지켜보니까 회의 때 먼저 이야기하는 걸 본 적이 없어.

내가 좀 돕고 싶은데, 일하다가 만약 의견이 있으면 월, 수 점심시간에는

내가 시간이 되니까 와도 좋아. 그리고 나랑 하는 회의에서 다음 번에는 박

대리가 연습할 겸 진행하면서 생각도 나눠봐. 다음 주 화요일 오전 9시까

지 준비해서 보자."

또 다른 지시의 예

"우리 회의할 때는 수첩이나 핸드폰 메모를 사용해서 적고 서로 확인하는

걸로 하자."

"안전한 건 중요하니까 위험한 장남감을 줄 수 없어. 안전하게 놀 수 있는

것을 갖고 와."

연결의 대화 연습

행동 요청하기 연습을 해봅니다.

· **상황**

[1] 핵심 욕구 인식하기 : 욕구 목록(143쪽)을 보고, 욕구 단어를 먼저
  적어 보세요.
  핵심 욕구 :

[2] 구체적인 표현하기 (모호한 표현 대신)

[3] 긍정적 단어 사용하기 (부정적 단어 대신)

[4] 실현 가능성 고려하기 (이기적인 요구 대신)

[5] 의문형으로 마무리하고 거절을 수용하기 (강요 대신)

· **완성된 요청의 말**

✳ 파트너에게 말해보고, 파트너는 들어보고 어떻게 들리는지 피드백
을 해주세요.

예) "강요로 들려요. 왜냐하면 목소리 톤이 너무 크고 강했거든요. 처음부터 "요청이
야"라고 말해준다면 조금 부드럽게 들릴 것 같아요."

예) "요청으로 들려요. 그리고 이렇게 들으면 거절도 편안하게 할 수 있을 것 같고, 또
웬만하면 정말 해주고 싶을 것 같아요. 특히 욕구를 말해주니까, 다른 방법을 제
안할 수도 있을 것 같아서 좋았어요."

미안할 때

: 후회되는 마음을 담아 변화된 행동을 상대에게 고백하기

미안하단 말 대신 습관적으로
택하는 두 가지 방식

이혼을 하면서 정말 많은 실수를 했어요. 특히 애들 아빠에 대해서 얼마나 많이 욕을 했는지 몰라요. 그간 당하고 살아온 것 같은 억울함을 어디 털어놓을 곳도 없었고 자다가도 울화가 치밀어서 벌떡벌떡 일어나 냉수를 들이켜고는 했죠. 그러다 보니 어떤 날은 자던 애들을 깨워서 "너희 아빠 연락 오면 어떻게 하라고 했지?", "만나지 말고 집으로 오라고", "그래. 알았지?"라고 했어요. 그러고는 애들 아빠에 대한 비난을 아이들을 앉혀놓고 퍼붓곤 했죠.

그러던 겨울에 애들이 초등학교 4학년, 6학년이었는데요. 12월 23일 저

녁에 제가 집을 나가버렸어요. 도저히 집에 있을 수가 없어서 아이들만 집에 두고 다음날 들어왔어요. 먹을 것도 따로 준비해주지 않았고 그 어린 애들만 두고 나갔던 제가 스스로 벌을 받아 마땅하다고 생각이 되었지만 저는 아이들에게 사과한 적도 없고, 이 모든 건 나를 괴롭게 만든 그 인간, 제 전남편 때문이라고 그 사람에게로 모든 이유와 죄책감을 전가해버렸어요. 아이들이 다 큰 지금 가끔 별일도 아닌데 저에게 과격하게 화를 내곤 해요. 전 알아요. 그 아이들 마음에 무언가가 점점 커지고 있음을. 그렇다고 해도 우리 모두 그 부분에 관해 이야기하지 않아요. 이건 아닌데, 어떻게 해야 할지 모르겠어요. 저는 지금도 애들이 저에게 화를 내면, "이게 내 잘못이야? 너희들 아빠 때문이지"라고 제 행동에 대해 인정하지 않습니다. 하고 싶지 않기도 하고요.

미안하다는 말, 가슴 안의 밀도와 농도가 짙을수록 무겁게 나오는 말 한마디입니다. 너무 미안해서 눈물과 침묵으로 버틸 뿐, 그 말을 결국 하지 못했다고 고백하기도 합니다. 미안하다는 말이 너무 가볍게 전해질까 봐, 오히려 그 사람에게 더 큰 상처를 남길까 봐. 우리가 죄책감을 어떻게 다루는지 알아볼까요?

1. 자기기만

인간은 완전하지 않은 존재다 보니 때때로 하지 않았으면 좋았을 행동을 하거나, 내뱉지 않았으면 좋았을 말을 하곤 하지요. 그러한 말을 내뱉은 이후에는 다시금 그 일을 생각하며 걱정하고, 두려워하며,

우울해하기도 합니다. 아마 저도, 여러분도 그럴 겁니다. 이와 비슷하게, 갈등이 생겼을 때도 습관적으로 튀어나오는 말과 행동을 통해 그것을 해결하곤 합니다. 그 과정에서 마음으로는 후회하면서도 금세 합리화를 하고 그 불편한 마음으로부터 자유로워지고 싶어 하면서 자기기만에 빠지게 됩니다.

자기기만이 무엇인지 조금 더 자세히 설명해드리고 같이 나눠볼 게요.

흔히 말하는 단어 중 인지부조화Cognitive Dissonance라는 말이 있지요? 인지부조화는 인간의 합리화에 관해서 설명하기 좋은 개념입니다. 생각과 실제 행위 간의 불일치가 생겼을 때, 이미 저질러진 나의 행동을 바꿀 수 없으므로 앞서 발생한 실제 행위와 일치하게 생각을 바꿔 부조화를 줄이려는 것입니다. 이 과정에서 자기 자신을 기만하고 합리화를 하기도 하죠.

후회할 만한 말을 꺼냈을 때 우리에게는 자기 내면에 자신만의 윤리적 양심의 목소리가 있어서 그 행동에 대해 엄격히 평가합니다. 그러나 곧 이러한 양심의 목소리를 배신하게 됩니다. 자기 양심의 목소리를 배신하게 되면서 내면에 죄책감이 올라오지만, 죄책감은 곧 '그럴 만했다', '어쩔 수 없었다'는 자기합리화로 덮어버립니다. 이런 자기기만의 과정은 관계의 단절을 가지고 옵니다. 왜냐하면 당한 사람의 입장에서는 이러한 전개가 분노와 억울함을 불러오기 때문이지요.

자기기만 상황의 전개

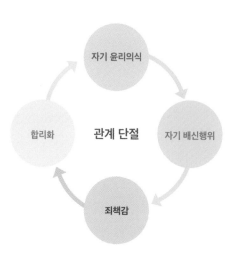

연결의 대화 연습

최근에 자신을 기만하고 합리화에 빠진 경험을 나누어보세요.
예시를 참고하면서 자신의 사례를 적어보고, 그 이야기를 파트너와 함께 나누면 됩니다.

＊ 혼자 연습하는 분이라면 스스로 생각하고 써보면서 연습하면 됩니다.

[1] 상황 쓰기

예) 야근을 마치고 지하철을 탔는데 딱 한 자리가 남아서 얼른 앉았다. 좀 자면서 가려고 짐 정돈을 하고 눈을 감았는데 다음 역에서 정말 힘들어 보이는 초고령의 할머니께서 하필 내 앞에 서게 되었다.

[2] 자기 윤리의식

예) '힘겨운 노인을 보면, 양보하거나 도와드려야 한다.'

[3] 자기 배신행위

예) 나는 그냥 눈을 감고 자는 척했다.

[4] 죄책감

예) 자리에서 일어나지 않으면 미안한 일인데…

[5] 합리화 행동

예) 실눈을 뜨고 나보다 어린 사람을 찾았다. 그리고 생각했다. '나는 힘들어서 오늘 못 일어나는 거야. 평소라면 일어나서 양보했을 거야. 그런데 저 어린 학생은 멀쩡해 보이는데 왜 안 일어나는 거야?'

....

2. 자기비난

저는 지금까지 한 번도 누락된 적 없이 승진했습니다. 그런데 저 자신에 대해 긍정적인 인정을 잘 못합니다. 한마디로, 저는 자신을 솔직하지 못한 놈이라고 생각해왔습니다. 어릴 때 논밭에서 놀던 기억이 납니다. 그날 친구들과 같이 노는데 한 친구가 정말 비싼 장난감을 갖고 왔어요. 저희가 살던 곳에서는 잘 구경할 수 없는 것이라서 한 명씩 번갈아서 가지고 놀았죠. 해 질 무렵 그 친구가 자기 장난감이 없다고, 누가 가져갔냐고 했는데 아무에게도 없는 거예요. 유독 착한 친구 한 명이 있었어요. 정말 착하고 잘 웃던 아이였는데 친구들이 같이 놀면서도 종종 바보같다고 놀리곤 했죠. 그 친구가 모든 죄를 뒤집어 썼고, 혼자 컴컴한 논밭에 남아서 장난감을 찾다가 울며 집으로 돌아갔대요. 사실, 제가 잃어버렸거든요. 놀다가 물가에 놓쳤는데 떠내려가 버려서 주울 수가 없었어요.

끝까지 친구들에게 솔직하게 말하지 못했고, 그 후로 범인으로 몰렸던 친구는 계속 왕따 비슷하게 놀림을 받았어요. 아무 말도 못 하고 주눅 들어 있던 그 친구의 모습이 내내 가슴에 있었습니다. 문득문득 그 기억이 떠오르면 지금도 스스로 참 부끄럽고 제가 나쁜 놈 같이 느껴집니다. 자라오면서 인정을 받을 때마다 제 가슴에 이런 생각이 있었어요. '너는 인정받을 자격이 없는 놈이다. 난 그걸 알아' 처음 고백해봅니다. 누군가에게.

자아에는 몇 개의 목소리가 있습니다.

1) 마음대로 하고 싶어 하는 충동적 목소리,

2) 너무나 엄격한 윤리적 목소리,

3) 그 두 가지의 목소리를 중재하는 합리적 목소리

위 사례의 주인공은 너무나 엄격한 윤리적인 목소리가 아주 오랫동안 내면에 있었네요. 실제로 이 고백을 하던 날, 마치 자신의 몸이 하나하나 벗겨지는 것처럼 부끄러움을 느끼고 진땀을 흘리고 얼굴이 무척 붉어지셨답니다. 제삼자 입장에서 이 말을 들으면, '뭐, 어릴 때 일로 아직도 그렇게 생각을 하나. 유별나게'라고 생각할지 모릅니다.

그러나 사람은 저마다 자신만의 크고 작은 비밀을 간직하고 산답니다. 그리고 그런 것들이 전혀 다른 상황에서 전혀 예상치 못한 대화를 만들어내는 원료가 되기도 합니다. 내면에 존재하는 너무 엄격한 윤리적 목소리가 계속 말을 하게 되면 우리는 스스로에 대해 만족감이 없이, 과도하게 자신을 비난하고 사랑하지 않게 됩니다. 그래서 어떤 이들은 후회하는 일에 대해 고백하고 털어내지 못한 채 지속적으로 내면에서 떠올림으로써 스스로 고통을 만들어내기도 합니다. 심리학에서는 이러한 행동을 반추Rumination라고 합니다. 지속적인 반추는 우울을 예측하는 가장 강력한 요인 중 하나이기도 하고요. 어떤 일을 반추하고, 반추라는 길을 건너가지만, 반추에서 멈추어서는 안 됩니다. 우리는 대화를 통해 반추를 지나 용기있게 고백하고 변화합시다.

연결의 대화 연습

: 규칙 :
들을 때는 어떤 조언도 하지 마시고 침묵으로 들어주세요.
: 연습 :
오랫동안 죄책감에 시달렸거나 시달리는 사건을 떠올려보고 파트너에게 고백해보세요. 무엇이 가장 후회되는 사건으로 남는지요.

인간다움과 신뢰의 회복을 위해
죄책감 마주보기

1. 인간다움의 회복을 위해서

미안하다고 말하는 게 뭐가 그렇게 어려워서?

엄마에게 늘 이야기 했어요. 엄마는 도통 자기 잘못을 인정하지 않았어요. 엄마도 사람이고 실수할 수 있다고 생각해요. 엄마가 완벽하기를 바란 적도 없어요. 저도 커가면서 엄마를 이해하게 되는 부분도 있거든요. 그러나 부모라도 사과할 일은 분명히 사과해야 한다고 생각합니다. 제가 엄마에게 "엄마, 잘못한 게 있으면 사과를 좀 해봐"라고 하면 엄마는 막화를 냈어요. "내가 이만큼 잘해준 건 모르고 별것도 아닌 거로 넌 시비를 건다"라며 더욱 화를 내서 저랑 제 동생은 아예 포기한 지 오래예요. 그런데 가끔 이런 이야기가 나오면 정말 가슴 속에서 불덩어리가 튀어나올 것 같았죠. 좀 과장해보면 제가 태어나 20년 이상 살면서 엄마한테 "미안하다"라는 말을 들어본 적이 한 번도 없었거든요. 엄마가 완벽해서라고요? 아니오. 우리에게는 늘 잘못했다는 말을 들어야 화를 풀었으면서 정작 자신은 누구에게도 사과하지 않는 엄마야말로 가장 미숙한 사람이라고 생각했어요. 엄마랑 한번은 크게 싸우고 제가 며칠 집에 안 들어갔는데 엄마가 어느 날 저더러 무슨 치유캠프를 가자고 했어요. 정말 가고 싶지 않았지만 거의 강제적으로 가야 했죠. 3일 과정 중 두 번째 날 엄마가 일어서서 편지를 쓴 걸 읽는데 그 글 내용 중에 이런 말이 있었어요.

"내 나이 24살, 어릴 때 우리 첫째 딸을 낳고 아무것도 모르는 상태로 엄마가 되었습니다. 이 엄마한테서 자라면서 많이 고생한 우리 딸. 얼마나 많이 참고 양보해왔는지 그걸 보면서 마음속으로 수도 없이 미안하다고 말했습니다. 그런데 그 말을 입 밖으로 꺼내기가 왜 그리 어렵던지 결국 이렇게 말을 하네요. 미안했다, 우리 딸."

제가 그 편지를 들으면서 그 자리에서 오열하는 바람에… 거의 실신을 할 정도로 울었어요. 그 한마디에 저는 모든 것이 녹아내리는 것 같은 기분을 느꼈습니다.

죄책감을 다루는 현명한 방식은 세 가지의 가치를 목표로 합니다. 인간다움의 진정성, 상호존중성, 신뢰성을 회복하는 것이지요. 이 목표를 위해서 우리는 대화를 할 것입니다.

후회하고 있는 사건에 대해,

1) 자기 책임일 때 과정과 결과에 대해 단호하게 사과하거나
2) 해결하는 과정에서의 자기 언행에 대해 인정하는 것이지요.

많은 사람이 자존심 때문에 사과하지 않으려 하고, 미안하다고 하기에는 다소 억울해서, 후회하면서도 표현하지 않기도 합니다. 그래서 자신을 비난하거나 합리화하는 데 에너지를 쏟음으로써 자신의 양심과 연결을 끊어버렸을지도 모르고요. 그 결과 소중한 관계들이 비극적으로 마감되는 경우도 볼 수 있었답니다. 그러나 여러분, 진정한 자존심이라는 것은 우리가 우리의 행위에 대해 잘못된 것을 바로잡으려고 하는 노력이고 잘한 행위에 대해서는 스스로 인정해주는

것이 아닐까요. 생각보다 훨씬 더 많은 경우, 진심으로 건네는 "미안합니다"라는 말은 사람의 마음을 녹이는 큰 힘이 있습니다.

2. 상대의 정서적 시간을 이해하기 위해

파혼을 하고 제가 세상 물정을 참 몰랐다고 생각하게 되었어요. 저는 열심히 살았고 좋은 직장도 다니고 있었고 건강한 몸을 가졌어요. 어렸을 때 어머니 없이 아버지와 살아왔다는 것이 결혼에 장애가 될 거로 생각하지 못했습니다. "엄마 없이 자란 것이 죄는 아니지만, 우리 집안과 결혼하기는 어렵다. 엄마 없이 자랐다는 건 많은 결핍이 있는 거니까"라는 말을 제 앞에서 하셨습니다. 상대 부모님께서 저에게 그 말씀을 하셨을 때는 너무 화가 나고 자존심이 상했어요. 그리고 무엇보다 재혼도 하지 않고 저를 혼자 키워오신 아버지께 너무나 죄송스러워서 헤어지자고 했어요. 뒤도 돌아보지 않고 그렇게 헤어졌습니다. 남자 쪽 부모님께선 끝까지 저에게 사과하지 않으셨죠. 그게 4년 전인데 아직도 그 일이 힘들어요. 인정하고 싶지 않지만 새로운 사람을 만나 결혼할 생각만 해도 걱정이 되고 자신이 없습니다. 그건 분명 과거의 일인데 제 현재까지도 영향을 주는 것 같아요. 제 미래에 대한 생각까지도요….

그리스어에는 시간을 정의하는 두 가지의 개념이 있습니다. 물리적으로 흘러가는 크로노스Chronos와 정서적으로 흘러가는 카이로스Kairos입니다. 크로노스가 사전적인 의미의 물리적 시간 그 자체를 뜻한다면 카이로스는 인생의 특정한 순간을 뜻합니다.

언젠가 앞 사례의 교육생은, 살면서 가장 상처를 받았던 사건이 파혼이었다고 말했습니다. 그날은 왜 사과가 중요한지에 대해 말하고 있었지요. 교육생에게 상처를 남긴 상대 부모님은 사람에게 부여된 '인생의 시간-카이로스'에 대한 중요성을 간과했던 겁니다.

왜 사과해야 할까요?

그것은 말 한마디, 생각 없는 행동 하나가 상대방이 현재를 온전히 살아가게 하는 것을 가로막기 때문입니다. 당사자에게는 과거의 그 사건 때문에 받은 상처가 여전히 남아서 현재까지도 영향을 주고 있으니까요.

물론 과거의 상처를 딱 끊어내고 2차 고통을 받지 않는 사람도 있습니다. 그럴 수만 있다면 정말 용감한 선택일 수 있겠지만 소중한 사람과 가족 관계에서 받은 상처들은 정서적 시간에 갇혀서 과거 그 시간에 멈추어 버리기도 합니다. 한 사람이 나의 언행으로 인해 과거에 머물며 현재를 온전히 살아가지 못한다는 것을 이해하게 된다면 우리도 언행에 더욱 조심하겠지요. 그런 노력을 기울여야 마땅하고요.

그러나 인간은 의도치 않아도 상처를 주고받는 존재이므로 우리가 할 수 있는 또 다른 노력은, 진심으로 그 사람에게 사과하는 것입니다. 그래서 그 사람이 우리로부터 받은 상처에 걸려 넘어져서 과거의 시간에 붙잡혀 있지 않고 현재를 건강하게 살아갈 수 있도록 해주어야 합니다. 삶과 죽음 사이에는 누구에게나 시간이 있습니다. 그 시간의 길이가 저마다 예측되지 않지만 분명한 것은 제한된 시간 안에서 인생을 살아가고 있다는 것이지요. 만일 누군가가 나로 인해 현재를 살아가지 못한 채 괴롭게 과거의 시간 안에 갇혀 있다고 생각한다면 그것이야말로 커다란 고통이 되겠지요. 우리가 사과해야 하는 이유는 이렇게 시간의 개념을 이해해도 충분합니다.

이제 미안하다는 고백을, 솔직하고 담담하게 진심을 담아 해보면 어떨까요.

진심을 담아
미안한 마음 고백하기

1. 후회되는 언행을 관찰로 묘사하며 고백하기

미안하거나 후회가 될 때는 자신이 한 행위를 있는 그대로 상기할 수 있어야 한답니다. 그 시작을 모호하게 평가해버리거나 별일 아닌 것처럼 축소해서 말해버리면 듣는 상대는 대화의 시작부터 저항감이 올라오게 되지요. 자신이 바라는 모습대로 행동하지 못했을 경우에는 누구라도 그 일을 있는 그대로 상기하기가 불편하고 거북스럽답니다. 그러나 중재를 하거나 실제로 서로 사과를 하는 자리에서 대화를 리드해보면, 가해의 입장에 놓인 사람이 자신의 행위를 있는 그대로 표현할 때 피해자의 처지에 있는 사람들은 귀를 기울여 듣는다는 것을 알 수 있었습니다. 순간적으로는 당시의 감정이 떠올라서 더 화가 날 수도 있지만, 가해자(혹은 화자)의 진심이 담겨 있을 때 끝까지 그 이야기를 들었다는 것을 상기하면 좋겠습니다.

후회되는 언행을 관찰로 묘사하며 고백한 사례를 몇 가지 소개하겠습니다.

- "저는 엄마에게 폭발할 때가 있어요. 전혀 화낼 일이 아닌데도 제정신이 아닐 때는 막말을 해요."

  → "막말을 좀 더 구체적으로, 했던 말 그대로 표현해보세요."

  "당신이 그러고도 엄마야? 그럴 자격이 있어?"라고 말한 게 후회됩니다.

- "어제 직원에게 저도 모르게 소리를 지르고 좀 심하게 말을 했어요."

  → "심하게 한 말을 좀 더 구체적으로, 했던 말 그대로 표현해보세요."

  "야 이 새끼야. 당장 이 방에서 나가!!"라고 한 것이 정말 후회됩니다.

- "저는 어제 아이 물건을 막 다루었어요."

  → "막 다루었다는 것을 좀 더 구체적으로 표현해보세요."

  "아이가 좋아하는 인형을 잡아 찢어버리고 쓰레기통에 던져버렸어요." 그게 너무 후회돼요.

- "저는 지난주, 부모님께 좀 대들고 집으로 돌아왔어요."

  → "대들었다는 것을 좀 더 구체적으로 표현해보세요."

"다시는 이 집구석에 안 올 거예요. 인연 끊죠"라고 말하고 문을 쾅 소리가 나게 닫고 나온 것이 너무 후회됩니다.

연습 1

여러분도 상대에게 했던 말 중에서 후회되는 말을 적어보세요. 혹은 행동을 구체적으로 적어보세요. 그리고 파트너와 서로 나눠보세요.

예) 후회되는 말과 행동 : "너 같은 게 어떻게 내 자식으로 태어났는지 모르겠다. 이따위로 할 거면 이 집에서 나가!"라고 말하면서, 아이의 옷을 꺼내서 아이 방 밖으로 던지고 가방을 던진 행동을 한 게 너무 후회됩니다.

2. 마음에서 올라오는 엄격한 윤리적 목소리를 적고 말해보기

엄격한 윤리적 목소리는 자기 스스로 적어보는 것을 추천합니다. 왜냐하면 그런 말들을 만약 타인이 나에게 한다면 그 말을 듣는 순간 쉽게 방어적으로 되기 때문이지요. 우리는 얼마든지 자신을 야단칠 수 있는 목소리를 갖고 있습니다. 그리고 이런 자기평가Self Evaluation는 안전하기 때문에 얼마든지 솔직하게 적어볼 수 있습니다. 이런 윤리적 목소리가 있기 때문에 우리는 다른 사람들과의 관계에서도 실존적인 죄책감을 느끼고 인간다움을 회복할 수 있는 신호를 받는 것일수 있답니다.

만일 윤리적 목소리가 우리 안에 없다면 아마도 우리의 관계는 꿩

장히 폭력적이지 않았을까요? 이런 목소리를 회피하지 않고 솔직하게 적어보면, 우리가 놓치고 있는 중요한 욕구들을 발견할 수 있답니다. 그 욕구들을 찾는 것이 상대에게 미안함을 고백할 때 가장 중요한 메시지가 된다는 점을 잘 기억해주세요.

연습 2

각자 마음에서 올라오는 엄격한 윤리적 목소리를 적어보세요. 그리고 파트너와 나눠보세요.

예) "엄마로서 네 아이에게 그게 할 소리야?

아이가 얼마나 상처를 받았겠어. 네가 입장 바꿔 생각해봐. 그런 말을 듣고 어떤 마음이겠어. 그렇게 감정적으로 행동해서 좋은 게 뭐가 있어. 애가 공부가 잘되겠니? 결국 원하는 것도 못 얻고 그렇게 생각 없이 행동하는 게 한두 번도 아니고. 너는 부모로서 자격이 없다. 감정조절도 못 하고."

3. 윤리적인 목소리에 숨겨진, '중요하게 여기는 나의 핵심 욕구, 감정' 찾아보기

◦ "내가 아이를 때리지 말았어야 했어요."

　→ "아이를 안전하게 보호하고 싶었는데 그렇게 못해서 미안해요."

◦ "저는 사람들이 있는 앞에서 팀원에게 비난하지 말았어야 했어요."

　→ "팀원을 존중할 필요가 있었는데 그렇게 못해서 후회합니다."

◦ "부모로서 돈도 못 벌고 능력도 없네요."

→ "아이에게 풍요로운 지원을 해주고 싶은데 안타까워요."

◦ "학생들을 무시나 하고 전 교사 자격이 없어요."

→ "존중하는 태도로 아이들을 가르치고 싶은데 잘 안 돼서 답답해요."

◦ "엄마가 죽었으면 좋겠다는 생각을 한 저는 나쁜 놈이죠."

→ "엄마가 때로 밉더라도 사랑하고 존중하고 싶은데 그러지 못해서 너무 미안해요."

스스로 다그치고 가르치는 엄격한 목소리 안에는 인간다움을 유지하며 살고 싶은 중요한 핵심 욕구들이 숨겨져 있습니다. 이 욕구를 찾아서 상대에게 말하는 것이야말로 제대로 된 사과의 형식입니다. 여러분, 죄책감이 들 때 여러분이 자신에게 하는 강력하고 엄격한 목소리들을 피하지 말고 있는 그대로 적어보세요. 그러나 그 엄격한 목소리만 믿고 자신을 미워하지 마세요. 그때 왜 그런 언행을 상대에게 했는지 합리화하지 않으면서 자기 자신을 이해하고 용서하는 과정이 반드시 필요하답니다. 왜냐하면 내가 자기 자신에게 너그럽지 못하면서 상대에게 너그러울 순 없기 때문이지요. 자기 용서와 관련해 자기자비Self-Compassion를 언급했던 심리학자 크리스틴 네프Kristin Neff 는 진정한 자기자비란 목표나 기준을 충족하는 데 실패한 자신을 엄격하게 비난하지 않는 것이라고 말했답니다. 이것은 우리가 자신의 잘못이나 실수를 회피하거나 수정하지 않는 것을 뜻하는 것이 아니고, 오히려 적절한 기능과 건강한 행위들이 따뜻하게 지지되고 격려되는 것을 의미하는 것이지요. 윤리적 목소리를 혼자 적어보고 문장마다 여러분이 놓쳤던 중요한 핵심 욕구들을 찾아보세요. 그 노력이 후회를 고백하는 방법 중 가장 중요하답니다.

연습 3

윤리적 목소리가 보내주는 신호를 통해, '중요하게 여기는 우리의 핵심 욕구'를 찾아보세요. 우리의 감정도 같이 찾아보세요.

예) "애가 얼마나 상처를 받았겠어. 네가 입장 바꿔 생각해봐. 그런 말이 아이를 위한 거야?"→ 아이에 대한 존중

"그렇게 감정적으로 행동해서 좋은 게 뭐가 있어. 애가 공부가 잘되겠니? 결국 원하는 것도 못 얻고 그렇게 생각 없이 행동하는 게 한두 번도 아니고. 부모로서 자격이 없다. 감정조절도 못 하고."

→ 감정을 다룰 줄 아는 능력. 평정심에서 할 수 있는 소통

핵심 욕구:

나는 자녀를 존중하고 내 감정을 잘 다루면서 대화하고 싶은데 그렇게 하지 못했다.

감정:

그래서 지금 내 마음이 너무 후회되고 나 스스로에 대해서 부끄럽다.

4. 그때 그 행동을 통해 충족하고 싶었던 핵심 욕구와 감정 인식하기 (그때 내가 그렇게 했던 이유 찾기)

인간의 말과 행동은, 그것이 폭력적이든 비폭력적이든 모두 어떠한 욕구를 만족시키기 위해 애를 쓰는 과정이지요. 그 행동에 대해 옳고 그른 판단을 뛰어넘어서 충족하고 싶었던 욕구와 감정을 인식함으로써 자신을 용서할 필요가 있습니다. 이렇듯 자신을 보편적인 한 명의 인간으로 바라보며, 아쉽거나 후회되는 모든 경험을 인간이 경험할 수 있는 자연스러운 것으로 받아들이는 것은 자기 자신뿐만 아니라 타인과의 연결을 촉진하는 것입니다. 스스로에 대해 비난하거나 분노하기를 그치고 깊이 공감하려는 노력은, 우리가 좀 더 건강한 행위를 하도록 격려하고 증진할 수 있는 방안이랍니다. 이 과정을 경험하면 회피하거나 외면해오던 자신의 모습을 바로 볼 수 있게 되고 내가 왜 그런 선택을 했는지, 왜 그 일에 대해서 스스로 질책해왔는지 자기 마음을 명료하게 정리할 수 있습니다.

연습 4

그때의 언행을 통해 '내가 충족하고 싶었던 핵심 욕구'를 찾아보고 그때의 감정도 느껴보세요.

예) 학원에 가지 않고 코인노래방에 갔다는 걸 알았을 때 걱정스럽고 짜증이 났다. -답답, 짜증(감정)
수험생인 아이가 스스로 공부하는 모습을 봄으로써 안심하고 싶었기

때문에. - 안심, 신뢰 (핵심 욕구)

5. 변화된 언행을 위해 계획이나 부탁해보기

행동 변화를 위해 도움이 필요한 순간, 작은 용기를 내어서 말해보세요. 우리가 자신을 비난할 때는 누군가에게 부탁하기도 쉽지 않지만 내가 그때 왜 그랬는지 용서하고 정말 원하는 욕구가 무엇인지를 인식하게 되면(즉 나 자신을 이해하고 용서하게 되면), 우리는 다음에 다르게 행동하기 위해 도움을 요청할 수 있게 됩니다. 또한 다른 사람의 평가에 의해 행동하는 것이 아니라, 인간답게 살고 싶은 내적 욕구에 기반하여 스스로 변화할 힘을 키우고, 성장하는 삶을 살아갈 수 있습니다. 미안한 마음을 고백하는 마지막 단계는 다음에 이런 일을 반복하지 않고, 새로운 행동을 위한 계획을 세우고 실천하는 것입니다.

1) 스스로 자신만의 규칙을 만들어볼 수 있고
2) 미안함을 고백할 상대에게, 어떻게 해주길 바라는지 물어볼 수도 있고
3) 제삼자에게 도움을 요청할 수도 있습니다.

수험생인 아이가 노래방에 간 모습을 본 엄마라면 다음 세 가지를 마지막 방법으로 실행해볼 수 있을 것입니다.

1) 나 자신의 계획: 일단 베란다로 가서 심호흡을 여섯 번 이상 하고 이야기한다.

2) 상대와 의논: 다음에 또 이런 일이 생기면 엄마가 어떻게 도와 주기를 바라는지 물어본다.

3) 그룹 전체나 제삼자: 원 선생님께 전화해서, 요즘 아이에게 무 슨 일이 있는지 여쭈어본다. 혹은 나 대신 위로와 지도를 해달 라고 부탁드린다.

연습 5

내 언행과 관련해서, 변화된 언행을 위한 계획이나 부탁을 해보세요.

후회하는 일로부터 배우기 (상대에게 말하는 방법 제안)

1. 후회되는 구체적 사건을 말해보세요.

2. 마음에서 올라오는 엄격한 양심의 목소리를 적어보세요.

3. 윤리적 목소리에 숨겨진 '내가 중요하게 여기는 욕구'는 무엇이고 '어떤 감정'이 느껴지나요? - 생각- 감정-욕구 감정 목록(138쪽) 참조

4. 그때 그렇게 행동함으로써 '그때 내가 원했던 욕구'는 무엇이고 어떤 감정이 느껴졌나요? - 생각- 감정-욕구 감정 목록(138쪽) 참조

5. 내 행동과 관련해서, 다음에 나의 변화된 계획과 요청 약속
1) 나 자신의 계획을 써보기.
2) 상대에게 원하는 행동을 물어보기.
3) 그룹 전체나 제삼자에게 부탁해보기.

내 생각에서 벗어나 상대의 아픈 곳에 집중하기

[1] 지금 후회가 되는, 과거의 어떤 사건을 회상해보고 구체적인 관찰에 기반해서 적어보세요. 그리고 그 사건에 대해 파트너에게 설명해보세요.

   * 규칙 : 서로 침묵을 유지하고 들어주기

[2] 지금, 그 일에 대해 스스로 평가하는 윤리적 목소리의 말(양심의 목소리)

[3] 윤리적 목소리에 숨겨진, '내가 중요하게 여기는 욕구'의 발견과 현재 감정

   - 핵심 욕구 :

   - 감정 :

[4] 그때 그렇게 행동함으로써 '내가 원했던 욕구와 그때의 감정'의 이해

   - 핵심 욕구 :

   - 감정 :

[5] 내 행동과 관련해서, 나의 변화된 계획과 요청 약속

   - 나에게 :

   - 상대에게 :

   - 제삼자·공동체에게 :

※ 팁 : 상대에게 고백할 때

1. 후회되는 사건을 고백할 때는 구체적으로 묘사합니다.

2. 자신을 비난하고 야단치는 목소리를 가급적 상대에게는 말하지 않습니다.
   (왜냐하면, 상대가 듣고 싶은 것은 우리가 우리 자신을 비난하는 것이 아니라 상대의
   아픈 마음을 이해해주는 것이기 때문입니다.)

3. 상대에게 미안한 이유(우리에게 중요한 욕구와 감정)를 천천히, 그리고 진심
   을 담아 고백합니다. 상대가 가장 듣고 싶어 하는 우리의 마음이기 때문이
   지요.

4. 자칫 변명처럼 들릴 수 있어서, 상대가 정말로 궁금해할 때 ("정말 궁금해
   서 그러는데 그때 왜 그랬는지 이야기해줄래?" 할 때) 가볍고 짧게 설명합
   니다. 그리고 3번으로 돌아가 다시 말해줍니다.

5. 상대와 주고받아가면서 앞으로 어떻게 하면 좋을지 의논하는 마음으로 대
   화해보면 좋겠습니다.

Chapter 5

건강한 관계를 위한
나눔 연습

거절 다루기
중재하기
감사 나누기

거절 다루기

: 거절을 주고받으면서도 상호적인 관계 유지하기

거절에서 중요한 것,
서로의 진심 주고 받기

우리가 사소한 일로 다툴 때마다 결혼이 후회되었어요. 결혼 전 제 배우자가 저를 너무 따라다녀서, 마지못해 결혼했던 마음이 있거든요. 물론 오랫동안 저에게 잘했기 때문에 '뭐 더 좋은 사람이 나타나겠나' 하는 생각도 있었고 나이도 있었고요. 그런데 제 마음 안에는 '내가 결혼해준 거니까 너는 나에게 잘해야 돼'라는 생각이 늘 있었나 봐요. 살다 보면 실수도 하고 사소한 잘못도 할 수 있는데 저는 그럴 때마다 화가 불쑥불쑥 올라오더라고요.

수업 시간에 저에게 "선생님이 그때 거절하지 않고 마지못해 예스라고 한 결과, 어쩌면 배우자 분께서는 자신을 더 사랑해줄 사람을 만날 수 있었던 기회를 상실했다고도 볼 수 있을 것 같은데요, 선생님 생각은 어떠신가요?"라는 질문을 받은 순간에는 불쾌했지만, 두고두고 생각할수록 맞는 말 같았습니다. 제가 그때 결혼을 거절했다면 우리는 시간을 더 가졌거나, 아니면 제 배우자는 자신을 더 사랑하는 사람을 만났을 수도 있었겠지요. 저 역시 그랬을 수 있고요. 그 당시 배우자에게 상처를 주고 싶지 않았던 마음이 오히려 결국 그 사람에게 중요한 인생의 기회를 박탈한 폭력일 수 있다는 것을 알게 되고 나니, 무척 미안한 마음이 들었어요. 당연히 그 사람이 저에게 더 잘해줘야 한다는 생각도 많이 줄어들고 결국 제 선택이었으니 저 역시 책임감을 좀 더 갖게 되었습니다. 누가 더 잘났고 부족하고 아까운지를 따지는 것보다 현재 부부로서, 서로에 대해 이해하려는 상호 노력이 중요한 거죠.

거절은 상대에게 주는 소중한 선물입니다. 단, 거절이라는 선물은 아프게 집어던지는 게 아니라 상대가 다치지 않게 조심스럽게 다가가서 건네주는 거지요. 거절한다는 것은 존재의 거부, 혹 관계의 단절을 의미하는 것이 아니라 서로의 마음에 담긴 진실을 주고받는 과정이랍니다. 어떤 요청을 했을 때, 만약 상대가 제 말을 듣고 속으로는 거절하고 싶으면서도 겉으로 내색하지 않고 웃으며 해주겠다고 하는 모습을 상상해보면 반갑지 않습니다. 그래서 대화 수업을 할 때 모두에게 물어보곤 하지요. "내가 부탁할 때 상대가 억지로 응해주면 고맙고 기쁜 마음이 드나요, 아니면 취소하고 싶나요?"

대부분은 반드시 그 사람이 해주어야 할 '상호책임'이 있는 경우가 아니라면 취소하고 싶다고 합니다. 앞의 사례에서도 마찬가지입니다. 사랑하는 남녀는 때로 서로의 고백에 대해 거절을 당하기도 하고 거절을 하기도 합니다. 거절을 당하는 쪽은 분명 마음이 아프겠지요. 그러나 자신을 사랑하지 않으면서 거절하지 못해 억지로 만나는 것을 원하거나 기쁘게 반길 사람은 없을 겁니다. 아픔은 회복되고 또 다른 사람을 만날 기회는 찾아오지요. 거절은 삶에 꼭 필요한 대화의 요소랍니다.

우리 문화에서 거절을 말하기란 쉬운 일이 아니지요. 그리고 거절하지 못하는 사람은 '착한 사람'으로 여겨지곤 합니다. 그러나 거절하지 못하고 '예스Yes' 하는 '착한 사람'이 자신의 마음을 정직하게 돌아보았을 때 늘 만족스럽고 기쁜 것은 아닙니다. 자신이 해야 할 일이나 하고 싶은 일이 있음에도 불구하고 '예스'라고 이야기하면서 자신의 욕구를 멀리 미뤄 놓기 때문이지요. 그리고 상대를 위한 도움의 손길에 노력을 쏟아붓다가 정작 자신이 할 일, 혹은 하고 싶은 일은 제대로 하지 못 하는 일이 생기게 됩니다. 또한 해준 것을 후회하거나, 상대가 무리한 부탁을 했다고 뒤늦게 원망하기도 하고요.

거절을 어려워하며 마지못해 행동하게 될 때는 다음과 같은 이유가 있습니다.

1) 불이익을 당할까 봐
2) 상대가 상처 받을까 봐

3) 좋은 사람이 되고 싶어서

4) 갈등을 피하기 위해서

5) 책임지지 않을 수 있어서

6) 거절을 잘 해보지 못해서

입니다.

거절을 잘하기 위해서는 거절의 의미를 제대로 이해할 필요가 있습니다. 거절은 상대를 무시해서가 아니라 나에게 지금 더 중요한 가치나 필요사항이 있음을 표현하는 것입니다. 이 과정이 사실 그리 쉬운 게 아니지요? 그런데도 거절하기 위해 용기를 내야 할 이유는 다음과 같습니다.

1) 거절해야 할 때 거절하지 못하면 정작 중요한 일에 쏟아야 할 시간과 에너지를 상실하게 되고

2) 상대에 대한 배려라고 생각해서 마지못해 부탁을 들어주면 자기도 모르게 부탁한 사람을 부담스럽게 생각하거나 미워하게 되고

3) 장기적으로는 상대와 건강하고 솔직한 인간관계를 기대하기 어렵기 때문입니다.

이런 점들을 생각해보면 억지로 '예스'라고 하는 것은 부탁한 사람에 대한 예의가 아닙니다. 왜냐하면 그 사람이 '기쁜 마음으로' 상대의 도움을 받을 기회를 박탈하기 때문이죠. 우리 중 누구도 상대가 억지로 우리 부탁을 들어주길 바라지 않듯이 말입니다.

거절은 한쪽이 일방적으로
상대를 배척하는 것이 아니다

비난과 처벌은 강요의 해결을 도모하고,
협력과 상생은 이해의 해결을 도모한다

대학교 때 친했던 친구들이랑 조금씩 돈을 모아 함께 여행을 가기로 했어요. 5명이 직장 생활하면서 1년간 돈을 모아 경비를 마련하고, 여행지도 고르고 날짜도 정했어요. 그런데 한 친구가 새로 교제하게 된 사람이 생겼고, 여행 시기가 애인 생일과 겹친다면서 여행에서 빠지고 싶다고 말했어요. 약속을 어긴 거죠. 저는 친구에게, "1년간 준비해서 어렵게 결정한 건데 같이 가자. 응? 부탁한다~"라고 메시지를 보냈어요. 그런데 친구는 "근데 그 사람 생일이라서 안 될 것 같아. 이번에는 너희끼리 다녀오고 나는 다음에 가면 어떨까?"라고 답이 왔어요. 다시 한번 거절한 거지요.

있을 수 없는 일이라는 생각이 순간적으로 강하게 올라왔어요. 그리고 '아무리 연애도 좋지만 어떻게 우리 우정을 이따위로 가볍게 생각하지? 우리를 얼마나 무시했으면 이럴 수 있는 거야?'라는 생각이 들어서 떠올랐던 비난의 생각을 그대로 담아 카톡을 보냈어요. 그리고 마지막에 한마디 더 넣었어요. "소중한 친구와의 약속을 우습게 아는 네가 얼마나 연애를 잘하는지 볼게"라고요. 지금 생각해보면 너무 유치하고 성숙하지 못했는데 당시에는 참을 수가 없어요. 친구는 미안하다며, 같이 여행을 가자고 했지만, 이미 불편해지고 말았죠. 어찌 보면 그리 큰일도 아니었고, 분명 다른 좋은 방법도 떠올려볼 수 있었을 텐데 모두 망쳐버렸어요.

친구들뿐일까요? 가족들은 어떨까요? 우리는 스스로가 관대하다고 생각하면서도 막상 상대가 내 요청을 받아주지 않을 때는 매우 날카로워집니다. 그리고 서둘러, 왜 상대가 반드시 응해줘야 하는지에 대한 이유를 대며 강요하곤 하지요. 두렵게 해서라도, 수치스럽게 해서라도, 죄책감을 느끼게 해서라도 하게 만들려는 우리의 태도가 바로 거절을 대하는 습관적인 태도입니다. 저 역시 가족들이 요청을 들어주지 않을 때 속으로 참 많이 미워하기도 했고 여전히 서운하기도 하답니다. 가슴 깊은 곳에선 상대가 응해주지 못하는 마음을 이해하면서도 그 순간 거절을 흔쾌히 받아들인다는 것이 얼마나 어렵던지요.

그러나 거절에 대해 도망가지 말고 제대로 직면하고 이해할 필요가 있습니다. 거절을 장롱 속에 있을 것 같은 괴물처럼 생각한다면 그 실체가 무엇인지 잘 알 필요가 있답니다. 왜냐하면 우리는 거절 자체보다 거절을 대하는 우리의 생각 때문에 더 나은 방법을 찾을 수 있는 가능성을 놓치기 때문이지요. 그래서 거절을 제대로 이해하고, 더 나은 결과와 방법을 찾는 태도를 배울 필요가 있답니다.

상무님이 제가 지난 3개월간 맡아 진행해오던 일을 옆 팀의 다른 팀장에게 맡기셨어요. 남이 하던 일을 중간에 맡게 되니 그 팀장은 무척 화가 났어요. 상무님한테 화를 낼 순 없으니 저에게 화를 내더군요. 저는 "야, 내가 시킨 거냐? 못하겠으면 상무님한테 네가 말씀드려"라고 했는데 그 일로 저에게 더 화가 났나 봐요. 어제는 전화해서, "박 팀장, 왜 네가 싼 똥을 내가 치워야 하냐? 가뜩이나 일도 많은데"라고 했어요.

뒤늦게 배운 대로 그 동기의 욕구가 무엇인지 짐작해봤고 '도움'을 원한다고 생각했어요. 그러고는 도와주려는 의도로 그동안 제가 준비한 자료를 메일로 보내줬죠. 그 양이 좀 되었고요. 그런데 동기가 더 화가 났어요. 다음 날 오후에 전화해서 저에게 "왜 쓸데없는 자료를 이렇게 많이 보내. 이거 다 언제 보라고!" 하면서 언성을 높이더라고요. 저는 정말 화가 나기 시작했어요. 제가 시킨 것도 아니고 상무님한테 화를 못 내니까 저한테 '지랄'을 한다고 생각했거든요. 그래도 문제를 해결하기 위해 '비난'의 태도를 버리고 '상생과 협력'의 태도를 상기했죠. 상대에 대한 비난이 아니라 문제에 대한 협력을 찾고자 했어요. 하지만 참다 참다 결국엔 "야! 도움이 필요한 거 아니었어? 그럼 도대체 네 욕구가 뭐야!"라고 소리를 질렀더니 우리 팀원들이 저를 또라이 보듯 쳐다봤어요.

저는 이야기를 듣고 물었습니다.

"팀장님, 만일 그때 배운 대로 상대의 욕구를 추측하며 대화하는 방법대로 말하지 않았다면 뭐라고 했을까요?"

그러자 그분이 대답했어요. "만일 제가 그렇게 어색하게 말하지 않았다면 분명 엄청 심한 말을 했을 거예요. 평소 습관대로 말했다면, '이 미친놈아. 똥 타령 그만해! 능력 안 되면 네가 말씀드려. 그리고 나한테 다신 전화하지 마'라고 했겠죠. 그것보다는 훨씬 나아요. 그래서 후회하진 않습니다."

우리는 상대가 내가 원하는 대로 행동해주지 않을 때 그를 비난하고 응징, 처벌하는 데 익숙해져버렸습니다. 그러나 그 결과가 어떤지 생각해볼 필요가 있습니다.

지금까지 우리는 듣기를 연습하면서 문제 해결에 대해선 구체적으로 이야기하지 않았습니다. 왜냐하면 문제 해결이 대화의 목적이 아니기 때문입니다. 대화의 목적은 서로에 대한 깊은 이해, 즉 연결입니다. 문제 해결은 그 뒤에 따라오는 다양한 방법이겠지요. 상대 팀장인 동기는 전화를 끊고 한번은 생각할 겁니다. 자신의 욕구가 무엇인지에 대해서 말이죠. 그러나 욕과 비난을 듣고 끊었다면 그런 말을 한 팀장을 미워하느라 많은 시간을 보내게 되겠죠.

무엇이 우리의 문제 해결에 더 중요한 것일까요? 비난과 처벌의 방식일까요, 아니면 욕구에 근거한 상생과 협력의 방식일까요?

연결의 대화 연습

습관적인 비난과 처벌의 방식에서 벗어나, 협력과 상생을 위한 대화를 연습해봅시다.

예) 상황 : 아이가, 나에게 말하지 않고 내 지갑에서 돈을 가져가고, "가져가지 않았어"라고 말한다면.

- 비난과 처벌의 힘으로 반응하기 : "너 도둑 될 거야? 나쁜 놈이네 이거. 맞고 말할래? 그냥 말할래?"

- 상생과 협력의 힘으로 반응하기 : "정직한 건 중요한 거야. 사실을 말해야 엄마·아빠가 널 도와줄 수 있어. 그러니 말해."

[1] 초등 5학년 아이가 며칠 동안 숙제를 하지 않고 가서, 교사로부터 '아이 숙제 좀 봐주세요'라는 전화를 받은 부모라면,

  - **비난과 처벌의 힘으로 반응하기** :
  - **상생과 협력의 힘으로 반응하기** :

[2] 학생이 수업 시간에 화장품을 꺼내 놓고 화장하고 핸드폰을 만지는 행동을 여러 차례 반복하는 모습을 보았을 때, 선생님이라면,

  - **비난과 처벌의 힘으로 반응하기** :
  - **상생과 협력의 힘으로 반응하기** :

[3] 신입사원이 복도에서 만날 때마다 인사를 하지 않고 그냥 지나가는 모습을 여러 차례 보았는데, 그 신입사원과 조용한 공간에서 둘이 있게 되었을 때 입사 선배로서 한마디 한다면,

  - **비난과 처벌의 힘으로 반응하기** :
  - **상생과 협력의 힘으로 반응하기** :

[4] 조직에서, 인원 부족으로 인해 다른 사람들의 업무를 조금씩 나눠서 더 하게 되었는데, 한 팀원이 지시하는 일에 대해 "왜 인원을 늘려주지 않고 자꾸 과중한 업무를 주십니까? 못합니다"라고 할 때

  - **비난과 처벌의 힘으로 반응하기** :
  - **상생과 협력의 힘으로 반응하기** :

거절 듣기 연습
'저 사람에게 중요한 것이 있구나'

1. 행위와 존재 구별하기
**상대는 내가 요청한 '행위'를 거절한 것이지
나라는 '존재'를 거절하는 게 아니다**

그날은 정말 힘들었어요. 평소 부정적인 이야기하는 걸 좋아하진 않지만, 가끔 정말 누군가에게 털어놓고 싶을 때가 있잖아요. 집에서 혼자 잠이나 자는 게 나을 것 같기도 했지만, 한편으로는 내 이야기를 들어주길 바라는 마음도 있었어요. 그런 마음으로 카톡을 보냈어요.

"오늘 나 정말 힘든 날이야. 이따 시간 되면 맥주 마실래?"

그랬더니 몇 시간이 지나서야 답이 왔어요.

"오늘 나 동창 모임이잖아."

이 답을 보자마자 두 가지 생각이 들었어요.

'아, 맞다. 오늘 동창 모임이랬지'와 '그래도 그렇지, 걱정부터 해줘야 하는 거 아냐?'라는 생각이요. 아무렇지 않은 듯 문자를 보냈어요.

"알았어."

"왜 기분 상했어?"

"아니."

사실 상했지요. 이해가 안 되는 건 아니지만 그날 정말 기분이 안 좋아서 같이 있길 바랐거든요.

남자친구가 잠시 후에 다시 연락했어요. "그럼 6시에 너희 회사 앞에서 보자. 9시까지 간다고 친구들한테 말해놨어."

저는 이미 기분이 상해서 "됐어. 신경 쓰지 마, 집에 가서 쉴 거야"라고 말하고는 카톡을 씹어버렸죠.

생각해보면 2시간 정도 남자친구랑 이야기를 나누고 맥주 마시고, 늦지 않게 집에 가서 쉬는 게 제게도 가장 좋은 일정이거든요. 그런데 그날은 이미 서운한 마음이 느껴진 후라, 좋은 방법과 결과가 있다 해도 마음이 엉망이었어요. 제가 원하는 대로 되었음에도 결과랑 상관없이 엉망인 마음을 보면서, 거절을 제 존재에 대한 거부로 해석했음을 알게 되었죠. 남친은 먼저 정해진 약속을 지키고 싶었던 것뿐 저를 덜 소중하게 여긴 것도 아닌데, 그 순간 남친의 거절이 곧 저를 거절하는 것으로 다가온 거죠.

거절을 듣는 것이 어려운 이유는, 상대가 거절하는 것은 분명히 요청하는 행위(퇴근 후 맥주 마시며 여자친구 이야기 듣기)임에도 불구하고 그것을 존재(나를 중요하게 여기는 정도)로 연결하기 때문이지요. 거절을 잘 듣기 위해 중요한 연습은, 상대의 거절을 내 '존재'와 연결하지 말고 내가 요구한 '행위'에 연결하는 연습입니다.

대인관계에서 거부당할 것이라는 불안한 기대를 가지고, 타인에게 거절을 경험하는 상황에서 과민하게 반응하는 것을 심리학에서는 거절민감성이라고 합니다. 거절에 대한 민감성이 높으면 거절을 위협으로 받아들이고 자기중심적으로 생각하게 되지요. '거절'을 생각하게 되면 적개심, 의기소침, 정서적 철회(관심 끊기), 질투 등을 경험하며 이는 우울, 불안, 분노로 이어지기도 하고요.

연습 1

일상에서 떠오르는 작은 사건 중에서, 거절민감성의 경험을 나누어보세요.

거절이라는 단어를 떠올려보면 그다지 유쾌하지 않을 수 있습니다. 그러나 거절을 주고받는 것이 자유로울 때 진정으로 서로를 신뢰하게 되고, 열린 소통이 이루어질 수 있습니다. 평소에 거절을 잘하는 사람이 어느 날 요청을 듣고 기꺼이 '예스' 해줄 때 우리는 그 수락이 '진짜 예스'임을 알 수 있습니다. 거절하지 못하고 늘 '예스'만을 해온 사람은 그가 말하는 '예스'가 진심인지 아니면 억지로 하는 건지 모호할 수 있답니다.

이렇듯 행위와 존재를 구별하며 거절을 들을 수 있다면, 상대와 내 마음을 보호하면서 다른 대안을 찾아볼 수 있습니다. '나'를 거절하는 것과 '수단'을 거절하는 것은 엄연히 다른 일이에요. 상대의 거절을 방법과 수단에 대한 거절로 이해할 수 있다면, 거절을 들은 이후에 더 좋은 방법을 생각해낼 수 있습니다. 이게 바로 창의적인 문제해결로 가는 방법이기도 하지요. 요청에 대한 상대의 거절을 잘 듣게 되면 우리는 상대로부터 많은 정보와 지혜를 구할 수 있습니다.

연습 2

지금까지 살아오면서 거절을 통한 더 나은 대안 및 방법을 찾은 경험이 있다면 나누어보세요.

2. 상대의 핵심 욕구만 집중하기

거절을 연습하며 처음으로 기분이 나쁘지 않음을 경험했어요. 저는 이상하게 큰아들에게 화가 많았거든요. 제가 뭘 좀 하라고 하면 그냥 하는 법이 없다고 생각했죠. 늘 토를 달고, '왜'라고 따져 묻곤 해서 둘째와 달리 자주 매를 들었죠. 커가면서는 서로 관계가 자연히 멀어졌고, 큰아이는 마치 가슴속에 저에 대한 풀리지 않는 응어리를 갖고 사는 것 같아요.

며칠 전, 제가 큰아이에게 강아지 산책을 대신 시켜달라고 했어요. 근데 아이가 저를 보며, "엄마 귀찮지? 엄마는 귀찮으면 꼭 다른 사람 시키더라. 나도 귀찮아"라고 하더군요. 평소 같으면 "야, 이놈아. 그것도 못 하냐? 그럼 저 개 다른 집 갖다줘!"라고 했을지 모르는데 그 전날 대화 훈련을 받고 저도 모르게, 정말 저도 모르게 나온 말이었어요. "아, 귀찮아? 너도 엄마랑 똑같은 마음인 것 같다. 지금 쉬고 싶어?"라고 했어요.

저도 말하고 스스로 놀랐는데, 아들은 처음 들어보는 말이라 그런지 저를 빤히 보더라고요. 그러더니, "엄마 왜 그래?"라고 했어요. 부끄러웠지만, 내친김에 계속했어요. "아니, 네가 귀찮다고 했잖아. 엄마도 사실 귀찮거든, 쉬고 싶으니까. 그래서 너도 쉬고 싶은 것 같아서. 아니야?"

아들은 제 이야기를 듣고 방으로 들어갔다가 옷을 입고 나왔어요. 제가 어디 가냐고 했더니 "산책시키려고. 난 별로 쉬고 싶진 않아. 엄마가 맨날 나한테 시키는 게 기분 나빠서 그랬던 거지. 잠깐만 산책시키고 친구들 만나러 갈 거야"라고 했어요. 아들이 제 요청을 거절했다가 제가 잘 구슬려서 해준 거라면 그다지 기쁘지 않았을 거예요. 저는 정말로 아들이 제 말대로 하게끔 조종한 게 아니었어요. 그냥 아들의 욕구에 집중해서 말해줬을 뿐인데, 아들이 기꺼이 다녀왔죠.

제가 아들에게 요청했을 때, 아들이 거절한 이유는 휴식이 필요해서가 아니라 존중받고 이해(매번 시키는 게 기분이 나쁘다는 것에 대한 이해)받고 싶었던 것 때문이었나 봐요.

저, 그날 울었어요. 이 착한 아들에게 내가 그동안 무슨 말들을 퍼부어대고 있었던 걸까… 미안하고 미안한 마음에 깊이 반성했답니다.

거절을 듣는 것은 상대에게 받아들여지지 않았다는 불쾌함과 두려움을 느끼게 할 수 있답니다. 그러나 거절의 과정에는 서로의 욕구를 이해할 기회가 선물처럼 존재합니다. 그래서 거절은, 요청을 들은 사람이 요청을 한 사람에게 주는 진실의 목소리입니다. 속으로 싫으면서 좋다고 했던 많은 날을 떠올려볼까요? 자신을 스스로 속이고 상대에게도 거짓말을 했던 순간들 말이에요.

그동안 단지 갈등을 피하고 좋은 관계를 위해서, 좋은 이미지를 위해서 자신의 진실을 상대에게 표현하지 못하고 미소로 가린 채 거짓말을 해왔을지 모릅니다. 아이가 부모의 요청을 거절한다면 그 아이는 건강한 겁니다. 팀원들이 팀장의 요청을 거절한다면 그 조직은 생산성이 높아질 수 있습니다. 왜냐하면 그 공동체 안에서 심리적 안정감을 경험하고 있다는 증거이기 때문이지요. 이런 거절이 편안하게 나올 수 있으려면 서로에 대한 신뢰가 있어야 합니다. 신뢰는 힘이 있는 사람이 힘이 없는 사람의 의견을 잘 들어보려는 노력에서도 비롯될 수 있지요. 힘이 있는 사람이 힘이 없는 사람의 거절을 잘 이해해준다면, 힘이 약한 사람은 심리적 안정감을 느끼기 때문에 편안한 상태에서 창의력과 자율성이 높아지게 됩니다. 이런 자유로운 의사소통은 더 나은 문제해결력을 가져오고 조직과 가정 및 기타 공동체의 성장과 발전의 토대가 됩니다.

상대의 거절에 상처받지 않고, 거절을 현명하게 받아들이고 싶다면 다음 세 가지를 기억하면 좋겠습니다.

1. 거절을 듣는다는 것은 상대에게 현재 더 중요한 욕구가 있다는 것입니다. 상대의 거절을 욕구로 바꾸어 들을 수 있게 된다면 우리 자신을 보호하면서도 상대와의 질 높은 관계를 유지할 수 있습니다.

2. 상대는 '나'라는 존재를 거절하는 것이 아니라, 나의 욕구를 채우고자 도움을 구한 나의 '수단'을 거절하는 것임을 이해할 필요가 있습니다. 또한 거절하는 상대는 자신의 마음 뒤에 숨겨놓은 핵심 욕구를 이해받을 때, 요청하는 사람이 충족하고 싶어 하는 욕구에 대해서도 이해하려는 마음을 갖게 됩니다.

3. 상대의 욕구를 존중하며 거절을 들을 수 있다면, 서로가 연결되는 기회를 만들어줍니다. 욕구를 이해받은 상대는 지금이 아니더라도 언젠가 나의 요청에 응답하며, 나에게 도움이 될 수 있는 행동을 선택할 가능성이 무척 커진답니다.

연습 3

여러분이 속한 공동체, 가정, 조직 안에서 여러분이 경험하는 심리적
안정감은 어느 정도라고 생각하는지 나눠보세요.

거절하는 상대의 핵심 욕구 이해하기

'너에게 더 중요한 것이 있구나.'
'내 요청을 수락할 수 없는, 이유가 있구나.'

1 나의 핵심 욕구를 담아 요청하기

· 핵심 욕구, 구체적, 긍정적, 실현할 수 있게, 의문형으로
예) "나는 우리 가족이 함께 대화도 하고 친밀했으면 좋겠어.
    그러기 위해서 일주일에 한 번 1~2시간 정도 가족회의를 함께 할까?"

2 거절하는 상대의 핵심 욕구를 이해하기

· 상대의 말과 상황 이면에 있는 상대의 핵심 욕구를 마음속으로 이해하기.
예) "1~2시간이나요? 그렇게 오래 가족회의 하는 건 전 바빠서 어려워요."
    '시간을 자유롭게 쓰고 싶구나, 효율적인 것도 중요하고' (자유로움, 선택, 효율성)

3 상대의 핵심 욕구를 인정하며 표현하기

· 거절하는 상대가 가지고 있는 핵심 욕구를 인정하며 표현하기.
예) "자유롭게 선택하고 싶어? 좀 더 효율적인 방법을 찾고 싶기도 하고?"

거절 듣기 연습을 해보겠습니다. 행위에 대한 거절임을 인식하며 상대의 핵심 욕구를 들어봅시다.

* 욕구 목록 참조(143쪽)

예) 정년퇴직을 한 지 지난 3년이 지난 아버지가 요즘 주식 투자를 과하게 하신다는 말을 어머니에게서 듣고, "아버지 지금 비상금 얼마 남으셨다고 그 돈으로 주식을 하세요. 가족들 걱정되게 그러지 마시고 주식 투자 그만 하세요"라고 말씀을 드렸다. 그러자 아버지께서 버럭 화를 내시면서 "야 이놈아. 아버지가 너한테 돈 달라고 그랬냐? 왜 네가 아버지가 하는 걸 하라 마라야? 네 일이나 잘해, 이놈아!"라고 소리를 지르며 말씀하실 때,

1) 아버지는 어떤 행위를 거절했나요?

주식투자를 이제 정리해달라는 것

2) 거절하는 아버지의 욕구는 무엇일까요?

자신이 여전히 돈을 벌 능력이 있다는 - 유능감, 자신감

가족을 보호하고 건사할 수 있는 - 보호, 생산성, 인정

3) 말하듯이 적고, 파트너에게 말해보세요.

"아버지, 가족을 여전히 잘 돌보고 싶고 경제적으로도 더 건사하고 싶으세요?

위의 예시를 참고하여, 다음 상황에서 어떻게 반응할지 글로 적어보고 파트너와 나눠보세요.

[1] 조직에서, 인원 부족으로 인해 다른 사람들의 업무를 조금씩 더 나눠서 하게 되었는데, 한 팀원이 상사의 지시에 대해 "왜 인원을 늘려주지 않고 자꾸 과중한 업무를 주십니까? 못합니다"라고 할 때

- 어떤 행위를 거절했나요?

- 거절하는 팀원의 욕구는 무엇일까요?

- 말하듯이 적고, 파트너에게 말해보세요.

[2] 교사로부터 "진서가 요즘 숙제도 잘 안 해오고 그러네요"라는 전화를 받아서, 중3 딸에게 숙제부터 하고 놀라고 말했더니 딸이 "엄마는 학교 다닐 때 숙제 다 해갔어? 친구 만나고 와서 한다고. 놀고 하나, 하고 노나 뭐가 달라!"라고 할 때

- 어떤 행위를 거절했나요?

- 거절하는 딸의 욕구는 무엇일까요?

- 말하듯이 적고, 파트너에게 말해보세요.

[3] 이제 고등학생이니까 용돈 좀 올려달라고 부모님께 말씀드렸더니 "너는 돈 주면 다 헤프게 써서 안 돼"라고 할 때

- 어떤 행위를 거절했나요?

- 거절하는 부모님의 욕구는 무엇일까요?

- 말하듯이 적고, 파트너에게 말해보세요.

[4] 신입사원이 복도에서 만날 때마다 인사를 여러 차례 하지 않길래, "인사 좀 하고 다녀라"라고 했더니 후배가 "못할 수도 있죠. 그리고 인사는 꼭 후배가 먼저 해야 하는 겁니까?"라고 말할 때

- 어떤 행위를 거절했나요?

- 거절하는 신입사원의 욕구는 무엇일까요?

- 말하듯이 적고, 파트너에게 말해보세요.

거절 말하기 연습,
"제가 중요한 것이 있습니다"

1. 요청하는 이의 핵심 욕구를 조건 없이 이해해주기

워킹맘인 저는 아이를 친정엄마와 베이비시터가 교대로 봐주고 계세요. 남편은 6시에 출근을 해야 하고 저는 교대근무라 어떤 날은 오후 3시, 어떤 날은 새벽 5시에 나가요. 그러다 보니 아침에는 엄마가 새벽 6시에 오셔서 저희 출근하면 아이 등원시켜주시고 집안 정리도 도와주세요.

아이가 2시경 하원하면 엄마는 집으로 돌아가시고 베이비시터가 아이를 돌봅니다. 엄마랑 베이비시터는 오후 2시경 잠시 만나는 거지요. 그럼 그 시간대에 엄마로부터 카톡이 막 오기 시작해요. 대부분은 베이비시터 흉이에요. 화장이 진하다, 애한테 관심이 없다, 다른 사람을 구해보라는 등. 사실 아이 돌보는 사람을 자꾸 바꾸는 것도 좋지 않고 아이도 베이비시터를 좋아해요. 잘 놀아주거든요.

근데 엄마는 끊이지 않고 카톡을 보내셨죠. 업무 시간에 그 문자를 받으면 지겹기도 하고 매번 답을 뭐라고 해야 할지 모르겠더라고요. 마음 같아선 "엄마, 이제 카톡 좀 그만 보내고, 관심 좀 끊으세요"라고 하고 싶은데 그렇게 할 순 없고….

그러다가 대화 교육 때 거절을 배우고 상대의 핵심 욕구를 무조건 이해해주라는 세션을 배우면서, 엄마의 욕구에 집중해보았어요. 도대체 왜 그러실까….

그런데 문득, 우리 엄마의 현재 핵심 욕구가 '자신이 얼마나 잘하고 계신지를 인정받고 싶으신 건가'라는 생각이 들었어요. 엄마의 마음이 그제야 이해가 되더라고요. 그래서 카톡으로 제 마음을 써서 보냈어요.

"엄마 정말 감사해요. 엄마가 그 이른 새벽에 정훈이 본다고 매일 와주시는 게 얼마나 힘든 일인지 잘 알아요. 저야 일어나서 출근 준비하고 나오면 되는데 엄마는 그 새벽에 오셔서 일을 해주셔야 하니까요. 베이비시터처럼 치장할 여유도 없이 손주 본다는 마음 하나로 이렇게 애써주신다는 걸 문득 깨닫게 되었어요. 엄마의 노고에 감사한 마음이 들어서 문자 해요. 엄마, 정말 고마워요."

그런데 메시지를 읽기만 하고 세 시간이 넘도록 답이 없는 거예요. 괜한 짓을 한 건가 싶기도 했지만 어쨌든 제 진심이었기 때문에 기다려보자고 생각했어요. 3시간 정도 지나서 엄마에게 답이 왔어요.

"너희들이 더 고생이 많지. 내가 최선을 다해 돌보는 건 내 손주니 당연한 거다. 그걸 우리 딸이 알아주니 고맙다"고요.

이후로 베이비시터에 대한 비난은 싹 없어졌답니다. 세상에. 우리 엄마가 그런 욕구 때문에 그렇게 행동하셨다는 걸 이해하니 한층 더 편안해졌어요. 거절에 대한 첫 시작이 상대의 핵심 욕구를 전적으로 이해하라는 것은 놀라운 발견입니다. 저는 그동안 거절의 첫 시작은 "죄송하지만, 어렵겠네요"였거든요.

거절이 왜 중요한지, 진짜 의미가 무엇인지 우리는 앞서 배워보았습니다. 그리고 거절을 듣는 방법도 배워보았지요. 이제는 어떻게 거절하는 것이 좀 더 부드럽되 정확한지 배워보려고 합니다.

거절한다는 것은 상대가 요구하는 행위에 대해 수용하지 않겠다는 표현이면서도 동시에 상대와의 관계는 지속하고 싶다는 의지의 표현입니다. 상대가 원하는 행위를 하지 않으면서 편안한 관계를 유지하고 싶다는 바람 자체가 어찌 보면 모순적으로 보일지도 모르겠습니다. 그러나 서로가 깊이 연결된 상태에서는 이것이 이상적인 이야기가 아니랍니다. 잘 살펴볼까요?

앞의 사례에서 어머님은 베이비시터를 다른 사람으로 교체하기를 바랐습니다. 그것이 어머님이 바라는 수단 방법인 '행위'지요. 그러나 그 요청을 거절하는 방법으로 'No'라는 말로 시작하기보다 어머님이 그 행위를 통해 충족하려는 핵심 욕구가 무엇인지 찾았습니다. 그리고 그 욕구를 조건 없이 충분히 이해했습니다.

'인정'이라는 단어가 나왔죠. 여러분에게 인정은 중요합니까? 아마 매우 중요할 것입니다. 저도 그렇습니다. 이 책을 쓰면서도 보다 많은 사람에게 읽히고 인정받고 싶은 욕구가 크게 자리하고 있답니다.

연습

옆의 파트너와 자신은 누구에게 '인정'받고 싶은지, 왜 그런지 이유를 번갈아 가면서 말하고 들어보세요.

이제 사례 속 어머님의 인정 욕구도 마음으로 더 잘 이해되실 겁니다. 거절할 때 단순히 '노'라고 말하면 화자는 서운하고 마음에 담을 쌓고 싶어집니다.

이런 심리적 방어막이 형성되면 서로의 관계는 소원해지기 쉽습니다. "카톡 그만 보내세요"라는 말 대신 어머님의 욕구를 충분히 이해해드렸을 뿐인데 어머님께서는 더 이상 베이비시터 교체 건에 대해 말씀하지 않으셨습니다. 모든 경우가 그런 것은 아니지만, 화자의 욕구만 충분히 이해하고 공감해주어도 해결되는 경우가 생각보다 무척 많답니다.

즉, 상대의 요청은 욕구를 충족하려는 하나의 수단에 불과합니다. 주로 요청하는 사람들은 자신의 핵심 욕구(예 - 인정)를 잘 인식하지 못한 채 어떤 특정한 요구만(베이비시터를 교체해라) 하거나 비난(시터 자격 없다)만 하게 됩니다. 상대의 요청을 거절할 때 먼저, 화자가 충족하길 바라는 핵심 욕구를 이해하도록 도와주면 상대도 우리의 거절이나 다른 의견에 대해 열린 마음을 갖게 됩니다.

연결의 대화 연습

예) 6년의 연애 끝에 우리는 결혼을 준비하고 있다. 이왕 한번 하는 거 좋은 호텔에서 최대한 지인들을 많이 초대하자고 했는데 여자친구는 "그게 무슨 의미가 있어? 우리가 결혼하는 거지, 그들에게 보여주는 게 중요해? 남한테 보이는 것보다 정말 의미 있는 결혼식을 하는 게 맞는 거 같아"라고 따지듯 말했다. 그럼 어떻게 하고 싶은지 물었더니, "자연에서 있는 그대로의, 본연의 야외결혼식을 원해"라고 말했다. 하객들이 얼마나 불편할지 생각은 했는지, 내가 뭘 잘못했는지도 모르겠고 이럴 때마다 피곤하다.

- 어떤 행위를 거절하고 싶나요?

야외 결혼식을 준비하는 것

- 여자친구가 바라는 욕구는 무엇일까요?

서로가 함께하며 결혼의 본래 뜻을 상기하고 싶은- 의미, 나눔

- 여자친구에게 말하듯이 적고, 파트너에게 말해보세요.

"그러니까 자기 말은, 자연적인 게 좋고, 함께 하는 결혼의 의미를 사람들과 나누고 싶다는 거지?"

앞의 예를 참고하여, 다음 상황에서 어떻게 반응할지 글로 적어보고 파트너와 나눠보세요.

[1] 인원이 감축된 상황에서, 이제는 우리가 하지 않을 일까지 떠맡게 되었다. 조직에서 팀원을 충원해주는 게 당연한데도 아무도 그런 제안을 하지 않는다. 팀장님이 "그간 B팀에서 하던 일을 우리가 해야 한다니까 각자 조금씩 맡아 해보자. 알았지?"라고 말씀하셨다. 팀장님이 미운 게 아니라 이런 부당함을 견디지 못하겠다. 이 일만큼은 꼭 거절하고 싶다.

- 어떤 행위를 거절하고 싶나요?

- 팀장이 바라는 욕구는 무엇일까요?

- 팀장님한테 말하듯이 적고, 파트너에게 말해보세요.

[2] 이제 내 할 일 알아서 하는데 엄마·아빠는 나를 아직도 믿지 않는다. 몇 번 숙제를 안 해 갔을 뿐인데 큰일이 터진 것처럼 매일 잔소리다. "너 오늘 숙제했어? 숙제하고 놀아. 선생님께 전화 한 번만 더 오게 해라. 아주 그냥 혼날 줄 알아"라고… 이 말 정말 듣기 싫어서 '상관 말라' 해버리고 싶다. 제대로 거절할 수 있을까?

- 어떤 행위를 거절하고 싶나요?

- 부모님이 바라는 욕구는 무엇일까요?

- 부모님께 말하듯이 적고, 파트너에게 말해보세요.

[3] 우리 어릴 때는 버스 회수권 하나만 들고 다녔는데, 요즘 애들은 신용카드까지 들고 다닌단다. 얼마 전 아들 녀석도 친구들보다 용돈이 적다며 올려달라고 따지듯이 말했다. 공손하게 부탁을 해도 고민할 일을 버릇없이 말하길래 아예 들어주지도 않았다. 용돈을 그냥 올려줄 수는 절대 없다. 그럼 돈을 알기를 우습게 알 테니까. 이럴 땐 어떻게 거절할까?

- 어떤 행위를 거절하고 싶나요?

- 아들이 바라는 욕구는 무엇일까요?

- 아들에게 말하듯이 적고, 파트너에게 말해보세요.

[4] 분명히 먼저 봤으면서도 인사를 안 하는 선배들이 있다. 인사는 먼저 보는 사람이 하는 거 아닌가? 꼭 나이 어린 사람들이 인사를 먼저 해야 하는 건 어느 나라 법인가? 얼마 전 한 선배가 화장실에서 나에게 "조직에서는 아랫사람이 먼저 인사하는 거야. 지금 신입사원인데, 선배를 보면 달려와서 인사해야지. 알겠어?"라고 말을 했다. 그 선배에게는 더 하기 싫어졌다.

- 어떤 행위를 거절하려고 하나요?

- 선배가 바라는 욕구는 무엇일까요?

- 선배에게 말하듯이 적고, 파트너에게 말해보세요.

2. 상대가 나의 욕구를 이해할 수 있도록 돕기

재혼을 하고 우리 부부는 아들과 같이 살다가 얼마 전 다른 곳으로 이사를 가게 되었습니다. 아들은 고3이라 학교를 옮길 수 없어서 재혼 전에 살던 집에서 할머니와 살고 있고 저희 부부는 직장 문제로 40Km 정도 떨어진 곳에 살고 있지요. 아침에 학교 가면 학원에 들러 밤 10시는 되어야 집에 오는 아들이기에 특별히 챙겨주어야 할 것들은 없습니다. 그러나 아들과 30분이라도 얼굴을 보기 위해 제가 일주일에 3번씩 친정엄마와 아들이 있는 집에 가지요.

언젠가 남편이 "주말에는 나도 늘 같이 가는데, 당신이 평일에 가기로 하는 날들보다 더 많이 가는 것 같아. 심지어 요즘은 나랑 있기로 한 날도 내가 저녁 약속이 있다고 하면 당신은 예전 집으로 가려고 하니까. 그러지 말았으면 좋겠어."

저는 어차피 남편도 늦는 날이면, 수험생 아이한테 가는 게 엄마로서 도리라고 생각이 되었어요. 남편의 말을 듣고,

"당신과 함께하기로 한 날들이 잘 지켜지길 바라는 거지?"라고 했더니 남편이 "그래, 내 말이 그거야"라고 했죠.

뒤이어 저는 제 욕구를 이해할 수 있도록 말했습니다. "수능 때까지 가급적 잘 돌봐주고 싶은 마음도 있는데, 당신하고 약속한 것과 어떻게 하면 균형을 이룰 수 있을까? 당신 마음도 존중하면서"라고 말하자 남편이 잠시 가만히 있다가, "여보, 생각해보니 지금은 당신 말이 맞네. 수능 때까지는 내가 늦거나 약속이 있는 날은 당신이 아들한테 가 있어. 나도 같이 가야 하는데 오히려 당신만 가니 내가 미안하네. 내가 이해할게"라고 해

주었습니다.

고마운 마음이 들어, "대신 당신과 있는 날에는 내가 당신 스케줄에 맞춰서 함께 있는 시간을 만들어볼게"라고 말했습니다.

'싫어'라는 말보다 나의 욕구를 말한다는 것은 거절의 기술 중에서 무척 중요한 부분입니다. 이것은 우리가 상호적 관계를 맺기 위한 의지적 노력이면서 동시에 '서로가 원하는 것을 찾기 위한 노력'으로 가는 과정이지요. 그래서 싫다는 말보다는 "제가 지금 _____ 이런 것이 중요해서 그래요"라고 말해보는 것이 부드러우면서도 더 분명한 의사 표시가 될 수 있습니다. 상대를 거절하는 것이 아니라 우리의 욕구 때문에 그 요구에 응할 수 없다는 것을 밝혀주는 것이니까요.

거절은, 상대의 요구 사항에 동의하지 않는다는 표현일 뿐 상대를 무시하거나 존재를 거부하는 것이 아니에요. 오히려 상대에게 진심을 전달하는, 진정성 있는 마음이 담겨있는 과정입니다.

연습 2

[1] 여러분이 거절하고 싶었던 일상의 작은 사례들을 떠올려보세요. 보통 그런 경우 어떻게 행동했는지 적어보세요.

[2] 그다음에는 거절을 해보는데, "싫어요"라는 말 대신, 여러분의 욕구를 표현해보세요. 먼저 말하듯이 적어보고 파트너와 나눠보세요.

예) 공동체에서 누군가 에어컨을 꺼달라고 할 때(나는 더워서 켜고 싶다면)

평소 행동: 그냥 꺼주고 옷을 하나 벗거나 부채질을 한다.

거절 연습: "싫은데요." → "추우세요? 제가 땀이 나서 조금 시원했으면 좋겠는데요. 저와 자리 바꾸시겠어요?"

상대의 요청을 거절하는 것은 내 안에 현재 더 중요한 욕구가 무엇인지 발견하는 일입니다. 건강한 거절은 자신의 욕구를 잘 지키면서도 상대의 욕구에 대한 관심을 지니고 살펴볼 수 있는 상호존중적인 힘을 갖고 있습니다. 우리는 거절을 하더라도, 서로의 욕구를 이해함으로써 관계의 연결을 도모할 수 있습니다.

거절하기 전에 다음 사항들을 스스로 점검할 필요가 있습니다.

1) 요청하는 상대가 원하는 핵심 욕구는 무엇이며, 그 절실함을 이해했나요?

2) 거절하고 싶은 나의 핵심 욕구는 무엇이며, 그것을 말할 용기를 낼 수 있나요?

3) 거절을 하면서도, 상대에게 필요한 것을 만족시킬 방법을 생각해보았나요?

4) 대안에 대해서 상대와 함께 대화해볼 생각이 있나요?

이 사항들을 점검해봤다면 무조건적인 거절이 아니라 더 나은 대안을 제시할 수 있겠지요.

대안을 담아 제안하는 대화 방법

"우리 모두에게 더 유익한 방법은 존재한다."

1 내가 상대의 의도를 이해해주기

- 상대의 요청을 침묵하면서 들어보세요.
- 상대의 말속에 숨어 있는 핵심 욕구를 찾아 말하며 조건없이 수용해주세요.

2 상대가 나의 의도를 이해하도록 돕기

- 상대를 평가하거나 비난하지 않으며 나의 핵심 욕구를 탐색해보세요.
- 상대와 마찬가지로 나도 욕구가 있음을 말해보세요.

3 수단의 방향을 전환하기 - '아니오No'

- 다른 방법을 생각해보자 - 시간과 공간 확보
- 요구는 거절하되 욕구는 이해하기

4 서로에게 유익한 대안을 제시하기

- 제안하고 싶은 방법을 요청에서 배운 대로 말해보세요.
- 구체적. 긍정적. 실현 가능성. '서로에게 유익한Not only for me'

연결의 대화 연습

대안을 담은 제안을 연습하기

거절하고 싶었던 사례를 생각하고 파트너와 이야기를 나눠보세요.

[1] 내가 상대의 의도를 이해하기

예) "너는 지금 (_____욕구) 들이 중요한 것 같은데 내가 잘 이해한 거니?"

"내가 너에게 필요한 욕구에 대해 충분히 이해돼." → 조건 없이 이해해주세요.

vs "너에게 중요한 욕구는 이해하는데" → 조건을 다는 것은 이해가 아니에요.

[2] 상대가 나의 의도를 이해하도록 돕기

예) "나도 너랑 같아. 내게도 중요한 (욕구) 것이 있거든."

"너랑 나랑 똑같이 다 중요한 게 있구나."

vs "그런데 나는 중요한 게 있어."

→ 모두 각자의 욕구가 있다는 점에서 공통점이에요.

"그런데 나는"이 아니라 "그리고 나도"로 시작해보세요.

[3] 수단의 방향을 전환하기 - 아니오NO

예) "네가 부탁한 것(요구)은 어려워.

그렇지만 서로가 만족할 만한 다른 방법을 좀 찾아보자."

[4] 서로에게 유익한 대안을 제시하기

예) "우선, 서로를 위해서 _____(요구 방법) 이런 건 어떨까?

너의 의견은 어때?"

상대를 돕고 싶지만 방법을 모르는 경우가 있습니다. 또한 자신의 욕구도 보호하면서 상대를 돕고 싶은 마음이 분명히 있는데, 어떻게 말해야 할지 모르기도 하고요. 자신에게 분명 "당신을 돕고 싶은 마음이 있습니다. 그리고 제 욕구도 충족하면서 할 수 있는 방법을 알고 싶습니다. 당신도 그러니 협조해주세요"라고 전하고 싶은 마음이 있을 때는 다음과 같은 방식의 대화를 해보면 좋겠습니다.

대안이 없을 때 마음을 전하는 대화 방법

"내가 당신에게 협조할 수 있도록, 내게 협조해주기를 부탁합니다."

1   내가 상대의 의도를 이해해주기

- 상대의 요청을 침묵하면서 들어보세요.
- 상대의 말속에 숨어 있는 핵심 욕구를 찾아 말하며 수용해주세요.

2   상대가 나의 의도를 이해하도록 돕기

- 상대를 평가하거나 비난하지 않으며 나의 핵심 욕구를 탐색해보세요.
- 상대에게 욕구가 있듯 나도 욕구가 있음을 말해보세요.

3   상대에게 대안을 요청하기 - '방법'

- 서로에게 좋은 대안을, 상대에게 부탁하기.
- 욕구를 수용하고 요구를 탐색하기.
- 나의 필요도 포함하면서 해결할 수 있는 방법을 찾자고 부탁하기.

도움의 의도를 표현하는 연습하기

거절하고 싶었지만, 대안은 없었던 경험을 생각해보세요.

[1] 내가 상대의 의도를 이해하기

예) "너는 지금 (＿＿＿＿＿＿＿＿욕구) 들이 중요한 것 같은데 내가 잘 이해한 거니?"

"너에게 필요한 욕구에 대해 나는 충분히 이해돼."

[2] 상대가 나의 의도를 이해하도록 돕기

예) "나도 너랑 같아. 내게도 중요한 것(욕구)이 있거든."

"너랑 나랑 똑같이 다 중요한 게 있구나."

[3] 상대에게 대안을 요청하기 - 방법(How)

예) "나의 필요도 포함하면서 너를 돕고 싶은데 방법을 모르겠어."

"네가 혹시 서로에게 만족스러울 만한 방법을 안다면 이야기해줄래? 그럼 나도 협조
할게."

심리학자 애덤 그랜트Adam Grant 교수는 《기브 앤 테이크》에서 상
대를 이용해서 자신의 욕구만을 충족하는 사람에 대해 이야기를 합
니다. 대화를 가만히 듣다 보면, 자신의 욕구 외에는 관심을 두지 않

고 상대의 입장이나 욕구를 존중하지 않으면서 자기 욕구를 채우려는 방식의 대화 스타일을 경험하게 됩니다. 주로 "꼭 네가 해줘야 해", "네가 감히 안 해?", "좋게 말할 때 해", "네가 안 해주면 나는 망해"라는 식으로 상대에게 죄책감, 두려움, 수치심을 주면서 말을 하곤 합니다. 이런 경험이 반복적으로 이루어지고 있는 사람이 있다면, 그리고 그 사람이 우리에게 어떤 요청을 해온다면 한번 생각해보세요. 정말 이 사람이 내 삶에 필요하고 소중한 사람이 맞는지 말이에요. 그렇지 않다면 단호한 거절이 필요한 순간일 겁니다.

심리적 조종자-Taker에게 거절하는 대화 방법

"그 일은 내가 도움이 못 돼. 잘 해결되기를 바랄게."

1　　　　　　　　　단호하게 '노'를 말하기

- 요구에 응하는 것이 상대를 위하는 행동이 아님을 정확히 표현하세요.
- 상대의 말이 길어지면, 중간에라도 개입하여 자르세요.
- 상대에게 어떻게 할 것인지 묻기(방법에서 나를 제외하고).

2　　　　　나에게 중요한 욕구를 명확히 표현하기

- 상대를 평가하거나 비난하지 않으며 나의 핵심 욕구를 표현하기.

연결의 대화 연습

심리적 조종자에게 거절하는 연습하기

여러분을 늘 이용하고 있다고 판단한 사람을 떠올려보고, 그가 했던 부탁의 말을 떠올려보세요.

[1] 단호하게 '아니오'라고 말하기

예) "그 일은 내가 도움이 못 돼. 잘 해결되기를 바랄게."

[2] 나에게 중요한 욕구를 명확히 표현하기

예) "지금 나에게는 (욕구)가 중요해서, 할 수가 없다. 잘 해결되면 알려줘."

중재하기

: 갈등 상황에 개입하여 양쪽의 마음 연결시켜주기

갈등을 풀어가는
4가지 습관적인 방식

    앞서 충분히 다루었듯이 타고난 기질과 경험을 통해 굳어진 신념은, 갈등 상황에서 습관적 언행으로 튀어나옵니다. 그러니 갈등을 처리하는 습관도 각자 다릅니다.

    살면서 많은 관계를 형성하고, 사건을 경험하다 보면 상대에게 내의사를 강요하기도 하고(이기적 영역) 아니면 자기 욕구를 포기한 채 상대에게 맞추기도 하고(자기포기 영역) 갈등을 회피하거나 의무적으로 행동(의무적 영역)하기도 하며 서로의 욕구를 꺼내보고 이해하고 서로 욕구를 만족하기 위해(상호적 영역) 노력하기도 합니다.

이런 방식의 습관적인 갈등 대처 유형은 대상에 따라서도 변할 수 있고 사건의 강도와 책임에 관한 판단에 따라서도 달라질 수 있습니다. 즉, 자신의 기질 및 경험과 해석의 학습 정도에 따라 갈등 습관의 패턴을 지니게 됩니다. 나의 관심과 상대의 관심이 겹치고 멀어지는 정도에 따른 네 가지 영역을 살펴보겠습니다.

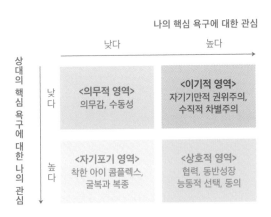

1. 의무적 영역

처음부터 이렇게 문제를 해결하고 관계를 맺고 싶은 사람은 아무도 없을 것입니다. 의무적 영역은 여러 번의 시도가 무너졌을 때, 혹은 힘에 의해 꺾였을 때 들어가는 영역이지요. 의무적 영역은 상대의 의도가 무엇인지도 궁금하지 않고, 자신의 의도도 중요하지 않으며 최소한의 역할, 의무만 다하면 되는 부분입니다. 결국 의무적 영역은 욕구에 기반한 갈등 해결 방식이 아니라 행위에 기반한 갈등 해결 방식이라고 할 수 있겠습니다.

좋은 방법을 찾고 싶어도 그것이 현실에서 잘 되지 못하는 이유는 서로가 갈등 상황에 들어가면 자기중심적으로 사고하기 때문이지요. 이럴 땐 서로 이해하고 좋은 방법을 찾기보다는 문제를 해결하기 위해 결국 누군가는 희생해야 합니다. 그리고 그 희생은 관습이 되어 반복되지요. 혹은 조직 같은 곳에서 억압당하는 경험을 많이 하면 만사가 다 귀찮아지면서 시키는 일만, 해야 하는 일만 하겠다는 사고가 형성되기도 합니다. 의무적 영역으로 가면 문제는 해결될지 몰라도 그 과정과 결과에서 진정한 만족이 없습니다. 모든 것이 당연히 해야 하는 일이 되기 때문이지요. 이렇게 살아가면 즐거움이 없고 선택의 기쁨이 없습니다.

'나는 나와 상대의 욕구에는 관심이 없다. 싸우기도 싫다. 의무감에서 하기에 기쁨도 없다. 내가 욕구를 말해봐야 무슨 소용이 있으며 그게 또 뭐가 그리 중요한가. 서로 해야 할 일이나 하면 되지. 원하는 것보다, 해야할 일을 하는 것이 현실적으로 문제 해결에 도움이 된다고 믿는다.'

2. 이기적 영역
이기적 영역이란 상대의 욕구에는 관심이 없고 자신의 욕구 충족에만 관심을 두는 영역입니다. 기질적으로 뛰어난 리더들이 있습니다. 이 기질은 사람을 중심으로 사고하기보다는 목표를 성취하고 독립적으로 문제를 돌파하는 것을 정말 잘합니다. 그래서 이 기질의 특징이 있는 사람들은 성공하는 확률이 높아보입니다.

그러나 성공의 경험이 많을수록 상황통제에 대한 지배 및 자기과신성의 오류에 빠질 확률이 높아집니다. 혹은 어려서부터 부모의 양육관이 지나치게 자녀 중심으로 이루어져 있었다면 타인에 대한 배려나 공감력도 학습되지 못했을 수 있습니다.

이런 사고를 중심으로 살아가면 관계가 고립됩니다. 아무도 이런 사람을 가까이하고 싶지 않겠지요. 조직에서는 침묵이 흐르고 사람들은 이렇게 갈등을 해결하려는 사람 곁에 있고 싶어 하지 않습니다. 그런데 흥미로운 것은 이 영역에 해당되는 사람들은 대개 자신이 그렇다는 것을 인정하지 않는답니다.

'나는 내 욕구가 중요하고 상대의 욕구에 관해선 별 관심이 없다. 내 생각이 옳고 중요한데 상대의 욕구를 알 이유가 뭐가 있나. 상대가 나를 따르면 될 일이지. 상대가 거절하는 것을 용납하지 않는다. 내가 원하는 것을 행동하게 만드는 게 능력이다.'

3. 자기포기 영역

자기포기 영역은 자기 욕구에 대한 인식은 없는 채로 상대의 욕구를 충족해주기 위해 노력하는 영역입니다. 거절을 어려워하고 타인에게 헌신하고 봉사하는 것을 태생적으로 기뻐하는 수줍음 기질을 가진 사람들은 가급적 자신을 희생하더라도 타인이 기쁜 것을 선호합니다. 혹은 어려서부터 착하다는 칭찬을 많이 듣고 자랄수록 자기 자신을 그렇게 내면화하고 살았을 가능성도 큽니다. 내성적이고 배려심이 많은 경우에 자신의 욕구를 포기해서라도 주변의 평화를 위해 노력하는 상황에 해당되지요.

만일 자신의 욕구를 드러내는 것에 대해 죄책감을 느끼고 있다면 자기포기 영역에 더 쉽게 들어갈 수 있습니다. 사람들은 이런 사람들을 좋아하고 많이 찾습니다. 그러나 이런 식으로 갈등을 해결하게 되면 자기 능력의 한계성을 넘어 번아웃되거나 혹은 매우 우울해질 수 있습니다.

'나는 거절하는 게 불편하고 내 욕구에 대해선 억압하는 편이다. 내가 중요한 것을 추구하면 상대가 불편해지기 때문에 그럴 때는 양보하며 사는 게 내 습관이다. 슬프지만, 나 하나 희생해서 모두 편안하면 된다. 내가 원하는 것을 주장하는 것 자체가 이기적으로 보이는 것 같아 불편하다.'

4.상호적 영역

상호적 영역은 갈등이 발생할 시 양측의 욕구가 무엇인지 중요하게 여기고 양쪽이 만족할 만한 해결을 찾는 것을 최우선으로 두는 영역입니다. 사람들이 갈등에 빠질 때 이 영역에서 스스로 갈등을 해결하는 경우는 쉽지 않습니다. 그러나 어려서부터 협력적인 가치관을 형성한 사람들은 갈등이 생길 때 첫 번째 사고가 남다릅니다.

'어떻게 하면 우리 둘 다 만족할 수 있을까?'

결과뿐 아니라 과정에 대해 인정받으며 자랄 경우, 결과에만 집착하지 않고 갈등을 해결하는 과정에도 주의를 기울일 수 있습니다. 혹두 사람이 갈등에 빠져 있을 때 제삼자인 중재자가 모두 만족할 만한방법을 안내해주는 경험을 하게 되면 상호적 영역에서 문제를 해결할 수 있다는 것에 대한 신뢰를 경험합니다. 이 영역에서 갈등을 해결하게 되면, 양쪽 합의된 방법에 대해 책임감을 느낍니다. 그 이유는갈등을 해결하는 과정에서 서로를 이해하게 되고, 해결 방법을 스스로가 동의 및 선택했기 때문입니다.

'나는 내 욕구를 중요하게 생각하면서도 동시에 상대의 욕구에도 관심이크다. 인간에게 욕구란 무엇인지 그 의미를 이해하고 있으며 상대의 거절도 수용한다. 서로의 욕구가 충족될 수 있는 방법을 찾고 싶다. 다양한 방법을 찾을수록 서로의 욕구가 충족될 가능성이 커짐을 알고 있다.'

같은 대상이라도, 어떤 상황과 이슈인지에 따라 우리는 다른 선택을 할 수 있지만 대개 우리는 습관적으로 갈등에 대처하기 마련입니다. 겉으로 드러나는 행동과 말이 아니더라도, 속으로 갖게 되는 마음의 태도도 포함하여 우리가 어떤 방식으로 갈등을 대하며 왜 그러했는지 나누어보세요.

[1] 가족과 갈등이 생겼을 때 어떤 방식(앞에 제시한 네 가지 패턴 참조)으
   로 대처하나요? 구체적 사례와 함께 파트너와 나눠보세요.

[2] 상대적으로 권위와 힘이 센 사람과 갈등이 생길 때 어떤 방식(앞에
   제시한 네 가지 패턴 참조)으로 대처하나요? 구체적 사례와 함께 파트
   너와 나눠보세요.

[3] 상대적으로 권위와 힘이 약한 사람과 갈등이 생길 때 어떤 방식(앞
   에 제시한 네 가지 패턴 참조)으로 대처하나요? 구체적 사례와 함께 파
   트너와 나눠보세요.

중재, 개입해서
문제 해결을 돕는 기술

1. 서로를 향한 비난 속에 숨겨진, 서로의 감정과 욕구를 찾아주기

우리 아이들 둘은 같이 있기만 하면 다퉈요. 제가 정신적으로나 시간상으
로 여유가 있는 날은 달래주기도 하는데 늘 이런 일이 반복되니 이제는
저도 모르게 목소리가 커지고 때론 이성을 잃어요.
→ 아이들이 싸울 때 부모님을 찾아오면 첫마디를 어떻게 시작하나요?
"누가 먼저 그랬어?"

"왜 그랬어?"

→ 부모님, 그 두 마디 말은 앞으로 절대 하지 마세요.

배움을 기억하고 있었어요. 그날 또 둘은 싸웠고 얻어맞은 둘째가 아내에게 왔어요. 아내가 첫째를 부르자 화가 잔뜩 난 채로 왔어요. 오자마자 "나는 쟤가 없었으면 좋겠어"라고 말했고 이에 질세라 둘째도 "나는 승준이 형아가 내 형아면 좋겠어"라고 말하며 아내를 자극했습니다. 평소 같았으면 아내에게 몇 대 맞았겠죠. 그런데 아내가 첫마디를 다르게 했어요.

"마음이 어떤데? 화가 났니?"

그러자 첫째가 갑자기 울었어요. 아무 말 없이 그냥 울기만 하더라고요. 평소 같으면 더 악을 쓸 텐데 말이죠. 신기했습니다. 둘째가 "나는 슬펐어"라고 말하며 울었어요.

아내는 첫째를 데리고 들어갔고 저는 둘째에게 물었습니다. "우리 태호, 원했던 게 뭐야?"라고 묻자, "형아랑 노는 거"라고 하더라고요. 아내가 첫째에게도 똑같이 묻자, "같이 놀고 싶은데, 내 말을 안들어"라고 했대요.

우리 집에선 아이들이 싸울 때 10분 안에 종료된 적이 없었습니다. 이날은 10분이 걸리지 않았어요.

"마음이 어때?"

"원하는 게 뭐야?"

이 두 마디 질문은 기적입니다.

우리는 자신과 상대방 사이의 갈등을 잘 해결하지 못합니다. 왜냐하면 우리 자신이나 상대방, 둘 다 서로에 대한 비난과 판단에 빠져 있기 때문이지요. 지금까지 우리는 갈등을 해결하고 문제를 해결하기 위해선, 자동적 생각에서 벗어나 자신의 감정과 욕구를 인식해야 함을 배웠습니다. 그러나 갈등이 이미 벌어진 경우에, 갈등의 대상자들은 쌍방 모두 자신의 생각을 알아차리고 가슴의 감정과 배의 욕구로 내려오는 방법(속대화-자기인식 프로세스 연습 168쪽 그림 참조)을 일시적으로 상실합니다.

중재하다 보면, 서로 소중하게 여기는 관계조차도 갈등 상황에선 매우 자기중심적으로 사고하고, 자신의 감정에 대한 원인을 상대의 행동에서 찾으려 합니다. "저 사람이 이렇게 하지 않았다면 제가 비난할 일이 없겠죠"라는 생각을 서로 하고 있다는 사실이지요.

이때는 제삼자가 개입하여 양쪽 모두의 감정과 욕구를 읽어줄 필요가 있습니다. 상대를 향한 비난 속에는 언제나 각자의 감정과 욕구가 숨겨져 있습니다. 그 감정과 욕구를 찾아내기만 한다면 갈등은 비로소, 이해와 해결이라는 국면으로 넘어가게 됩니다.

연결의 대화 연습

[1] 비난과 평가의 문장을 보면서, 말하듯이 욕구로 풀어 써보세요.

예) "저 인간은 자기만 아는 인간이에요." → "배려가 중요하다는 말씀이시죠?"

"평생 나만 허리가 휘도록 일하고 돈 벌며 살아왔어요." → "서로 힘을 합치고 도우며 살고 싶다는 말씀이시죠?"

"늘 남들은 틀렸고 자기만 옳다고 이야기하죠." → "다른 의견에 대해 이해받고 싶다는 말씀이시지요?"

[2] 다른 사례들도 만들어 써보세요.

---

2. 서로가, 상대의 욕구를 들은 그대로 말하도록 안내하기

저와 아내는 배운 대로 이어갔습니다. 먼저 첫째에게 부탁했어요.

"진호야, 동생 태호가 같이 놀고 싶은데 그게 안 돼서 슬프대. 동생이 뭐라고 했는지 들은 대로 말해볼래?"

그러자 첫째가 "태호가 슬프대, 같이 놀고 싶은데 안 돼서"라고 했어요.

이번에는 둘째 태호에게 부탁했어요.

"태호야, 형이 같이 놀고 싶은데 조금 화가 났대. 존중받고 싶어서. 들은 대로 말해볼래?"

그러자 둘째가 "형이 존중받고 싶고 같이 놀고 싶은데 화가 났다고 했어"

"그래 둘 다 정확했어. 잘 말해줘서 고마워"라고 해주었습니다.

쌍방의 갈등 해결을 돕고자 한다면 중재자가 먼저 해답을 제안하거나 가르쳐서는 결코 효과적이지 않다는 것을 기억해야 합니다. 오히려 양쪽의 갈등 대상자들이 서로의 욕구와 감정을 들은 대로 반영해주도록 함으로써 서로의 마음을 이해하도록 돕는 것이 훨씬 더 강력하고 중요합니다.

중재자는 다음 세 가지를 기억해야 합니다.
1) 어떤 경우라도 중재자는 양쪽의 감정과 욕구에 집중한다.
2) 양쪽을 번갈아 가며 "들은 대로 (감정)과 (욕구)를 말씀해주시
   겠어요?"라고 물어본다.
3) 잘 반영해주면 "잘 반영해주셔서 고맙습니다"라고 인사한다.

자신만의 생각에 갇힌 상태에서는 모두가 자기중심적으로 생각하
고 상대를 비난하게 된다는 것을 알 수 있습니다. 한편 서로의 욕구를
이해하면 상대를 연민으로 바라보게 된다는 것도 목격해왔지요. 그렇
기에 사랑하는 가족간의 관계, 회사-동료와의 관계, 학생들 간의 관계
에서라면 인과응보적인 접근보다 서로 상호 이해 관점에서 문제를 해
결할 수 있는 중재의 방법을 고민해야 합니다.

3. 서로의 욕구를 채워주기 위한, 합의된 행동을 지원하기
저는 다음으로 넘어갔습니다.
"진호야 네 말을 잘 들어주면서도 같이 즐겁게 놀고 싶지? 그럼 동생한테
뭘 부탁하고 싶어?"라고 물었습니다. 그러자 진호가 "내 물건은 나한테
물어보고 써"라고 했습니다.
저는 태호에게 물었습니다. "태호야, 같이 즐겁게 놀기 위해서 형한테 부
탁하고 싶은 거 있어?"라고 묻자 태호가 "형이 형 거 나 안 주잖아"라고

말하는 겁니다.

이건 배운 시나리오에 없던 거라 당황했습니다. 시나리오대로라면, 형에게 부탁해야 하는데 지금 하는 말은 형에 대한 판단이었거든요.

아내가 태호를 보면서 원하는 부탁의 말로 바꾸어냈습니다. "태호야, 형에게 부탁하면 형 물건 빌려줬으면 좋겠어?"라고 묻자 태호가 고개를 끄덕였습니다.

그러자 진호가 "네가 부탁하지 않고 그냥 가져가서 그래. 부탁하면 내가 빌려줄게"라고 말을 했습니다. 이날의 기적 같은 중재는 두고두고 잊을 수가 없을 것 같습니다.

사람들은 자신의 욕구, 필요, 바람을 이해받을 때 자기방어적인 태도에서 자유로워지지요. 그리고 상대의 욕구에도 관심을 기울이게 되고요. 이때 서로의 입에서는 비난이 사라지고 부탁하고 싶은 내용이 나오게 됩니다. 이때 중재자는 방법을 이야기하기보다는, 서로의 욕구만 반복해서 말해주면서 방법을 물어주는 것이 효과적이랍니다.

- "지금 (욕구)가 중요하다고 하셨는데, 상대에게 부탁하고 싶으신 게 있나요?"
- "지금 상대의 부탁을 들으셨는데, 선생님은 자신의 (욕구)를 위해 상대에게 부탁하고 싶으신 게 있나요?"

이 두 가지의 질문을 통해 쌍방이 비난에서 벗어나 욕구에 기반한 문제 해결의 방법을 찾을 수 있도록 안내하는 과정이 바로 중재를 통한 창의적인 문제 해결의 방향성입니다.

때로 이런 중재를 하면서, 인간의 성악설, 성선설 내지는 인간의 이기심과 이타심을 조금 다른 단어로 표현할 수 있겠다고 생각하게 되었습니다. 인간은 자신의 욕구를 위해 살아가는 존재이면서 동시에 타인의 욕구에 대해 큰 관심을 지니고 있다고 말이지요.

앞 사례의 형제간 갈등의 해결은, 이 가족이 특수한 경우이기 때문이 아니에요. 또한 모든 갈등 상황이 이 프로세스대로 중재가 되는 것도 아니랍니다. 두 사람 간의 갈등의 특수성과 주변인들의 연루 등에 따라 중재 프로세스는 좀 더 경험이 많은 중재자가 개입되어야만 해결이 가능한 경우도 많으니까요. 그러나 쌍방이 중재자를 신뢰하고, 문제를 해결하고 싶은 의지가 있을 때는 이 프로세스가 무척 유용하게 사용될 수 있답니다. 이 프로세스를 다루며 생기는 여러 변수에 개입되는 중재 기술들이 있지만, 이 대화 연습에서는 책으로 다루기에 한계가 있어 이 정도로만 다루고자 합니다.

다음 그림은 갈등에 빠진 두 사람이 중재되어가는 과정을 도식으로 표현해본 것입니다. 참고하시기 바랍니다.

연결의 중재 과정

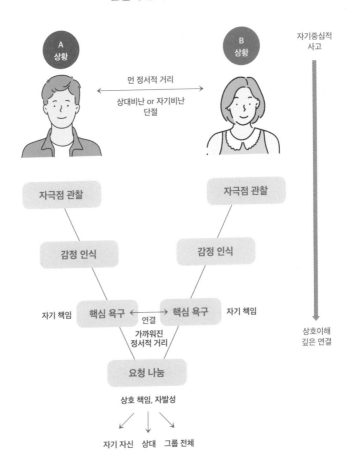

자기중심적
사고

먼 정서적 거리

상대비난 or 자기비난
단절

A
상황

B
상황

자극점 관찰   자극점 관찰

감정 인식   감정 인식

자기 책임   핵심 욕구 ←→ 핵심 욕구   자기 책임

연결

가까워진
정서적 거리

요청 나눔

상호 책임, 자발성

자기 자신   상대   그룹 전체

상호이해
깊은 연결

※ 경직성이 풀리고 감정이 부드러워지면 서로의 욕구를 꺼내고, 문제 해결 과정을 반복해보는 것도
효과적입니다.

감사 나누기

: 고마운 마음을 나누고 능력 인정해주기

감사가 없는 건
인정이 없기 때문

갑자기 선생님께서, "남들이 모르더라도 스스로 인정하는 자기의 멋진 모습을 최소한 다섯 가지 이상 적으세요"라고 하셨을 때 정말 난감했습니다. 우리나라 최고의 대학을 나왔다는 것 외에 떠오르는 게 없었어요. 최고의 대학을 나왔다는 것은 사실 남들이 인정해주는 경험이지, 제가 저 자신에 대해 인정하는 모습은 아니었습니다.

고민 끝에 하나 생각난 것이 아이 수학을 직접 가르쳐준 것이었어요. 3개월 정도 가르쳤는데 당시 중3 아들의 기말고사 점수가 60점 정도에서 90점 이상으로 오른 적이 있었습니다. 그런데 그 결과보다 제가 그동안 한 번도 소리를 지르거나 화를 내지 않고 가르쳤다는 점입니다. 이걸 쓰고도 아버지로서 당연한 것 아닌가 하는 생각이 들었습니다.

맞아요. 외부의 인정을 받았던 경험을 제외하고, 저는 저 스스로의 멋진 모습을 인정하기에는 '당연한 것 아닌가'라는 생각 앞에서 무너지네요. 부모님께 매달 용돈을 26년째 드리고 있는데 그 또한 장남으로서 당연한 것 아닌가 하는 생각에 적지 못했거든요. 갑자기 왜 슬픈가요. ㅎㅎ

감사를 경험하지 못하는 이유는 무엇일까요?

1. 자신의 긍정적인 모습을 인식하는 능력을 상실했기 때문입니다

감사의 반대 개념은 자동적 생각의 '당연시하기'인 것 같습니다. 기준이 높으면 높을수록 그리고 모든 것을 역할에 따른 의무로 생각할수록, 모든 행위를 당연하게 생각할수록 감사하는 마음으로부터는 멀어지기 때문이지요. 사실 우리에게는 생각보다 멋지고 근사한 모습들이 많이 있답니다. '연결의 대화 연습'을 통해 함께 찾아볼까요?

우리 사회는 이미 우리에게 많은 사회적 기준을 주었습니다. 성공하기 위해서 필요한 수많은 조건들과 비교될 때 느껴지는 상대적 박탈감, 우울증과 공황장애 진단은 점점 늘어나고, 고립감을 느끼는 외로운 이들이 많아졌습니다. 기회의 공정성이 바로 잡혀있다고 볼 수 없으니 대다수 사람들의 정서가 불안하고. 불안한 부모 밑에는 비교와 경쟁을 통해 성장하는 아이들이 있습니다.

그런 우리가 무엇을 감사할 수 있을까요? 어떻게 행복할 수 있을까요? 이러한 환경에서 개인은 행복을 찾기 쉽지 않습니다. 감사할 이유를 찾기도 쉽지 않습니다. 우리보다 잘난 사람들은 도처에 있게 마련이고 노력은 타고난 사람을 따라갈 수 없어 보이죠. 자신이 그리 가치 있다고 느껴지지 않는 순간부터 인간은 행복하기 힘들며 만족하기 어렵습니다. 만족이 없는 일상에서 감사를 발견하기는 쉽지 않습니다. 그러다 보니 우리는 때로 자기 자신에게 참 가혹합니다. 부족하고 모자란 우리의 모습은 기가 막히게 잘 찾지요.

하지만 살아있다는 것은 무언가의 바람과 희망을 가슴에 품고 있는 것이지요. 그래서 우리에게 필요한 능력은 무엇이 부족하고 모자라는지 찾아내려는 것보다 내가 이미 갖고 있는 아름다운 본성을 발견하는 노력일 것입니다.

자기 자신을 인정할 수 있는 근사한 사람은, 타인도 그렇게 인정할 힘을 기를 수 있습니다. 인정은 밖(외부, 타인)에서만 주어지는 것이 아니라, 자신의 내부에서 채워질 수 있다는 것을 기억해야 합니다.

연결의 대화 연습

[1] 남에게 말하지 않은 채 혼자 간직해온, 작지만 부끄러운 비밀을 하나 써보세요.

→ 각자가 적은 비밀을 서로 나누어보세요. 아마 대부분은, 나 스스로만 부끄럽고 수

치스럽게 생각했을 뿐 말하고 나면 별것 아닌 기분이 들 것입니다. 파트너의 비밀 또한 충분히 그때라면 이해될 만한 이야기들일 것입니다. 우리는 어쩌면 스스로 혼자서만 수치스럽다고 생각했을 뿐 시간이 지나 되돌아보면 가슴 속에 그리 오래도록 비밀로 간직할 이유조차 없는 것들을 지니고 살아왔던 것은 아닐까요.

[2] 남이 모르더라도 스스로 인정하는 자신의 멋진 모습을 다섯 개 이상 써보세요.

→ 쉽게 쓰이는지, 아니면 쓰기가 어려웠는지 나눠보세요. 그 이유에 대해서도 말해보세요. 왜 쉽게 쓰이는지 혹은 왜 쓰기가 어려운지를 말이지요.

→ 함께 훈련하는 모든 사람이 다 들릴 만한 목소리로 일어나 돌아가며 큰 소리로 발표해보세요. 한 사람이 자신의 멋진 모습을 읽을 때마다 큰 소리를 축하해주고 손뼉을 쳐주세요. 말할 때는 가장 뻔뻔하고 당당한 모습으로 말해보세요.

* 혼자 연습하는 경우라도 소리 내어 읽어보세요. 아마 어색하고 불편할 수도 있을 거예요. 여러분 그래도 한번 해보세요. 우리가 자기 자신을 스스로 인정해주는 것이 인정이라는 욕구가 충족되는 시작임을 기억하면서요.

....

2. 인정해주기보다는 인정받고 싶어하기 때문입니다

아버지의 재산으로 어릴 때 편안하게 자란 게 맞습니다. 그것을 부인하고 싶진 않습니다. 그러나 부모님의 재산으로 시작한 사업이기는 하지만, 정말 안 먹고 안 입어가면서 열심히 일구었습니다. 남들 보기에는 금수저처럼 보일 수 있겠지만 20년 넘게 소처럼 일해서 지금 이 자리까지 왔습니다. 그런데 아버지께서는 아직도 저를 믿지 않으시고 단 한 번도 잘했다는 말을 하신 적이 없어요. 늘, "네가 내 돈 갖고 잘 살았지. 부모 잘 만난 줄 알아라"라고 하셨어요.

제가 얼마나 열심히 일했는지 아버지는 모르세요. 신발 하나 사면 10년씩 신으며 열심히 살았는데 돌아오는 건 가족들의 인정 대신 더 잘해야 한다는 목소리뿐이지요.

아버지를 생각하면 감사한 마음이 있긴 하지만, 사무친 서운함이 도저히 풀리지 않아요. 제 나이가 곧 60인데 이게 말이 됩니까? 장남이 얼마나 고생했는지 단 한 번이라도 부모님께서 인정해주시면 좋겠지만, 결코 그럴 일은 없을 겁니다.

우리는 왜 이토록 상대를 인정해주지 못할까요?

첫째, 우선 중요한 것은 사례의 아버님도 자기 자신을 스스로 인정하며 살아오지 못하셨을 겁니다. 자기 자신에게 가혹한 기준으로 살아온 사람은 타인에게도 그러한 잣대를 대기 때문에 인정하기가 쉽지 않답니다. 이런 경우 대화는 늘 "고맙다"라는 말보다는 "나는 어떤 줄 아냐", "아직도 멀었다"는 식으로 시작되곤 하지요.

둘째, 타인에게 인정을 충분히 받지 못했을 경우 우리 또한 타인을 인정해주지 못합니다. 내가 인정받고 싶은 마음이 더 크기에 누군가를 인정해주지 못하는 것이지요. 사례에서도, 아마 저 아버님께서는 인정을 많이 받지 못했을 가능성이 크답니다. 교육생에게 "좋은 집안에서 태어나 편안하게 성장할 수 있도록 해주셔서 정말 감사드려요"라는 인정의 말을 아버지께 해드린 적이 있는지 물었을 때, 한참을 생각하시더니 없었다고 하더군요.

대화의 손길은 언제나 조금 더 마음이 건강한 사람이 내미는 겁니다. 우리는 그것을 못해서 늘 서로에게 서운함을 간직하지요.

연결의 대화 연습

[1] '인정'이라는 욕구가 나의 삶에 어느 정도로 중요한지 잠시 눈을 감고 생각해보세요.

[2] 언제 가장 크게 인정받았었는지 그 경험을 떠올려보세요.

[3] 그때 기분이 어떠했는지, 그 사람을 생각하면 어떤 마음이 드는지 느껴보세요.

[4] 파트너와 그 경험과 감정에 대해 번갈아 나누어보세요.

욕구와 욕망 구별하고
감사 경험하기

이번에는 나눔 활동을 먼저 하고 이야기를 시작하겠습니다.

연습 1

욕구 목록(143쪽)을 보면서 마음에 드는 욕구 하나를 골라보세요.
그리고 그 욕구를 충족할 방법을 적어보세요. 단, 물질을 사용해서 충
족하는 방법과 가급적 물질을 사용하지 않으면서 충족하는 방법을 나
누어 적어보세요.

예) <평화>

○ 물질을 사용하여 충족하는 방법

→ 비행기를 타고 인도네시아 발리에 가서 요가 클래스에 참여한다.

○ 물질을 사용하지 않고 충족할 방법

→ 매일 아침 조용한 방에서 10분씩 명상 앱을 통해 명상한다.

○ 물질을 사용해서 충족하는 방법 :

○ 물질을 사용하지 않고 충족하는 방법 :

연습 2

'사랑'이라는 욕구가 가슴 깊이 충족되었던 경험을 평생을 돌아보며

적어봅니다.

예) ◦ 초등학교 2학년 때 아빠가 나를 때렸을 때 아래층 할머니께서 뛰어와 나
　　를 감싸 안아주셨다.
　◦ 야간 자율학습을 땡땡이쳤는데, 선생님이 피자를 사주시며 무슨 일이
　　있는지 물어주셨다.

각자 적고 난 후 파트너와 이 경험을 공유해보세요.

1. 욕구와 욕망의 차이를 인식할 때 감사를 경험할 수 있습니다

연결의 대화 훈련을 하면서 제가 깨닫게 된 건, 돈이라는 게 참 좋고 유용
하지만 사랑이라는 것이 충족되었던 많은 날을 떠올려보면 돈이 그리 중
요하지 않다는 사실입니다.

저는 어려서부터 가난이 지긋지긋해서 돈이 있어야만 행복할 거라 생각
했어요. 방금까지도 그랬습니다. 그런데 사랑이 충족되었던 기억을 쓰면
서 돌아보니, 정작 그 순간에는 돈이 거의 필요하지 않았습니다.

이게 말이 되나요. 여전히 돈은 행복을 위해서도 누군가를 돕고 좋은 사
람이 되기 위해서도 필요하지만 그게 다가 아님을 아주 명확하게 이해했
습니다. 정말 조금은 지금보다 행복하고 다르게 인생을 살 것 같아요!

연습 1을 통해 우리는 몇 가지를 배울 수 있습니다.
첫째, 물질을 통해 많은 것을 더욱 쉽게 충족할 수 있음을 알 수 있
습니다.

그런 의미에서 돈은 중요한 '수단'입니다. 그러나 돈은, 목적이 아닌 수단이라는 사실을 다시 한번 배울 수 있습니다. 물질이라는 수단은, 그것이 목적이 될 때 비극이 됩니다. 왜냐하면 아무리 값비싼 제품이라도 소유하게 되면 이내 심리적으로 무감해지기 때문이지요. 또한 내가 아무리 좋은 것을 소유한다고 하더라도 이 세상에는 우리보다 더 많은 것을 소유한 이가 있기 마련이라 상대적인 박탈감에서 벗어나기 어렵습니다. 그 쾌락의 과정 끝에 찾아오는 공허함은 끝내 채워지지 못할 수 있지요. 그래서 타인과의 관계와 경험을 위해 물질을 사용하는 것이 물질을 유용하고 건강하게 사용하는 방법입니다.

둘째, 우리가 포기할 것은 욕구가 아니라는 사실입니다.

돈이 없다고 하여 우리의 욕구를 포기하지 마십시오. 생각보다 많은 경우, 돈이 없더라도 우리의 욕구가 충족될 작은 방법들을 떠올릴 수 있답니다. 가급적 우리의 환경에서 다양한 방법을 고민하는 노력을 통해 저마다의 욕구를 충족시켜 갈 때 경제적으로 풍족한 환경이 아닐지라도 행복을 느끼고 감사할 수 있답니다.

연습 2를 통해서도 배울 수 있습니다. 정말 중요한 가치들은 돈이라는 물질을 뛰어넘는다는 사실입니다.

욕구는 욕망과 전혀 다른 개념입니다. 욕구는 절제와 만족이 있지만, 욕망은 상상과 비교를 통해 만족이 없기 때문입니다.

아름다움이라는 단어를 생각해볼까요? 그것의 절대 기준이 있나요? 어떤 이는 현재 자신의 모습에 이미 만족하여 아름다움이라는 욕구를 충족할 수 있지만 어떤 이는 다이어트와 쌍꺼풀 수술을 통해 그 욕구를 충족할 수 있습니다. 그러나 어떤 사람은 계속되는 수술로도 만족하지 못하고 끊임없이 자기보다 멋진 사람을 찾아 그들처럼 되려는 노력을 멈추지 못합니다. 이것은 욕구와 욕망의 차이를 우리에게 보여줍니다. 욕구와 욕망의 차이는 개개인의 절제와 만족을 통해서만 구별되기 때문에 우리에게는 지혜를 구하는 태도가 필요할 것입니다.

2. 시공간을 뛰어넘을 때 감사를 경험하는 것이 가능해집니다

한 번도 죽음을 생각해본 적이 없었는데, 죽기 직전에 누굴 만나고 싶냐고 물으셨을 때 저희 엄마를 떠올렸어요. 늘 짜증이 났어요. 용돈을 드려도 안 쓰시니 짜증나고, 늦게 들어오는 거 알면서 기다리는 것도 짜증 나고, 아침 안 먹는 거 알면서 자꾸 뭐 차리는 것도 짜증 났죠. 촌스럽게 하고 다닐 땐 같이 다니기 짜증 났고… 눈물이 이렇게 날 줄 몰랐어요. 이대로 만약 엄마가 죽는다면 저는 제정신으로 살아가지 못할 것 같아요. 미안해서 제가 어떻게 살아갈 수 있을까요? 엄마한테 고맙다고, 사랑한다고, 정말 감사드린다고 오늘 당장이라도 말해야 할 것 같아요.

철학자 하이데거는 우리가 가끔 시공간을 가로질러 죽음 앞으로 뛰어가서 실존적인 질문을 던져야 한다고 했습니다. 우리는 늘 천년만년을 살 것 같이 삽니다. 그러나 언제 죽을지 모르는 삶을 살고 있다는 사실을 상기해본다면 많은 것이 달라지지요.

저는 죽음학Thanatology을 공부하면서 인생의 많은 부분이 변하고 있음을 인식합니다. 오늘이 마지막 날이라면, 누구와 무엇을 할까요? 물론 일상을 늘 죽음을 생각하며 살 순 없겠지요. 그러나 중요한 순간, 그리고 소중한 사람과의 관계에서는 우리는 시공간을 넘어 죽음 앞에서 후회 없는 결정과 대화를 해야 하지 않을까요. 죽음 앞에서는 누군가를 미워할 시간도 아깝지요. 사랑하고 소중한 사람에게 달려가 고마웠다고 감사하다고 사랑한다고 고백해야 합니다.

연습 3

오늘이 내 삶의 마지막 날이라면, 누가 떠오릅니까? 그리고 그 사람에게 무슨 말을 하고 싶습니까? 그 말을 적어보세요.

예) 아들이 떠오를 것 같다.

"엄마 아들로 와주어서 정말 고맙다. 엄마가 너를 키우고 너의 엄마로 살면서 얼마나 행복했는지 알아주면 좋겠다. 사랑한다. 꼭 기억해다오."

감사하고 싶다면
평가보다 묘사하기

김 차장과 마주 보고 서로 칭찬해주라고 했을 때는 술술 나왔습니다. 좀 어색하긴 했지만 어떤 말이든 좋은 말을 하면 칭찬이 되니까요.

그런데 갑자기 구체적 관찰로 말해보라고 했을 땐 정말 당황했습니다. "김 차장은 참 성실합니다"라는 제 칭찬을 구체적으로 묘사해보니까 아무런 기억이 나지 않았어요. 아예 영혼 없는 말은 아니었는데도 김 차장의 그런 모습을 떠올리려니 아무 생각이 안나더라고요. 아이들에게도 평소 칭찬을 참 많이 했는데 그 모든 기억을 더듬어봐도 구체적인 묘사나 관찰로 바꾸기는 쉽지 않았네요. 저 역시도 칭찬은 꽤 듣고 자랐는데 왜 그런 말을 저에게 하셨는지 구체적으로 들어본 기억은 없어요. 우리는 어쩌면 좋은 말을 많이 하는 훈련만 했던 게 아닐까요.

1. 감사는 관찰로부터 발견되고, 표현으로 연결된다

감사는 타인이 나에게 해준 어떤 구체적인 행위를 경험했을 때 감정적으로 고맙게 느끼는 사건입니다. 이것은 대화로 자연스럽게 이어지겠지요. 대화에서 감사라는 것은, 내가 얻은 결과가 누군가의 능력과 노력의 기여로 인해 이루어졌음을 인정하고 표현하는 것입니다.

감사는 타인으로부터 충족된 나의 욕구가 있음을 인식할 때 나옵니다. 이것은 누군가에 대해, 평가자의 입장에서 상대에 대해 긍정적인 판단을 표현하는 칭찬과 확연하게 구별되는 것입니다.

연습 1
....
칭찬을 해온 사람들을 떠올려보세요. 그리고 그들에게 했던 긍정적인 판단을 적어보세요.

예) **아들** → 내 아들은 참 솔직하다.

남편 → 내 남편은 신중하다.

아내 → 내 아내는 똑똑하다.

연습 2

위 문장들이 우리의 자동적 생각의 '긍정적 판단'에서 기인했음을 인식할 수 있나요? 평가자의 입장에서 '잘했다'와 '잘못했다', '좋다'와 '나쁘다', '옳다'와 '그르다'는 판단에서 말이지요. 어떤 생각 혹은 마음이 올라오는지 자유롭게 파트너와 이야기를 나눠보세요.

칭찬이 나쁘다는 것이 아닙니다. 단지 평가에서 기인한 칭찬과, 관찰에서 기인한 감사는 다르다는 뜻입니다. 진정성이 있는 마음에서라면, 평가로 인한 칭찬도 유용하고 구체적인 관찰의 감사도 유용할 것입니다. 그러나 좀 더 수평적인 관계에서 서로의 삶에 기여할 수 있는 인간의 능력을 축하하는 힘은 감사에서 비롯합니다.

2. 감사의 힘

감사는 우리가 속한 공동체, 가족, 조직의 사람들 간의 협력과 상호 신뢰를 강화시키고 관계에 깊이를 더해줍니다. 감사하기가 습관화된 사람은 삶에 대한 만족도가 높았고, 높은 수준의 스트레스 상황을 더욱 잘 견뎌낼 수 있었습니다. 이는 감사하기가 개인 차원의 정신 건강에도 도움이 된다는 것을 보여주는 것이겠지요.

심리학 교수인 매컬로McCullough는 사람들이 감사함을 느낄 때, 친

사회적이고 도덕적인 행동을 하게 되고, 파괴적인 대인관계 행동을 억제한다는 것을 밝혔습니다. 기업에서 대화 훈련을 하면서 서로에 대해 감사를 나눌 때 눈시울을 적시는 남성들을 어렵지 않게 관찰합니다. 상사가 팀원에게 진심을 담아 고마움을 전달할 때, 팀원이 상사에게 그렇게 할 때 눈물을 참다가 터트리는 상황을 목격하게 되지요.

가정에선 어떨까요? 진실한 감사는 부부 간에도 서로를 도울 일이 무엇인지를 찾게 만드는 힘이 있습니다. 또한 감사를 표현하는 부모 밑에서 자라는 자녀들은 타인을 돕고, 그들의 삶에 기여하는 것에 기쁨을 느낍니다. 가족과 직장, 주변 사람들을 다시 한번 더 관찰할 때 속상하고 답답했던 문제 중에서 감사를 발견할 수 있습니다. 그것을 표현할 때 한 사람이 한 사람이 연결되고, 따뜻하고 풍성한 모습으로 더욱 굳건하게 세워질 수 있습니다.

이렇듯 감사는 깊은 관계를 형성하는 것을 도와주며, 타인의 정서적 지지를 끌어냅니다. 또한 누군가를 기꺼이 용서할 수 있는 마음과도 관련됩니다. 누군가가 밉다가도, 그에게 고마운 점을 기억해내는 순간, 미웠던 마음이 누그러졌던 기억들이 누구든 있을 테니까요. 이 외에도 감사하기는 많은 연구자에 의해 연구되었답니다. 그들은 감사가 삶에 대한 만족감을 높여주었고, 일상의 활동에 대한 내면의 동기를 높여줌을 발견했습니다.

감사가 삶에 유용한 효과에 대해서 《행복의 신화》의 저자 소냐 류보머스키Sonja Lyubomirsky는 다음과 같은 이야기를 했습니다.

1) 감사를 표현하면 자신의 가치와 자존감이 강화되고

2) 감사를 자주 느끼고 표현할 때 분노, 비통함, 탐욕과 같은 감정들이 부드러워지며, 개인의 긍정적인 속성들이 활성화되며

3) 감사한 것들을 생각하면 삶에서 경험한 긍정적인 것들을 더 잘 음미할 수 있다.

연습 3

남들보다 더 뛰어나고 잘하는 점을 다섯 가지 써보세요.

연습 4

일상에서 감사한 것들을 다섯 가지 써보세요.

감사와 관련한 한 연구에서, 지난 일주일 동안 경험했던 일 중 잘되었고 남들보다 더 뛰어났던 것을 쓰게 한 집단과 감사했던 것 세 가지를 매일 쓰도록 한 집단을 비교했습니다.

일주일 뒤 검사에서 감사한 일을 썼던 집단은 삶에 있어서 더 높은 안녕감, 즉 만족도를 가졌습니다. 이러한 결과는 누군가보다 더 잘하는 것을 끊임없이 발견해내려는 것보다, 내가 경험한 것들 안에서 감사한 것이 무엇인지를 발견하는 일이 삶의 만족도를 높이는 데 더욱 중요함을 의미합니다. 여러분은 어떤지 파트너와 나누어보세요.

이러한 개인적인 작업을 통해 얻어지는 유익한 효과들은 참 많습니다. 더 나아가 상대에게 건강한 방식으로 감사를 표현할 수 있다면, 우리는 더욱더 많은 것을 얻을 수 있을 것입니다. 감사는 나와 상대를

연결하고 의미 있는 관계로 맺어주는 귀한 선물입니다.

서로에게 기여할 수 있는 능력 축하하기

우리 집은 아이가 세 명입니다. 대구에 사는 어머니께서 방학 때마다 서울로 올라오셔서 수년째 아이들을 봐주고 계십니다. 다들 아직 초등학생이라서 집은 그냥 전쟁터죠. 저와 아내는 맞벌이라서 아이들이 방학 때면 가장 고민이 커요. 학원을 다니기는 하지만 수시로 일정이 다른 아이들의 식사, 준비물 등을 챙겨줘야 하니까요. 그뿐만 아니라 아이 하나라도 아프면 아픈 애까지 따로 챙겨야 하니까 정말 할 일이 많지요. 그래서 4년째 여름, 겨울 방학 때면 어머니께서 아예 올라오셔서 아이들을 봐주시는데, 한 번도 그런 어머니께 고맙다는 말을 한 적이 없습니다.

얼마 전에는 학기 중에 둘째 아들이 입원한 적이 있었어요. 아이 둘은 집에, 하나는 병원에 한 달 넘게 입원해 있었는데 그때도 어머니께서 아이를 따로 챙겨주셨죠. 아내가 용돈도 넉넉히 드리고 잘 챙긴다고 생각해서 저는 한 번도 어머니께 감사한다는 말을 한 적이 없어요. 그저 "힘드실 텐데 수고하셨어요" 정도였던 것 같아요. 그럴 일이 아닌데 말이죠.

수업 시간에 그 생각이 나서 프로세스대로 적어봤습니다. 꼭 해야 할, 하고 싶은 말이었음에도 불구하고 그 글을 소리 내 어머니께 고백하듯 말해볼 때는 엄청 어색하더군요. 과연 이 말을 내가 할 수 있을지 염려될 정도

로요. 그러나 제 말을 들은 파트너가, "꼭 해보세요. 좋아하실 것 같습니다"라고 피드백을 해주셔서 어머니께 문자를 드렸습니다.

1. 때로 감사는 두렵고 어색하다

우리말 '감사'에 해당하는 영어 '그래티튜드Gratitude'는 라틴어 '그라투스Gratus'로부터 파생되었습니다. 이 말은 누군가를 기쁘게 해준다는 '플리징Pleasing'의 의미를 담고 있습니다. 즉, 우리가 누군가에게 진심을 담아 감사를 표현하는 것은 상대를 감동스럽게 하고 기쁘게 하는 것을 포함합니다. 그런데 이 과정이 사실 그리 쉽지 않답니다. 특히 대한민국의 중년 남성들에게는 더욱 그렇답니다. 저는 수많은 중년 남성들과 대화 훈련을 해왔습니다. 같이 울고 같이 웃고, 그분들의 눈물은 정말 농도가 깊지요. 그분들은 때때로 돌아가신 아버지를 떠올리며 울었고, 고생하시는 어머니를 떠올리며 울었고, 더 잘해주지 못했던 아내와 자녀들을 생각하며 가슴 저려 했습니다. 잘못한 점들을 매처럼 지적했던 날들을 가슴 아파했고, 고마운 점들을 당연히 넘겼던 시절들을 후회했습니다. 그런 마음을 뒤로 하고, 가족들에게 고마운 마음을 적고 말해보자고 하면 어색하게 웃으며 말하기 힘들다고 고백하지요. 그럴 때 다함께 이 문장을 큰소리로 읽습니다. "우리의 배움이 옳지 않다면 하지 맙시다. 그러나 어색하다면 이겨냅시다"라고요.

2. 어색한, 그러나 진실한 5단계 프로세스

1단계 : 침묵으로 의도를 묻고 확인하기

– 나는 진심인가

– 평가자가 아닌 관찰자로 다가서는가

2단계 : 저의 기억입니다. 제가 본 건, 들은 것은 이렇습니다.

예) 어머니, 둘째가 아파서 50일 동안 입원했을 때 어머니께서 대구에서 올라오셔서 저희 부부 대신 매일 병간호를 해주셨는데요. 특히 병원 밥 맛없다고 하시면서 진호 좋아하는 전복죽을 직접 만들어주셨잖아요.

3단계 : 저는 그때 이런 마음이었고, 당신 덕분에 저의 욕구들이 채워졌습니다.

- 감정(117쪽), 욕구(143쪽) 참조

예) 그때 제가 얼마나 감사하고 죄송했는지 모릅니다. 어머니 덕분에 저희가 정말 크게 안심이 되었고 마음 다해 보살펴 주셨음에 뭉클했어요.

4단계 : 그래서, 고맙게도 저는 앞으로 이렇게 할 수 있을 것 같습니다.

예) 어머니 덕분에 저도 앞으로 자녀를 사랑하는 것이 어떤 건지 되새기며 살 수 있을 것 같아요. 그리고 어머니께 받은 사랑을 어머니께도 돌려드리면서 살겠습니다.

5단계 : 고맙습니다(제 말을 듣고 어떠신지 알려주시겠어요?).

예) 고맙습니다, 어머니. (잠시 기다린다. 어머니의 반응을 들어드리기)

5단계 프로세스에 맞춰 각각 적어보고 파트너와 나눠보세요.

[1] 의도 의식하고 표현하기.

[2] 제가 본 건, 들은 것은 이렇습니다.

[3] 저는 그때 (이런) 마음이었고, 당신 덕분에 저의 (이런) 욕구들이 채워졌습니다.

[4] 그래서, 당신 덕분에 앞으로 (이렇게) 할 수 있을 것 같습니다.

[5] 고맙습니다(제 말을 듣고 어떠신지 알려주시겠어요?).

* 누군가에게 감사한 마음을 인식할 수 있는 사람은 참으로 근사한 사람입니다. 또한 그 마음을 구체적으로 묘사하여 고백할 수 있는 사람은 진정 용기 있는 사람입니다. 고백하는 상대의 마음을 들어줄 수 있는 사람은 대화를 정말 잘하는 사람입니다. 서로가 서로의 인생에 도움을 줄 수 있다는 것을 확인하는 과정이 감사입니다. 그 확인의 과정은, 인생이 결코 혼자가 아님을 우리에게 속삭여주고 외롭고 힘든 가운데에서도 버틸 힘을 남겨 놓습니다.

Special Thanks to…

●●

이 책은 비폭력대화, 죽음학, 인지행동치료, 심리도식치료라는 네 가지 학문의 배움과 임상적경험의 결과를 통해 쓰였습니다. 가르침을 주신 지도자들과, 함께 배우고 성장한 동료들, 교육생들과 내담자들을 기억에 떠올려봅니다.

비폭력대화를 개발하고 세상에 알린 마셜 로젠버그Marshall B. Rosenberg 선생님과 비폭력대화를 저에게 가르쳐주신 캐서린 한Katherine Han 선생님께 감사의 마음을 전합니다. 세상 각지에서 갈등을 중재하고 대화를 훈련하다 삶을 마감하신 마셜 선생님의 가르침대로 비폭력대화를 10년 넘게 공부하는 과정에서 사랑하는 동료들을 만났고 한국비폭력대화센터 인증 강사로서 교육생들과 더불어 대화의 진정성과 깊이를 나누고 가르치던 시절을 통해 저 또한 많이 성장할 수 있었습니다.

죽음학을 10여 년 전 한국에 처음 도입해 지도하시는 고려대학교 죽음교육연구센터장이자 한국죽음교육학회 회장이신 임병식 지도교수님께 감사의 마음을 드립니다. 교수님께 죽음학을 배우면서 학문이라는 것은 글과 입, 머리로만이 아니라 삶으로 드러날 때 비로소 완성되는 것임을 배울 수 있었습니다. 800여 명의 환자의 임종을 함께했던 의사로서의 경험뿐 아니라 실제 죽음 앞까지 다녀온 교수님의 삶과 지혜는 글로는 깨치지 못할 커다란 배움이 되었습니다. 죽음이라는 단어가 삶에 생생하게 살아있을 때 연민 어린 대화를 실천할 수 있고 진정성 있는 관계를 맺을 수 있다는 사실을 깊이 깨달았습니다. 일상에서 죽음을 인식하는 훈련이야말로, 최고의 대화 연습법입니다.

메타연구소 소장이자 국제스키마치료학회ISST, International Society of Schema Therapy 인증 스키마치료 전문가인 최영희 교수님께 감사의 마음을 드립니다. 메타연구소에 근무하며 교수님의 치료 과정을 통해 환자들이 어떻게 자가치료자가 되어 회복되는지 그 과정을 배우고 관찰할 수 있었습니다. 바쁘신 와중에도 이 책의 '자동적 생각, 인지오류, 스키마(핵심 신념) 부분을 감수해주신 점 또한 깊이 감사드립니다.

마지막으로 지난 십수 년간, 결코 완벽하지 않았고 지금도 여전히 배우며 성장해가는 저라는 사람을 믿고 자신의 삶을 맡겨주신 대화 훈련 교육생과 내담자분들께 너무나 깊은 감사의 말씀을 드립니다. 한 발을 내딛는 것도 힘겹고 때로 숨 쉬기조차 고통스러운 상태로 힘겹게 찾아와주었던 분들. 마주 앉아 울고 웃으며 대화를 훈련하고, 갈등을 중재하고, 상처 입은 마음을 터놓는 동안 우리 안에 쌓인 신뢰는 지금까지 제가 포기하지 않을 수 있었던 유일하고 강력한 동력임을 고백합니다. 여러분의 눈물이 미소가 되고, 상처가 희미한 흔적으로 변해가는 모습을 목격하는 것은 저에게 가장 큰 기쁨이었습니다. 이 책을 통해 누군가의 관계에 도움이 되고 삶이 회복된다면 그 모든 기쁨과 보람을 사랑하는 저의 교육생과 내담자분들과 가장 먼저 나누고 싶습니다.

책에 들어간 목록 찾아보기

참고 문헌

《말이 통해야 일이 통한다》박재연 저, 비전과리더십, 2016

《심리도식치료》제프리 영 외 공저, 권석만 외 공역, 학지사, 2005

《처음 만나는 마음챙김 명상》존 카밧진 저, 안희영 역, 불광출판사, 2012

《공감하는 능력》로먼 크르즈나릭 저, 김병화 역, 더퀘스트, 2018

《기브 앤 테이크》애덤 그랜트 저, 윤태준 역, 생각연구소, 2013

《행복의 신화》소냐 류보머스키 저, 이지연 역, 지식노마드, 2013

《비폭력대화》마셜 로젠버그 저, 캐서린 한 역, 한국NVC센터, 2004

《The Psychology of Implicit Emotion Regulation》Sander L. Koole 외 공저,
Psychology Press, 2011

《Handbook of Biobehavioral Foundations of Self-Regulation (Hardcover)》
Sander L. Koole 외 공저, Springer Verlag, 2014

《Reality Therapy》William Glasser M.D., Harper Perennial, 1975